Caderno pedagógico

para o

Ensino Religioso

Crenças religiosas e filosofias de vida

Dados Internacionais de Catalogação na Publicação (CIP)
(Câmara Brasileira do Livro, SP, Brasil)

Caderno pedagógico para o Ensino Religioso : crenças religiosas e filosofias de vida / organizadores Sérgio Rogério Azevedo Junqueira, Marilac Loraine Oleniki, Francine Porfirio Ortiz. – Petrópolis, RJ : Vozes, 2023. (Coleção Cadernos Pedagógicos para o Ensino Religioso)

Bibliografia.
ISBN 978-65-5713-804-5

1. Catequese – Igreja Católica – Ensino bíblico 2. Ensino religioso (Ensino Fundamental) 3. Pedagogia I. Junqueira, Sérgio Rogério Azevedo. II. Oleniki, Marilac Loraine. III. Ortiz, Francine Porfirio. IV. Série.

23-151633 CDD-371.07

Índices para catálogo sistemático:
1. Ensino Religioso : Ensino Fundamental 371.07

Eliane de Freitas Leite – Bibliotecária – CRB-8/8415

Sérgio Rogério Azevedo Junqueira
Marilac Loraine Oleniki
Francine Porfirio Ortiz
(Organizadores)

Caderno pedagógico para o Ensino Religioso

Crenças religiosas e filosofias de vida

Com roteiros de atividades
para o Ensino Fundamental

EDITORA VOZES
Petrópolis

Rua Frei Luís, 100
25689-900 – Petrópolis, RJ
www.vozes.com.br
Brasil

Editoração: Rafaela Milara
Diagramação: Ana Maria Oleniki
Revisão gráfica: Jhary Artiolli
Capa: Editora Vozes

ISBN 978-65-571-3804-5

Este livro foi composto e impresso pela Editora Vozes Ltda.

SUMÁRIO

Esta unidade temática contempla apenas esses anos de ensino, conforme a BNCC.

APRESENTAÇÃO

O Ensino Religioso é um componente do currículo brasileiro, introduzido, oficialmente, em 1827 com a denominação de Doutrina da Religião Catholica[1], sendo que a designação que utilizamos atualmente foi registrada, a princípio, em 1879, no Projeto de Reforma da Instrução Pública de Leôncio de Carvalho[2]. No período Republicano, localizamos a presença do Ensino Religioso na legislação brasileira desde 1931 para as escolas públicas; entretanto, nas escolas denominadas confessionais, a presença desse componente sempre foi uma constante forma de divulgar, entre os estudantes, a concepção religiosa que as identifica como pertencentes a uma determinada tradição.

Somente em 2017, dois fatos significativos definiram a história desse componente curricular. O primeiro refere-se à confirmação e ao reconhecimento, pelo Supremo Tribunal Federal (STF), de dois modelos específicos para o Ensino Religioso: o não confessional e o confessional[3]. O segundo foi a homologação da Base Nacional Comum

---

1 "Art. 6º Os professores ensinarão a ler, escrever, as quatro operações de arithmetica, pratica de quebrados, decimaes, proporções, as noções, mais geraes de geometria pratica, a grammatica da lingua nacional, e os principios de moral christã e da doutrina da religião catholica e apostolica romana, proporcionados a compreensão dos meninos; preferindo para as leituras a Constituição do Império e a historia do Brasil [...]" (IMPÉRIO DO BRASIL. Documentos complementares do Império do Brasil (15 de outubro de 1827). *In*: BONAVIDES, P.; AMARAL, R. *Textos políticos da história do Brasil*. V. 1 Brasília: Senado Federal, 1996, p. 142).

2 "Art. 4º O ensino religioso nas escolas primárias de 1º grau do município da Corte constará das seguintes disciplinas: instrução moral, instrução religiosa, leitura, escrita [...]" (BARBOSA, R. Reforma do ensino secundário e superior. O Projeto de Reforma da Instrução Pública de Leôncio de Carvalho n. 7.247, de 19 de abril de 1879. *In*: OBRAS COMPLETAS de Rui Barbosa. V. IX, 1882, tomo I. Rio de Janeiro: Ministério da Educação e Saúde, 1942).

3 BRASIL. *STF conclui julgamento sobre ensino religioso nas escolas públicas*. STF – Supremo Tribunal Federal, 2017. Disponível em: https://portal.stf.jus.br/noticias/verNoticiaDetalhe.asp?idConteudo=357099&ori=1. Acesso em: 26 jan. 2023.

Curricular (BNCC)[4] em 2017, documento normativo que define o conjunto progressivo de aprendizagens essenciais a serem desenvolvidas ao longo da Educação Básica. Esse documento foi publicado em sua versão final em 2018, apresentando como a progressão das aprendizagens está estruturada em cada componente a partir de um conjunto de habilidades relacionadas a diferentes objetos de conhecimento, que são organizados em unidades temáticas. O Ensino Religioso, portanto, também se sistematiza em uma estrutura composta por unidades temáticas, objetos de conhecimento, competências e habilidades. Assim, pode-se afirmar que, pela primeira vez, o Ensino Religioso foi estruturado de modo a se vislumbrar *o que ensinar* e *como ensinar*. Nesse processo, um marco expressivo foi a definição de quem é o professor de Ensino Religioso – licenciado em Ciências da Religião[5].

Visando à sistematização e ao aprofundamento sobre esse componente curricular no cenário brasileiro, foi realizada uma série de publicações. Inicialmente, com a perspectiva de identificar o processo de estruturação do componente, citamos a obra "O processo de escolarização do Ensino Religioso no Brasil" (Vozes, 2002). Para a compreensão da história e da legislação, dos fundamentos do processo de ensino-aprendizagem, dos referenciais para a formação e a atuação na pesquisa e nos diferentes espaços escolares, o "Compêndio do Ensino Religioso" (coedição entre as editoras Sinodal e Vozes, 2017) destacou-se como uma síntese importante. Citamos, ainda, a obra "O Ensino Religioso na BNCC: teoria e prática para o Ensino Fundamental" (Vozes, 2020), que favoreceu o aprofundamento sobre a relação entre esse componente e a BNCC.

Nesse contexto de organização dos estudos e de aprofundamentos necessários para a prática pedagógica, apresentamos a coleção de **Ca-**

---

4 BRASIL. Ministério da Educação. Conselho Nacional de Educação.. *Resolução CNE/CP n. 02, de 22 de dezembro de 2017*. Institui e orienta a implantação da Base Nacional Comum Curricular, a ser respeitada obrigatoriamente ao longo das etapas e respectivas modalidades no âmbito da Educação Básica. Brasília: MEC, [2017]. Disponível em: http://basenacionalcomum.mec.gov.br/images/historico/RESOLUCAOCNE_CP222DEDEZEMBRODE2017.pdf. Acesso em: 2 mar. 2023.

5 *BRASIL. Resolução n. 05, de 28 de dezembro de 2018*. Institui as Diretrizes Curriculares Nacionais para o curso de licenciatura em Ciências da Religião e dá outras providências. Brasília: MEC; CNE, 2018.

dernos pedagógicos para o Ensino Religioso como uma ferramenta para contribuir e explicitar a aplicação metodológica desse componente. Esta coleção propõe relações teórico-práticas para que as habilidades propostas na BNCC possam ser desenvolvidas ao longo da escolarização em Ensino Religioso nas instituições brasileiras.

O **Caderno pedagógico para o Ensino Religioso: crenças religiosas e filosofias de vida – volume 4** é o terceiro de três publicações sobre esse componente no Ensino Fundamental, proposto para finalizar o estudo e os encaminhamentos para esse segmento de ensino. Como a Base Nacional Comum Curricular propõe, esse componente curricular precisa estar organizado de acordo com as seguintes unidades temáticas: 1) Identidades e alteridades; 2) Manifestações religiosas; e 3) Crenças religiosas e filosofias de vida. Neste volume, para finalizar o estudo e os encaminhamentos a esse segmento de ensino, propomos, para a unidade temática **Crenças religiosas e filosofias de vida**, textos que contribuem para a formação do professor e roteiros com atividades para o desenvolvimento dessa proposta junto aos estudantes.

Como componente curricular, o Ensino Religioso se organiza a partir das orientações indicadas para os processos de ensino-aprendizagem a se realizarem em ambientes pedagógicos, que possibilitam ampliar experiências e desenvolver as diferentes dimensões humanas: afetiva, motora, cognitiva, social, religiosa, imaginativa, lúdica, estética, criativa, expressiva e linguística. Diante disso, compreende-se que, sendo a escola um espaço de construção coletiva de conhecimentos, é necessário desenvolver uma proposta pedagógica que possibilite a articulação dos conteúdos com as vivências e as indagações dos estudantes e dos professores, contemplando a realidade em que vivem. Nesse contexto formativo de ensino-aprendizagem, o objetivo desse componente curricular consiste em buscar

> [...] construir, por meio do estudo dos conhecimentos religiosos e das filosofias de vida, atitudes de reconhecimento e respeito às alteridades. Trata-se de um espaço de aprendizagens, experiências pedagógicas,

intercâmbios e diálogos permanentes, que visam ao acolhimento das identidades culturais, religiosas ou não, na perspectiva da interculturalidade, dos Direitos Humanos e da cultura da paz[6].

Nesse processo, é importante ter sempre presente que um componente curricular se compõe de saberes elaborados pela humanidade, sendo enriquecido pelas referências do mundo e da realidade em que o estudante está inserido. Portanto deverá apresentar especificidades e saberes próprios, construídos e sistematizados cultural e historicamente, fazendo-se necessário contemplar os eixos cognitivos que compõem a sua denominação como componente curricular, quais sejam: dominar linguagens, compreender os fenômenos, construir argumentação e elaborar propostas. Recorrendo-se aos conhecimentos desenvolvidos, portanto, busca-se favorecer o enfrentamento das situações considerando a diversidade sociocultural[7].

Com a intenção de fundamentar essa leitura do Ensino Religioso no Ensino Fundamental, propomos o seguinte percurso: entender o que é a religião; identificar as religiões no Brasil; conhecer o projeto de vida e a sua interação com esse componente curricular; refletir sobre a relação entre religiosidade, religiões e política no Brasil; e saber como tratar a morte enquanto temática no Ensino Religioso.

Este caderno apresenta, ainda, na Parte II, **roteiros de atividades** elaborados com base nos objetos de conhecimento propostos para a terceira unidade temática do Ensino Fundamental: **crenças religiosas e filosofias de vida**. Os roteiros descrevem maneiras de estabelecer a interação com e entre os estudantes, visando ampliar as suas capacidades de aprendizagem, ao contribuírem com o aprofundamento dos conhecimentos e, também, favorecerem a sua participação, levando-os a se reconhecerem enquanto protagonistas de suas aprendizagens para

6 BRASIL. *Ministério da Educação. Base Nacional Comum Curricular (BNCC)*: educação é a base. Brasília: CNE/CEB, 2018, p. 433. Disponível em: http://basenacionalcomum.mec.gov.br/images/BNCC_EI_EF_110518_versaofinal_site.pdf. Acesso em: 1º maio 2023.

7 INSTITUTO NACIONAL DE ESTUDOS E PESQUISAS EDUCACIONAIS ANÍSIO TEIXEIRA. *Matriz de referência para o Enem*. Brasília: Ministério da Educação, 2009.

que "[...] valorizem e acolham o caráter singular e diverso do ser humano, por meio da identificação e do respeito às semelhanças e diferenças entre o eu (subjetividade) e os outros (alteridades), da compreensão dos símbolos e significados e da relação entre imanência e transcendência"[8]. Com esse processo, intenciona-se, também, contribuir para que os estudantes se reconheçam protagonistas de suas aprendizagens e se tornem aptos a respeitar, compreender e acolher a singularidade e a diversidade humana.

Os roteiros de atividades são compostos das seguintes seções:

- **Observação**: contempla aspectos da realidade associados aos objetos de conhecimento e, portanto, de aprendizado. A observação pode ser realizada a partir de questionamentos, de uma reflexão contextualizada e associada a uma situação-problema ou não. Trata-se de uma primeira etapa para analisar o cenário, examinando aspectos do objeto em estudo. Na observação, exploram-se as informações iniciais e o conhecimento de cada estudante sobre a realidade relacionada ao objeto de estudo.
- **Identificação e análise**: define os aspectos que precisam ser conhecidos e compreendidos, ou seja, o que é o objeto de conhecimento e quais são as variáveis determinantes a situações, fatos, acontecimentos e outros aspectos que o compõem ou estão associados a ele. Após a identificação, faz-se a análise para propiciar suporte teórico-acadêmico que subsidiará a compreensão do que estiver sendo observado e explorado. Assim, o estudante pode compreender as situações e os problemas em uma abrangência maior, e não somente a partir de manifestações baseadas nas suas experiências. Entende-se que as reflexões sobre uma situação e seu referencial teórico permitem abordar diferentes formas de operacionalizar o objeto de conhecimento, explorando aspectos semelhantes e divergentes por meio de diversificados fundamentos e mecanismos de resolução que, associados a uma situação-problema, permitem construir conhecimentos.

8 BRASIL, 2018, p. 438.

- **Apropriação e significação**: é a mobilização didática entre teoria e prática que impulsiona a dinâmica ação-reflexão-ação, a qual pode levar a uma ação criativa e transformadora. Essa prática se realiza por meio de atividades e reflexões que conduzem à apropriação e à ressignificação dos saberes. Para isso, agrega-se um conjunto de informações empíricas, técnicas e científicas que, ao serem utilizadas para desenvolver o conhecimento, progressivamente estimularão a compreensão dos aspectos próprios de cada tradição religiosa, levando a rever ou (re)confirmar crenças, valores e conceitos prévios, aprofundar, mudar paradigmas e construir novos conhecimentos.
- **Atividade avaliativa**: o Ensino Religioso utiliza a avaliação processual oferecendo aos estudantes condições para que possam desenvolver competências mediante percepções diferenciadas sobre um mesmo dado social e religioso, num processo constante de construção e reconstrução de conhecimentos. Nesse sentido, são propostas atividades avaliativas para contribuir na verificação da aquisição de conceitos e desenvolvimento de competências e habilidades. A atividade avaliativa permite o acompanhamento do processo de ensino-aprendizagem, relevando os aspectos essenciais à formação integral.

Este **Caderno pedagógico para o Ensino Religioso** é composto pela contribuição de muitas pessoas que atuam como educadores e pesquisadores, sendo cada uma muito especial e importante. Nós, organizadores, agradecemos a colaboração, que permitiu tornar realidade esta coleção, e, especialmente, a confiança no projeto como uma possibilidade à prática docente. Também agradecemos aos leitores e lhes desejamos que, com este material, possam contribuir para que muitos estudantes ampliem as suas habilidades.

Sérgio Rogério Azevedo Junqueira
Marilac Loraine Oleniki
Francine Porfirio Ortiz
Organizadores

PREFÁCIO

Gilberto Garcia Gonçalves[9]

Este volume da coleção **Cadernos Pedagógicos para o Ensino Religioso** dá prosseguimento ao propósito da Editora Vozes de lançamento de um conjunto de ferramentas para auxiliar na aplicação metodológica do componente curricular Ensino Religioso para o Ensino Fundamental, inscrito na Base Nacional Comum Curricular (BNCC). Com esse objetivo, este volume traz, em seu conteúdo, textos e roteiros de atividades para a unidade temática Crenças religiosas e filosofias de vida, a terceira dentre as três unidades temáticas do componente curricular em apreço. Decomposto em duas partes, o volume reúne, na primeira delas, um conjunto de estudos e reflexões que aborda temas pedagógicos para a formação docente em seu desempenho didático sobre o componente curricular.

No primeiro artigo do volume, Gilbraz Aragão convida o leitor a refletir sobre uma pergunta elementar: o que é religião? Com alinho e refinamento, o autor envereda por possíveis interpretações da experiência religiosa, as quais desembocam no lugar-comum da ação humana demasiadamente ocupada em dar sentido às manifestações ordinárias e extraordinárias da vida e suas expressões de mundo. Daí uma questão merecida e correspondente: quando começou a religiosidade? O autor distingue uma primeira matriz religiosa na experiência de vida dos povos originários ou indígenas, que se caracteriza pela busca de encontro com os antepassados e com as forças naturais por meio de oferendas

9 Doutor em Filosofia pela Universidade Federal do Rio de Janeiro UFRJ. Reitor da Universidade São Francisco (USF). Presidente do Conselho Editorial da Editora Vozes. Membro do Conselho Editorial da Revista de Filosofia Scintilla do Instituto de Filosofia São Boaventura, da FAE – Centro Universitário. Professor adjunto doutor da Universidade São Francisco. Participa de conselhos e comissões de Educação Superior em Associações Brasileiras de Educação.

e rituais específicos. Posteriormente, a experiência religiosa se constituiu em reflexões humanas sobre a relação entre a criatura e o divino, expressa nos símbolos e mitos. Ele atribui tal primazia a uma matriz religiosa no Oriente que se evidenciou de diferentes formas. Conforme seu estudo prossegue, do ponto de vista da história religiosa global, o autor apresenta uma segunda matriz. Trata-se da matriz do tipo bíblico de religião, diferente, em conteúdo, daqueles elementos encontrados na base religiosa oriental. Ela abarcará o judaísmo, o cristianismo e o islamismo, e o que essas religiões terão, primordialmente, em comum será a crença em um ser supremo, transcendente, criador e supervisor da vida humana e da ordem do mundo.

Em contraposição à manifestação das matrizes religiosas clássicas da história da humanidade, Gilbraz afirma que, nas sociedades contemporâneas, a dimensão religiosa surge por meio de manifestações culturais e que estudiosos já apontam para o ingresso dessas sociedades em um processo de transformação da figura histórica tradicional das religiões: uma revolução que se denomina "teocultural". Segundo ele, tal fenômeno se constitui em uma revolução enriquecedora, humanizante e inédita na história humana, porquanto articula em um mesmo ambiente geográfico e temporal a coexistência equitativa de uma diversidade de culturas. Além dessa referência, o autor apresenta o conceito de "transreligiosidade" para a compreensão do fato religioso atual e das teologias das religiões. Trata-se de uma abordagem teórica sobre o movimento cultural e espiritual que se desenvolve a partir da transdiciplinaridade, concebida, por sua vez, como modelização de sistemas complexos de pensamento.

Sob o título de "As religiões no Brasil", Gilbraz Araújo se adianta, num segundo artigo, em discutir a importância do fenômeno religioso na sociedade brasileira. Primeiramente, considera os elementos culturais e religiosos que constituíram a base da religiosidade brasileira, o conjunto de suas vivências espirituais, para, posteriormente, fazer confluir esses elementos para a pergunta condutora de seu estudo: "para onde vão as religiões no Brasil?" Uma série de questões aleatórias, sob as mais diferentes perspectivas, conduzirão o leitor a vislumbrar, no caso brasileiro, as tendências que se confrontam em direção ao futuro da religiosidade no país. Guiado por estudos da religião, competentes em abordar e situar comparativamente as tradições dos fenômenos religiosos e combinados com os dados mais recentes do censo da população brasileira, Gilbraz nos possibilita a composição de um imaginoso mapa da geografia da religiosidade brasileira rica, única e complexa. Com efeito, nos apresenta uma cartografia atualizada dos principais grupos religiosos do Brasil, a começar pelas religiões originárias ou tradicionais. Descreve, em particular, os elementos resultantes da mistura das tradições religiosas indígenas com cultos religiosos europeus e a religiosidade dos negros escravizados.

Sua descrição avança para a tratativa do cristianismo enquanto tradição religiosa majoritária no Brasil. Destaca o catolicismo como sua maior expressão e situa o papel das devoções católicas como elementos acessórios ao culto formal, este, por sua vez, caraterizado pela orientação doutrinal e pelas práticas sacramentais do catolicismo romano. Em seguida, sublinha a recepção histórica das igrejas cristãs protestantes no Brasil trazidas pelos missionários reformadores europeus e imigrantes até chegar à admissão dos evangélicos pentecostais vindos da América do Norte. Denota a transição do pentecostalismo clássico para um novo pentecostalismo, marcado pela glossolalia, pelas cruzadas evangélicas e curas divinas. Por fim, o autor distingue o espiritismo como tradição religiosa que mais cresce no Brasil, embora, segundo ele, os números do censo não alcancem a real dimensão estatística desse crescimento. O autor descreve os elementos básicos da doutrina espírita, com atenção para a relevância dos estudos dos fenômenos mediúnicos ou aqueles provocados pelos espíritos como fatos naturais, à luz da razão e em diálogo com as ciências.

A análise do sentido de projeto de vida e sua correlação com os fundamentos da Base Nacional Comum Curricular (BNCC) é o tema do artigo de Aline Ferreira e Sandson Rotterdan. Os autores retratam a ideia de projeto de vida como a de uma construção autobiográfica. Uma obra que o indivíduo realiza sobre si, sobre sua vida e, dessa forma, constitui-se como protagonista de sua trajetória de vida, tornando-se sujeito. Nesse sentido, afirmam, há uma relação muito próxima entre os conceitos de "projeto de vida" e "campo de possibilidades", que se constitui como um lugar cuja constatação e o discernimento revelarão ao indivíduo as escolhas que o influenciarão. É nesse contexto que os autores situam aquelas propostas da BNCC que resguardam aos jovens a garantia de uma formação em sintonia com seus percursos e histórias; uma trajetória formativa que lhes permita redesenhar seu projeto de vida. Em vista disso, a relação do projeto de vida com o currículo escolar se apresenta em competências e habilidades demandadas de diferentes formas e intensidades: em linguagens, nas matemáticas, em ciências humanas e sociais aplicadas, em ciências naturais e também na área específica do Ensino Religioso como componente curricular.

Os autores admitem que o texto da BNCC reconhece o papel do Ensino Religioso nessa construção ao sinalizar a influência das crenças religiosas nas filosofias de vida. Salientam que os códigos e valores ético-morais oferecidos pelas religiões atuam como balizadores de comportamentos individuais e grupais, tanto nos ritos próprios como nos espaços sociais. O Ensino Religioso, em sua contribuição para o desenvolvimento de valores ético-morais, pode se constituir, desse modo, em um componente curricular que possibilite ao estudante extrair, das diversas tradições religiosas, elementos para a construção de seus projetos de vida, embora os autores apontem que o trabalho com projeto de vida não pode ser uma atividade exclusiva desse componente curricular.

O quarto artigo deste caderno é intitulado "Breves considerações religiosidades, religiões e política". Nele, Luis Gustavo Patrocino e Fábio Lanza apresentam quatro interessantes fatores destacados da relação entre a política e as religiosidades na sociedade brasileira com o objetivo de analisar a interseção do aspecto subjetivo no campo da vida coletiva, em sociedade. Eles partem do princípio de que nossos diálogos são capazes de unir condições históricas distintas em vista da construção de um discurso que dê sentido ao conteúdo das conversas cotidianas. Uma dessas notáveis associações pode ser vista na relação entre o campo político e o campo religioso. Com esse propósito, abordam a relação entre religião/religiosidades e a política no cotidiano brasileiro, a partir da ideia fundamental de que a religiosidade se constitui em um sentimento produzido pelas interações sociais, de modo que suas manifestações e práticas não correspondem necessariamente a um rito formalizado por uma instituição de pertença. Pode ser o caso em que sua expressão se manifeste como uma composição feita de liturgias e rituais de diversas instituições.

Um primeiro fator a ser evidenciado, segundo os autores, é que várias pesquisas atuais sobre o perfil dos religiosos associam o indivíduo religioso com outro grupo e indicam que o religioso brasileiro seria alguém cuja moralidade possui cunho conservador. E no interior desses grupos conservadores, um fator retroalimenta o outro, a ponto de não ser possível definir a causa e o efeito nessa relação. Um segundo fator a ser levado em conta é que a religiosidade se apresenta de maneira subjetiva no cotidiano social e várias vezes é mesclada com composições de ideias que, de imediato, não têm relação com religião. Nesse caso, a religião se apresenta como a parte concreta e objetiva dos recursos utilizados nas relações sociais, assim como é importante observar o vigor da religiosidade por meio da observação da moralidade, pois parte da realidade das disputas entre política e religião consiste na transformação de uma moralidade em lei. De acordo com os autores, o próprio componente curricular Ensino Religioso é exemplo de como a relação entre Estado, cultura religiosa e legislações é um campo ativo de disputas, mesmo no Estado laico brasileiro.

Essa característica de disputas entre religião e política nacional revela, assim, um terceiro fator motivador, que corresponde ao caráter atribuído aos entes religiosos de atuarem como prestadores de serviços públicos. Conforme Luis Gustavo Patrocino e Fábio Lanza, a ausência do Estado brasileiro em dispor de instituições públicas essenciais, como escolas, hospitais e um sistema jurídico eficaz, levou os grupos em disputa a ocuparem os espaços desses serviços aos cidadãos. Por fim, como quarto e último fator que compõe o quadro da relação entre religião e política no Brasil, os autores elegem as conturbadas relações intracristãs, um fenômeno que resulta, em última instância, na intermigração de fiéis nas confissões cristãs, notadamente da confissão católica para as demais. Eles acentuam como o grande trânsito religioso entre as opções religiosas ocorrido nas últimas décadas arrastou consigo a materialização de novas relações sociais. Nesse sentido, é possível observar como os reflexos do protestantismo têm impactado valores morais e condutas que se alinham a uma religiosidade que tem o Estado como um importante objeto de seu projeto.

Rodrigo Oliveira Santos completa os artigos deste caderno oferecendo ao leitor um ensaio sobre a temática da morte no Ensino Religioso. Já de início, chama a atenção para o impacto da recente pandemia causada pela covid-19 sobre o tema da morte na educação e nas escolas. A partir desse fato, admite a necessidade do desenvolvimento de uma abordagem integrativa e coordenada sobre o assunto nas escolas brasileiras, uma vez que se constitui como parte integrante do currículo do Ensino Religioso. Nessa perspectiva, o autor pretende destacar a importância dessa temática para a formação humana dos estudantes e mostrar como o Ensino Religioso, enquanto componente curricular da Base Nacional Comum Curricular (BNCC), contribui nesse sentido. Em sua abordagem, Rodrigo Santos parte do princípio de que para grande parte das tradições religiosas a morte biológica não representa o fim da vida. Esse aspecto também cumpre um papel fundamental para própria manutenção das tradições religiosas, podendo mesmo ser observado como um tema nuclear. Em vista disso é que o Ensino Religioso se propõe a desenvolver competências e habilidades nos estudantes para que saibam lidar com esse processo, que faz parte do desenvolvimento humano, acrescenta o autor.

Em seguida, passa a apresentar o elenco das referências ao tema da morte e seus conteúdos descritos em todo o currículo do Ensino Fundamental proposto pela BNCC: ritos de morte, mitos de morte, concepções de pós-morte, concepções de vida e morte nas religiões e para os sem religião e, finalmente, ritos fúnebres. Ressalta, ademais, a importância da função das Ciências da Religião como base para o Ensino Religioso e como área do conhecimento exemplar para a abordagem positiva dessa temática na escola. Outro aspecto importante destacado pelo autor é que a BNCC também inclui a concepção niilista da morte, decorrente das visões seculares, que no texto da Base é nomeada como "Filosofias de vida". Importância é dada por Rodrigo Santos ao modo como o Ensino Religioso está organizado na BNCC, com o propósito de identificar, no documento, em que consiste, de fato, o entrelaçamento entre as unidades temáticas, os objetos de conhecimento e as habilidades na prática pedagógica de se abordar a temática da morte. Esse problema também envolve outra circunstância crucial: a formação de professores para o Ensino Religioso e, em especial, a orientação dos docentes para o tema em destaque. Por essa razão, o autor conclui seu estudo com a descrição de como a temática da morte está organizada na estrutura da Base Nacional Comum Curricular (BNCC), além de propor sugestões e orientações aos professores para o desenvolvimento de atividades teóricas e práticas para o assunto.

Este volume da coleção **Cadernos Pedagógicos para o Ensino Religioso** se complementa, numa segunda parte, com a apresentação de roteiros de atividades baseados nos objetos de conhecimento propostos para a unidade temática Crenças religiosas e filosofias de vida, a terceira para o Ensino Fundamental. Esses roteiros descreverão com riqueza, criatividade e inovação, formas de estabelecer a interatividade com os estudantes de modo dialógico e participativo. Os roteiros de atividades são divididos em seções denominadas, respectivamente: observação, identificação e análise, apropriação e ressignificação, concluídos por uma atividade avaliativa.

Ao entregar esta série aos professores de Ensino Religioso, a Editora Vozes espera contribuir para a discussão continuada entre educadores e entidades ligadas ao Ensino Religioso sobre a importância desse componente curricular da Educação Básica; sobre a necessidade da formação profissional para sua docência; sobre valor do uso de ferramentas pedagógicas criativas na aplicação metodológica do componente curricular Ensino Religioso; e sobre a demanda do aprimoramento teórico constante de sua fundamentação na Base Nacional Comum Curricular.

Aos educadores e pesquisadores que participaram desta edição, o nosso cordial agradecimento.

Parte I

Estudos e reflexões para o Ensino Religioso

1

O QUE É RELIGIÃO?

Gilbraz de Souza Aragão[10]

O que é mesmo a religião, enquanto experiência, por entre as suas múltiplas formas?

A experiência religiosa é sempre uma busca humana, frente à morte, às limitações e ao caos que nos rondam e mitigam a saúde. É busca e projeção de transcendência, entre e para além de nós, que, quem alcança, interpreta como manifestação poderosa e mais do que humana de sentido, de uma outra realidade que nos antecede e ultrapassa, extraordinária e quase indizível, que se tenta comunicar por símbolos, narrativas mitológicas, rituais litúrgicos, com consequências éticas e interditos morais. É um protesto contra o absurdo ameaçador da vida, do que está aí, afirmando a existência de uma pátria da identidade, um outro reino, de fraternidade e paz, que contradiz a evidência de uma sociedade caótica, alienada, sem irmãos e em guerra.

A religião é paixão, paixão infinita e sentimento oceânico, é amor pelo ideal em confronto com a realidade, é força estruturante e significativa dos dados e dos fatos, construída pela matriz valorativa da consciência. A experiência religiosa deve ser razoável, mas está para além da razão; é exercício do desejo humano diante do reconhecimento de pouco poder para sermos na vida, é uma imaginativa e sentimental ante-

10 Doutor em Teologia pela Pontifícia Universidade Católica do Rio de Janeiro (PUC-Rio) e mestre em Teologia pela Pontifícia Universidade Católica de São Paulo (PUC-SP), graduado em Filosofia pela Universidade Católica de Pernambuco (Unicap) e em Teologia pela Faculdade de Teologia Nossa Senhora da Assunção. É professor e pesquisador da Unicap, membro do Conselho de Coordenação do Observatório Nacional de Justiça Socioambiental Luciano Mendes de Almeida e coordenador do Grupo de Pesquisa Interuniversitário sobre Espiritualidades, Pluralidade e Diálogo e do Observatório Transdisciplinar das Religiões no Recife.

cipação do real (ainda) inexistente. Religião até parece doidice, mas pode ser antídoto à loucura de existir, como dizia Guimarães Rosa em *Grande sertão: veredas* (ROSA, 2019, p. 19):

> O que mais penso, testo e explicou: todo-o-mundo é louco. O senhor, eu, as pessoas todas. Por isso é que se carece principalmente de religião: para se desendoidecer, desdoidar. Reza é que sara da loucura. [...] Muita religião, seu moço! Eu cá, não perco ocasião de religião. Aproveito de todas.

O que é uma religião? É a encenação ritual de um conjunto de mensagens simbólicas de importância medular para a conservação do estatuto humano. Mas, como toda experiência de conhecimento das pessoas, a mística também pode se perverter em misticismo alienado e neurotizante; a religião, que liberta a visão apenas do que se vê, também pode degenerar em alienação e neurose. A questão é como interpretamos as coisas. Dizer que "Jesus Cristo é o Senhor", então, pode relativizar e questionar os senhores deste mundo (o pai, o padre ou o pastor, o político, o professor, o patrão etc.), como pode também sacralizá-los como enviados ou legados de Deus.

O símbolo, escrito ou esculpido, nos liberta ou nos submete. Posso olhar para Jesus, por exemplo, e encontrar força para enfrentar as cruzes injustas, como a dele, ou então achar consolo ("mais sofreu Jesus") para carregar como ele uma cruz tida como destino divino – porque somos a humanidade, ofendemos a Deus e precisamos pagar com o nosso suor e o nosso sangue! Toda religião tem, principalmente, duas coisas: esperança e dinheiro. Não é possível separá-las, mas somente escolher como combiná-las: ou se junta dinheiro vendendo falsas esperanças ao povo, ou o povo reúne o seu dinheiro em mutirão para ir construindo a esperança!

Quando começou a religiosidade? O que anima mesmo a nossa vida? Começa, aqui, a busca por religação espiritual, por meio de sacrifícios e do êxtase, com os espíritos da natureza. A religiosidade tribal ou "arcaica", geralmente, acreditava e acredita que a alma da pessoa e de todos os seres vivos, o seu "sopro de vida", sobrevive à morte numa espécie de sobrevida imaterial. Ela vai habitar lugares sagrados, "terras sem males", e precisa ser agraciada com oferendas para trazer benefícios e saúde à comunidade. Há casos até em que o indígena morto é cremado e as cinzas são ingeridas ou enterradas pela família, como entre os Yanomami, e, todo ano, a tribo faz festa para que os espíritos fiquem contentes e protejam a aldeia, intervenham com benefícios mágicos, poder salvífico. Desenvolve-se, assim, com diversas formas, uma crença na imortalidade da alma.

Depois, as mais antigas esculturas conhecidas da Pré-História revelam um culto principal dedicado ao espírito criador das origens, uma Deusa-mãe, fonte de toda a vida, rainha da terra, soberana de todo o nascimento. Após a invenção da criação de animais e da revolução agrícola, essa Deusa, aos poucos, é afastada pelo Deus Supremo, simbolizado como macho no céu (em consonância com a "descoberta" do papel masculino na transmissão da vida), ou, então, surgem hierogamias e tríades mitológicas.

Uma primeira matriz religiosa, então, é a dos povos originários ou indígenas, a busca de encontro com os antepassados e as forças naturais por meio de oferendas e do êxtase místico, que ocorreram por toda a Terra. É o caso dos africanos e dos ameríndios, de cujos encontros resultaram fulgurantes religiosidades brasileiras. Há, ainda hoje, mais de trezentas etnias indígenas, com suas várias culturas e percepções do sagrado, mas com traços recorrentes de xamanismo, em que o pajé organiza a reza em experiências extáticas e realiza curas por meio dos espíritos da natureza, no compasso dos maracás e nas baforadas dos cachimbos. Os guaranis, por exemplo, usam a palavra "*japoi*", que quer dizer "mãos abertas reciprocamente", porque nesses povos não há ricos nem pobres e as festas são momentos privilegiados de se praticar a economia do dom, a reciprocidade grupal, que imita os gestos das divindades criadoras.

Juntam-se às religiões indígenas as afro-brasileiras, a começar pelos candomblés, constituídos, no Brasil, a partir das contribuições de vários povos africanos aqui escravizados, que reuniram as deidades da natureza das suas nações étnicas para constituir as famílias de santo nos terreiros brasileiros. Além deles, temos as umbandas, que enfatizam os ancestrais: pretos-velhos (escravos mansos e sábios), caboclos (indígenas corajosos e defensores) e exus (malandros e subversivos, como Zé Pilantra e Pomba-gira), que se entregam por meio da mediunidade. Por fim, vêm as encantarias, formadas a partir da pajelança indígena, do catimbó ou culto à jurema, mesclado com a devoção aos antepassados dos negros banto e da devoção às almas dos colonos sertanejos.

Mas, depois da percepção desse mundo espiritual, fica a questão: por que os espíritos vêm aqui e para onde vão, afinal? As mais antigas reflexões sobre esses símbolos e mitos, sobre a relação entre o humano e o divino, são derivadas das meditações dos monges brâmanes (certamente, influenciados pela descoberta dos ciclos da natureza no Vale do Indo) e relacionadas ao hinduísmo e ao budismo (e ao espiritismo ou "nova era" hoje). Nesse meio em que os mortos, de preferência, são cremados, desenvolveu-se a crença na reencarnação ou na transmigração das almas entre as pessoas e/ou os seres vivos, devido a uma lei "natural" de causa e efeito ou *karma*. Desse modo, a nossa *anima*, alma ou animação da vida provém de um espírito universal e para ele retornará, após ter-se aperfeiçoado por sucessivas encarnações neste mundo material. A morte, assim, é apenas uma estação na roda dos renascimentos. No final da *samsara*, da peregrinação pelas existências, encontra-se a libertação, isto é, a união com o Absoluto. Ou ainda, seguindo outra ênfase, matéria inerte e matéria viva são vistas como ilusão, e o destino espiritual do homem, fugindo do sofrimento terrestre inelutável, completa-se com a libertação final do não ser, depois de várias (re)encarnações e mediante muita meditação.

Então, do ponto de vista da história religiosa global, podemos falar de uma matriz oriental, associada à busca de santidade na Índia. O tipo hindu-budista de religiosidade entende o mundo como interação da percepção humana limitada, relativa e ilusória, por um lado, e da verdade cósmica eterna, por outro. Essa interação é desenvolvida em cada ser humano, cuja identidade real, oculta por trás da ignorância da vida corpórea, é, em última análise, conjugada com a divindade (hinduísmo) ou com a condição búdica (budismo). Nessa perspectiva, o paradigma de religiosidade não é a adoração ou a obediência moral, mas a disciplina interior para encontrar o caminho de uma realização iluminada, de libertação do apego material.

Uma variante nesse tipo religioso são as religiões do Leste asiático, como o confucionismo e o taoísmo, que acentuam a trilha do sábio, da reta relação. A imagem primordial de religiosidade nativa da China, da Coreia do Sul e do Japão é a harmonia com a ordem natural do mundo. O valor espiritual basilar é, portanto, o comportamento em uma relação apropriada, adequada, com o mundo e seu Tao (caminho taoísta), ou as virtudes em relação à família e à sociedade (confucionismo).

A matriz ou o tipo bíblico de religião, que se originou na Palestina, é bastante diferente em conteúdo daqueles derivados da Índia e da China. Ela abarca o judaísmo, o cristianismo e o islamismo, com todas as suas ramificações, e tem como base comum a imagem de Deus apresentada na Bíblia hebraica, buscando a sua adoração ou aliança como caminho de salvação. Os elementos comuns dessa tradição são as crenças de que existe um ser supremo que é o criador e o supervisor moral da vida e da história, sendo as mais elevadas atividades humanas a adoração e a obediência a esse Deus, que estabeleceu comunicação com a humanidade por emissários históricos especiais e proféticos, como Abraão, Moisés, Jesus e Maomé.

A ressurreição é a crença em uma vida além que está presente no judaísmo, no cristianismo e no islamismo, as tradições religiosas mais novas e que se tornaram as maiores do mundo, desenvolvidas no Oriente Médio a partir do Êxodo, do movimento libertário de Moisés. Elas aprofundaram uma conotação ética da busca salvífica, que já vinha fermentando no zoroastrismo e em outras crenças da Era Axial: de 800 a.C. a 200 a.C., quando vários movimentos proféticos surgiram na Índia, na China, no Irã e no Mediterrâneo Oriental. Trata-se de uma fé vinculada à luta histórica pela terra (com a sedentarização deflagrada pela agricultura) e à experiência de uma "Força dos Céus" que promete a "terra onde corre leite e mel" e faz aliança para justiçar o povo e a pessoa que cumpre a sua lei de amor: no dia de sua ira, Deus virá julgar os vivos e os mortos – que terão a sua "carne" pessoal ressuscitada (por isso o costume do sepultamento). A "outra vida" julgará, então, para sempre, a relação com os outros na sociedade, e o engajamento histórico desdobra-se na eternidade.

Os judeus foram, aos poucos, acreditando na ressurreição, como maneira de entender que os seus mártires poderiam esperar, ainda para além desta vida, a justiça divina: vale a pena arriscar-se na defesa do povo e da sua terra, porque, no "fim dos tempos", depois do advento da Idade Messiânica, Deus ressuscitará, espiritualmente, os corpos dos mortos para um julgamento junto aos vivos (agora, eternamente) em vista de um Banquete Eterno em Jerusalém, uma vida nova em um novo mundo – "novo céu e nova terra" – ou, então, para a condenação a vagar no "monturo que arde fora da cidade", a Geena – que traduzimos por inferno! Ainda hoje, judeus ortodoxos são enterrados na direção da nascente, de onde surgirá o Messias esperado para os "últimos tempos".

Os cristãos e muçulmanos também acreditam mais ou menos assim, com a diferença de que o islã discute se a ressurreição para o paraíso há de ser corporal ou somente espiritual e o cristianismo nasce pela fé de que Jesus, aquele judeu crucificado em Jerusalém, já foi o Messias, o governante ungido por Deus para inaugurar o seu reinado de justiça e misericórdia, e ele já foi o primeiro a ressuscitar dentre os mortos. Não se trata de um cadáver reanimado, nem da pura sobrevivência de uma alma, mas da vida nova de uma pessoa que se relaciona e é reconhecida quando os discípulos, amando segundo os seus ensinamentos, repartem o pão e a vida, como no caminho de Emaús.

Essas visões do "outro lado" (a ancestralidade, a reencarnação e o nada, a ressurreição), avivadas nas festas religiosas por símbolos da fé no que cada grupo humano considera sagrado no "rio da morte", e, por vezes, recombinadas segundo a caleidoscópica sensibilidade espiritual contemporânea (veja-se o número de católicos reencarnacionistas), procuram resolver, cada uma à sua maneira, os problemas do humano diante dos limites da existência, do bem e do mal na vida. De onde viemos e para onde vamos? As formas religiosas, com as suas variações em torno de mitos, ritos e interditos, são passageiras e relativas aos seus contextos culturais, dependem das suas possibilidades e dos seus limites. Mas as questões que elas tentam responder se mantêm vivas e universais, especialmente a preocupação de celebrar e cuidar da vida, de onde brotam renovadas experiências de descentramento e arrebatamento.

As religiões persistem na história humana e, estruturalmente, fazem referência a alguma divindade transcendente e criadora, muitas vezes cercada por um panteão de deidades e espíritos guardiães. As tradições religiosas buscam atrair esse poder do além em nosso favor, por meio de orações (tipo o êxtase, as meditações, as recitações) que resguardam sempre uma dimensão de magia ou encantamento extraordinário. Além disso, as experiências espirituais dos fundadores são codificadas em mitologias e histórias sagradas, nas quais as novas gerações de crentes serão iniciadas por meio de ritos ou liturgias, sacrifícios e festivais, que pretendem ativar todos os sentidos para um aprendizado que inclui a razão, mas está para além dela, pela via da intuição e do sentimento profundo.

Decorrem daí interditos éticos e costumes, sobre do que e como se alimentar, como e com quem fazer sexo ou desenvolver afeto, de que maneira olhar e se relacionar com os diferentes e as diferenças culturais – haja vista que a espiritualidade mexe com a cabeça e o coração, mas é para animar o corpo todo e as suas relações. Por fim, com maior ou menor formalidade e institucionalização, há sempre um corpo de ministros que organiza a vivência comunitária da tradição religiosa, a sua salvaguarda e o seu desenvolvimento.

De todo modo, o homem religioso antigo organiza e realiza o cosmo a partir de um ponto fixo, a hierofania (o sagrado emerge em meio ao profano e aponta para o divino e permite conexão com ele), que lhe dá o fecundo poder para fundar a realidade: ele cosmogoniza o mundo a partir de pontos de ruptura por meio dos quais o "mais-que-natural" tenha se manifestado. O ser humano pós-moderno, que vive em um mundo globalizado no qual as correntes religiosas viajam e se entrecruzam, assumiu o relativismo da existência e, contemporaneamente, rejeita, quase tanto quanto a pretensão objetivista e tecnicista do conhecimento científico moderno, a linguagem metafísica das subjetividades religiosas. Rejeita, a princípio, o movimento de transcendência, de um toque divino ou uma essência humana, apostando num existir sem pontos fixos. Basta-lhe um conjunto de mapas teóricos para vagar por aí, numa realidade fragmentada e construída, no máximo, com a ajuda da ficção.

No entanto, esse apego ao real pode ser o começo de uma nova espiritualidade, que ainda estamos por circunscrever. Nas sociedades contemporâneas, a dimensão religiosa vem por meio de manifestações culturais que transparecem "algo mais" nesse mundo asséptico e cético. Nossa situação é caracterizada pela sensação do irreal e pela procura de um senso novo de realidade; portanto, pela procura de uma nova religiosidade.

Será que a globalização humana e o pluralismo cultural que começamos a vivenciar hoje, resultantes dos modernos meios de locomoção, da evolução das comunicações e das novas formas de energia e produção, estão nos levando a um novo tempo axial? Emerge entre estudiosos da religião a hipótese de estarmos entrando em um processo de transformação da figura histórica tradicional das religiões. Ganhamos consciência de que todos os povos e a terra inteira estão ligados, de sorte que juntos é que devemos encarar a nossa comum missão de salvar a vida. Sendo assim, não daria para entender que um só povo ou religião ou igreja, um só sexo ou raça ou classe, seja a luz do mundo. Os conceitos clássicos das teologias, e mesmo de muitas das "ciências" que estudam a religião, estão meio caducos.

Entramos em um novo ciclo religioso, em que as religiões migram ou circulam rapidamente, são recriadas em miríades de dosséis personalizados e vão se adaptando aos vitrais das catedrais geoculturais aonde chegam. Ao caírem fronteiras religiosas institucionais, uma revolução teocultural se fortalece. A mundialização informacional decreta a morte do ciclo mágico-agrícola subjetivista e relativiza a ordem objetivista da tecnociência moderna. Esse processo cultural torna obsoleto o sistema dualista de pensamento, antagônico e monológico, nascido com a Pré-História, e permite o surgimento de um tempo de possível reconciliação dialógica da diversidade. Mas essa revolução teocultural agrupa expectativas as mais diferentes, às vezes contraditórias, e esse pluralismo e essa diversidade podem transformar o mundo em um paraíso ou em um inferno.

A religiosidade que emerge é mais de baixo para cima ou, melhor ainda, na direção do mistério que se esconde e manifesta "entre e além". Cada pessoa é, hoje, mais capaz de aprender e oferecer realimentação. A religião, até então, tinha a ver só com credos e doutrinas, enquanto a religiosidade, agora, é uma espécie de "wikiteologia", pluralista. A mundialização possibilitada pela internet e pela informática provoca mudanças na ordem existencial e cultural de todos nós: estamos às vésperas de uma era de grande pacifismo e cooperação, pela possibilidade do reconhecimento de uma espiritualidade transreligiosa, conjugada com o debate científico transdisciplinar – ou, então, de um confronto mundial sem proporções.

A coexistência equitativa em um mesmo espaço geográfico e temporal de uma diversidade de culturas, de tradições e de religiões é uma verdadeira revolução, enriquecedora, humanizante e única na história humana. Mas pode ser que nem tanto: há indícios de movimentos profundos de busca transreligiosa de espiritualidade, mas, por vezes, o sagrado que aparece mais é, de novo, selvagem, buscado por adesão seletiva, com um conteúdo autossistematizado para atender aos interesses emocionais do momento ou, ainda, à busca mágica de prosperidade. Devido à ambiguidade dessa virada axial na história das culturas é que precisamos ousar fazer ciências da religião e mesmo teologias em bases mais adequadas, pois só com a admissão de novas lógicas e epistemologias o diálogo intercultural e inter-religioso poderá avançar.

A paz na Terra depende, em grande parte, do diálogo entre as tradições religiosas – e, a partir daqueles troncos ou matrizes comuns, elas são quase dez mil nos dias de hoje, sendo muitos os desafios que o mundo enfrenta no campo (da falta) do diálogo inter-religioso. Não bastassem os conflitos econômicos e políticos, a China e a Coreia do Norte perseguem, ideologicamente, os grupos espirituais tradicionais; o Irã e a Arábia Saudita apadrinham a versão de uma religião e perseguem muçulmanos dissidentes, cristãos e baha'is; e o Paquistão condena à morte quem os extremistas denunciam por blasfêmia, normalmente xiitas, cristãos, hindus e ahmadis. Na Síria e no Iraque, o grupo Estado Islâmico desencadeou ondas de terror contra yazidis, cristãos e xiitas, bem como contra os gays e as mulheres; na Birmânia, budistas radicais agridem os muçulmanos rohingya; na República Centro-Africana, milícias cristãs destruíram quase todas as mesquitas do país; na Nigéria, o Boko Haram continua a atacar cristãos e inúmeros muçulmanos que se opõem ao grupo; e, na Palestina, muçulmanos e judeus continuam se confrontando. O extremismo político-religioso também aterroriza a Europa e os Estados Unidos – e não são apenas os ditos muçulmanos antiocidentais que o promovem: grupos que se proclamam cristãos matam médicos que defendem os direitos reprodutivos.

No Brasil, as denúncias de discriminação e intolerância religiosa aumentam, e a maioria dos fatos envolve o povo de santo das religiões afro-indígenas-brasileiras, com cultos de imprecações "cristãs" contra os seus terreiros e agressões aos seus símbolos e membros. O problema é que precisamos superar a associação da diversidade e transformação das coisas com o Pecado Original, que teria subvertido uma natureza uniforme de um Paraíso estático, para nos alegrarmos com a Bênção Original de uma Criação imperfeita, culturalmente diversa e em processo de desenvolvimento. Assim, poderemos entender que aquilo que uma religião descobre como inspirado ou revelado é por causa das outras e, também, para todas as outras.

Os primeiros encontros e movimentos de diálogo entre tradições religiosas e convicções espirituais surgiram pela descoberta de que a humanidade desenvolveu, conforme as linguagens das suas culturas, variações históricas na busca pelo sagrado: a adoração a Deus, a autolibertação e o descentramento de si ou a harmonia com a natureza e a sociedade. As questões colocadas pela diversidade e pela dinamicidade das experiências espirituais para a compreensão do fato religioso e as teologias das religiões estão encontrando no conceito de transreligiosidade um polo de atração. Foi antevisto que o diálogo interdisciplinar em favor de uma ciência mais integral na academia acabaria suscitando abordagens transdisciplinares: analogamente, prevemos que os encontros e os diálogos inter-religiosos em vista de uma mística mais íntegra acabarão levando a atitudes transreligiosas. A espiritualidade transreligiosa não se refere a uma religião genérica e superficial, que pudesse pairar no ar dos valores, sem inserção comunitária e sem assumir nenhuma vestimenta cultural. Trata-se de ter um rosto próprio e um corpo cultural concreto, mas desenvolvendo místicas que vão além da própria referência teológica de crenças e ritos, rumo a uma dimensão maior e aberta, de experiência espiritual comum entre e além das religiões, incluindo as vivências pós e não religiosas.

A situação de pluralidade provoca debates e confrontos inter-religiosos, buscas de orações e engajamentos comuns, que acabam, assim, despertando místicas transreligiosas. O transreligioso assegura a tradução de uma tradição espiritual para várias outras, decifrando o significado que as une, embora igualmente as ultrapasse. A transreligiosidade, por seu turno, enquanto reflexão sobre esse movimento cultural e espiritual, desenvolve-se a partir da transdisciplinaridade, que é uma modelização de sistemas complexos de pensamento, apoiada em uma metodologia que comporta a compreensão de níveis de realidade e percepção e os integra pela lógica do Terceiro Incluído. Enquanto modo para organizar os estudos de religião, ela se desdobra em uma atitude transcultural e uma mística transreligiosa. Em um mesmo nível de realidade, tradições religiosas diferentes seriam, possivelmente, antagônicas e excludentes, mas, se considerarmos outros níveis, surge um "Terceiro", que, incluído, as pode reconciliar. Trata-se da base antropológica que constitui a todos e exige uma hospitalidade e uma comunhão ética, ou da altitude mística para cujo silêncio e sonho comum colaboram os sons diferentes de todas as tradições espirituais.

REFERÊNCIAS

HITCHCOCK, S. T.; ESPOSITO, J. L. *História das religiões*. São Paulo: Abril, 2005.

LAMBERT, Y. *O nascimento das religiões: da pré-história às religiões universalistas*. São Paulo: Loyola, 2011.

O'BRIEN, J.; PALMER, M. *O atlas das religiões*. São Paulo: Publifolha, 2008.

PADEN, W. *Interpretando o sagrado*. Modos de conceber a religião. São Paulo: Paulinas, 2001.

ROSA, J. G. *Grande sertão*: veredas. 22. ed. São Paulo: Companhia das Letras, 2019.

SUGESTÕES DE LEITURA

BERKENBROCK, V. J. *O mundo religioso*. Petrópolis: Vozes, 2019.

- Conceitos em torno da religião, p. 38-39.
- Hipóteses sobre a origem da palavra "religião", p. 41-44.
- As teorias sobre a origem da religião, p. 45-52.

JUNQUEIRA, S. R. A.; BRANDENBURG, L. E.; KLEIN, R. (org.). *Compêndio do Ensino Religioso*. São Leopoldo: Sinodal; Petrópolis: Vozes, 2017.

- Ciência(s) da(s) Religião(ões) – Frederico Pieper, p. 131-138.
- Ensino Religioso: conhecimentos e saberes escolares na área de conhecimento e no componente curricular – Cláudia Regina Kluck, p. 139-142.
- Conhecimento religioso – Ednilson Turozi de Oliveira, p. 156-157.

2

AS RELIGIÕES NO BRASIL

Gilbraz de Souza Aragão[11]

O fenômeno religioso tem grande importância na sociedade brasileira, desde que as crenças ameríndias, o catolicismo lusitano e as religiões africanas aqui se encontraram para formar um conjunto de vivências espirituais; que se tornou ainda mais complexo nos últimos tempos, quando outras denominações cristãs, tradições religiosas orientais, islamismo e judaísmo implantaram-se entre nós, diversificando o nosso panorama religioso e conferindo-lhe grande vitalidade.

Esse cenário religioso está se transformando com o crescimento dos sem religião e, ao mesmo tempo, do espiritismo; com o vigor e as combinações dos pentecostalismos cristãos, além das crises e das renovações do catolicismo; com o ressurgimento das vivências de êxtase e com o aparecimento de uma espiritualidade trânsfuga que se move em redes sociais e no turismo religioso.

Mas para onde vão as religiões no Brasil? Cada pessoa vai organizar a sua religiosidade em um cenário múltiplo, com menos doutrinas e mais experiências emotivas? Cada tradição religiosa vai reforçar a sua ortodoxia e lutar por espaço político, defendendo moralismos e sob influência de potências culturais? As tradições religiosas e as espiritualidades

11 Doutor em Teologia pela Pontifícia Universidade Católica do Rio de Janeiro (PUC-Rio) e mestre em Teologia pela Pontifícia Universidade Católica de São Paulo (PUC-SP), graduado em Filosofia pela Universidade Católica de Pernambuco (Unicap) e em Teologia pela Faculdade de Teologia Nossa Senhora da Assunção. É professor e pesquisador da Unicap, membro do Conselho de Coordenação do Observatório Nacional de Justiça Socioambiental Luciano Mendes de Almeida e coordenador do Grupo de Pesquisa Interuniversitário sobre Espiritualidades, Pluralidade e Diálogo e do Observatório Transdisciplinar das Religiões no Recife.

vão disputar o mercado cultural na televisão e na internet, apelando para mensagens apocalípticas de fim dos tempos? Todas as tradições religiosas vão convergir para uma espiritualidade ecológica e de nova consciência global?

São tendências que se confrontam nesse grande laboratório de ensaio do futuro da religiosidade que é o Brasil. Em tempos de modernidade globalizada, com grandes possibilidades tecnológicas e enormes dificuldades de relações entre grupos humanos, e destes com a natureza, as pessoas tendem a ficar mais egoístas, no sentido de ouvir mais a própria intuição. Paradoxalmente, isso leva à busca por uma espiritualidade mais abrangente e uma melhor compreensão do significado da vida, o que pode, inclusive, redefinir e ampliar os nossos limites éticos. Será, então, que vamos assistir à ascensão de uma "divindade verde" planetária e de uma "nova consciência" espiritual? Ou, em vez disso, as crises culturais e econômicas que atravessam o planeta levarão, também no Brasil, a uma politização de ortodoxias moralistas e sob pressão de forças tradicionalistas mundiais?

Aqui entram as colaborações de estudos de religião que dialoguem com a crítica psicossocial e resguardem uma abertura reverente para as experiências humanas de transcendência, além de estudos de ciências da religião que cultivem uma abordagem dos fenômenos religiosos situando e comparando, processualmente, as diversas tradições, que busquem traduzir os significados mais profundos dos textos espirituais e desenvolvam um conhecimento relacional e envolvente, uma lógica ternária e dialogal, apontando sempre para o mistério que subsiste entre e além de todas as convicções religiosas e pós-religiosas.

Diante da crescente dificuldade de socialização de um projeto de civilização, muitos imaginam que os símbolos religiosos facilitam a transmissão de valores, e que até a escola deva ensiná-los com autoridade, reforçando a identidade moral "majoritária" na comunidade. Daqui, decorre um diálogo necessário, que tem como objetivo a promoção do direito à vida, visto que as mais diversas espiritualidades apontam para o respeito àquele poder criador da vida no mundo, que nos antecede e ultrapassa. Toda cultura se organiza para defender a vida e, como expressões simbólicas do patrimônio cultural da humanidade, todas as tradições religiosas merecem respeito e devem ter assegurada liberdade de crença e de culto. Para uma sociedade moderna e pluralista se desenvolver, no entanto, por respeito às pessoas das diversas espiritualidades religiosas e convicções filosóficas, ao mesmo tempo, o Estado precisa supervisionar o proselitismo religioso e regrar o uso dos símbolos religiosos nos espaços públicos, além de não submeter questões do bem comum, como a educação republicana dos fenômenos espirituais, a interesses de alguma religião privilegiada.

Na verdade, já não surpreende encontrar pessoas, mesmo do cristianismo majoritário no Brasil, que buscam ressignificar a mensagem do seu salvador Jesus, entre as alternativas religiosas da nossa cultura. Boa parte dos compatriotas já ultrapassou uma visão mágica da espiritualidade (por exemplo, Jesus altera o mundo milagrosamente e atende às minhas preces por prosperidade e riqueza) e também uma visão mítica das coisas (segundo a qual Jesus traz a verdade eterna sobre tudo – e contra todos os que não têm fé nele). Somente nessas baixas "altitudes" de compreensão espiritual é que faz sentido o proselitismo com o texto sagrado da minha tradição religiosa.

Hoje, todavia, as pessoas mais amadurecidas têm uma crença mais razoável (se sigo a Jesus, posso encontrar uma vida boa, verdadeira e abençoada pelo seu caminho de amor, mas entendo que outros possam, igualmente, descobrir outras espiritualidades válidas) e até mais pluralista (há algo da consciência de Cristo em todos os seres e em todas as culturas, sendo o cristianismo uma de suas interpretações), e inclusive mais integral (a espiritualidade também se verifica na profundidade da observação científica e nas relações intersubjetivas profundas, podendo-se mesmo conceber uma "missa sobre o mundo" para além das místicas explicitamente eclesiais).

Nessa perspectiva mais acurada, aquilo que os cristãos, por exemplo, chamam de revelação é entendido como verdadeira pedagogia divina: é o espírito que permite interpretar os "sinais dos tempos" e, numa certa altura do esperançoso compromisso prático para com a defesa da vida no mundo, acreditar que aquele grito que despertou a nossa práxis de cuidado amoroso é sagrado, ou seja, perceber que, dentro de nossa relação amorosa, nos fala, processualmente, uma palavra – revelação – diferente, que causa diferença na vida, no sentido de uma qualidade humana mais profunda, de uma existência descentrada do ego.

Dessa forma, mesmo para um cristão, a palavra de Deus não está presente só nos "livros sagrados", nem somente na literatura cristã, e o que uma religião descobre como revelação divina é por causa das outras – e para as outras religiões também. Será, então, que melhor do que distribuir ostensivamente o livro sagrado da minha tradição religiosa, melhor do que converter o mundo à minha doutrina e implantar a minha igreja, não seria ajudar na disponibilização, na contextualização e na interpretação das mensagens de todas as tradições espirituais, para quem delas necessite em seu processo de educação e transcendência humana e humanizante, favorecendo, assim, a compreensão e a paz entre os povos? Toda tradição religiosa, pois, deveria estimular uma teologia criativa e holística de sua identidade religiosa, que desperte conexão com o que o espírito está suscitando como projetos de vida mais sustentáveis em nossa própria vizinhança, que conscientize para relações de alteridade e interdependência com as outras culturas e religiões, com toda a criação.

Mas então, dito isso, quais são as religiões no Brasil? É ilustrativo que o Censo de 2010 tenha disposto assim a composição dos grupos de religiões em nosso país: Católica Apostólica Romana; Católica Apostólica Brasileira; Católica Ortodoxa; Evangélicas: Evangélicas de Missão (Igreja Evangélica Luterana, Igreja Evangélica Presbiteriana, Igreja Evangélica Metodista, Igreja Evangélica Batista, Igreja Evangélica Congregacional,

Igreja Evangélica Adventista, Outras Evangélicas de Missão), Evangélicas de Origem Pentecostal (Igreja Assembleia de Deus, Igreja Congregação Cristã do Brasil, Igreja O Brasil para Cristo, Igreja Evangelho Quadrangular, Igreja Universal do Reino de Deus, Igreja Casa da Benção, Igreja Deus é Amor, Igreja Maranata, Igreja Nova Vida, Evangélica Renovada não determinada, Comunidade Evangélica, Outras Igrejas Evangélicas de Origem Pentecostal), Evangélica não determinada; Outras cristãs; Outras religiosidades cristãs; Igreja de Jesus Cristo dos Santos dos Últimos Dias; Testemunhas de Jeová; Espiritualista; Espírita; Umbanda; Candomblé; Outras declarações de religiosidades afro-brasileiras; Judaísmo; Hinduísmo; Budismo; Novas religiões orientais: Igreja Messiânica Mundial, Outras novas religiões orientais; Outras religiões orientais; Islamismo; Tradições esotéricas; Tradições indígenas; Outras religiosidades; Sem religião: Sem religião, Agnóstico, Ateu; Não determinada e múltiplo pertencimento: Religiosidade não determinada ou mal definida, Declaração de múltipla religiosidade.

Percentual da população por grupos de religião - Brasil – 1872-1991

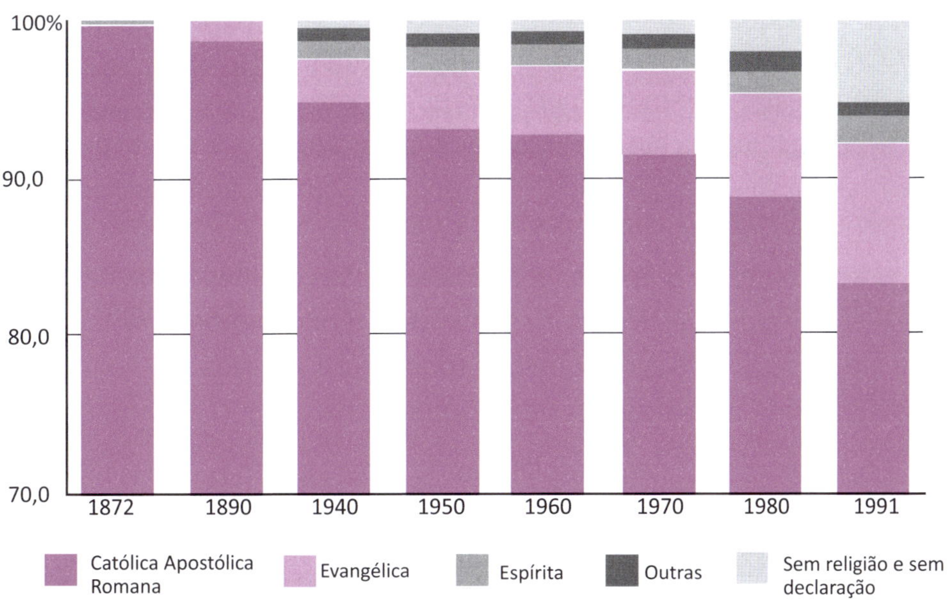

Fonte: IBGE, 2010, p. 90.

Prosseguiu, no Censo de 2010, a tendência dos evangélicos pentecostais convertendo católicos (os católicos ficaram com 64%, e os evangélicos, com 22%) e de crescimento dos espíritas e dos sem religião. O Censo de 2010 (IBGE, 2012) indicou, ainda, que, no Brasil, os sem religião passaram a 8%, e, ao mesmo tempo, atesta uma invisibilização e uma marginalização das nossas religiões originárias e tradicionais: os indígenas praticamente não aparecem, e somente 0,3% da população se declarou de umbanda e candomblé.

Por isso, vamos fazer, aqui, uma cartografia desses grupos religiosos principais, mas começando e destacando as religiões originárias ou tradicionais. De acordo com o Censo de 2010, existem, no Brasil, cerca de novecentos mil indivíduos indígenas, vivendo tanto em territórios indígenas quanto em centros urbanos, divididos em cerca de duzentos e cinquenta e seis grupos e falantes de mais de cento e cinquenta línguas diferentes. Atualmente, as línguas indígenas faladas no Brasil são divididas em dois troncos principais, Tupi e Macro-Jê, e dezenove outras famílias linguísticas fora dos troncos. A religiosidade comum a esses grupos pode ser descrita como xamanismo ou pajelança: os pajés organizam a reza em experiências extáticas e realizam curas por meio dos espíritos da natureza, em oferendas marcadas pelo compasso dos maracás e pelas baforadas dos cachimbos. Mais do que curandeiros ou feiticeiros, os pajés desenvolvem a habilidade de transitar, como diplomatas, entre as diversas corporeidades e olhares que estruturam o mundo, acessando as forças espirituais que os animam. Assim, são religiões animistas, pois consideram que todos os seres da natureza têm espíritos, mas também multilateralistas, pois acreditam que todos os seres vivos são gente, têm uma humanidade latente em seus corpos.

Como os nossos candomblés, umbandas e juremas, as religiões indígenas respondem à questão sobre o que anima mesmo a nossa vida. Buscam religação com os espíritos da natureza, mediante rituais de sacrifícios e da incorporação por meio do êxtase, dos estados alterados de consciência e de sonhos reveladores. Essa religiosidade originária, transmitida por tradição oral, geralmente acredita que as almas das pessoas e de todos os seres vivos, os seus "sopros de vida", sobrevivem à morte. Vão habitar lugares sagrados e precisam ser agraciadas com oferendas para trazer força e saúde para a comunidade. Às tradições religiosas indígenas somaram-se – e, muitas vezes, se misturaram – os cultos às almas dos colonos portugueses e as religiosidades dos negros aqui escravizados.

Atualmente, as tradições religiosas afro-indígenas-brasileiras podem ser reunidas em três grupos, a começar pelos candomblés. Candomblé é uma religião constituída no Brasil a partir das contribuições de vários povos africanos trazidos como escravos, que reuniram as divindades das suas nações étnicas e territoriais, como os nagô/iorubá, para constituir as Famílias de Santo nos terreiros brasileiros. Acreditam em um ser criador e na existência do cosmo transcorrendo em dois planos, aiyê e orum, o universo físico e o seu duplo divino, para cujo aconchego dos antepassados devemos retornar sob a guia dos espíritos da natureza: os santos ou os orixás, arquétipos de orientação psicossocial. Além do culto, que inclui dança e êxtase marcado pela roda e pelos tambores, sacrifício de animais e oferenda de alimentos a essas divindades maiores, pelos filhos nelas iniciadas, os candomblés também realizam rituais de feitura do ori ou cabeça, da instalação do "anjo da guarda" pessoal, bem como rituais de propiciação das almas dos ancestrais ou eguns. Há, ainda, de forma mais reservada, a consulta ao ifá, oráculo que prevê o destino pelos búzios.

A vida religiosa organiza-se ao redor de interditos sociais, do sacrifício e das oferendas para os orixás, o ori e os eguns, no ritmo cíclico da natureza, criando uma economia de reciprocidade entre os filhos de santo e com as divindades. Esse oferecimento de comida, seguido de imediata metamorfose em banquete para os devotos, e a transferência de renda nas oferendas levam a pensar que o candomblé é bom para rezar, para se orientar e para comer também. Para viver bem e encantar a vida com sabedoria, enfim.

O segundo grupo das tradições religiosas afro é o das umbandas. Umbanda é uma religião brasileira que se constituiu a partir do encontro das perspectivas religiosas da matriz africana, sobretudo o culto banto aos antepassados, com as tradições ameríndias e as crenças do catolicismo popular e do espiritismo. Então tem a crença católica em Deus, a influência da pajelança indígena – como o culto aos caboclos – e a noção kardecista de reencarnação: quem obedece às injunções do culto reencarnará numa situação social superior, formando uma cadeia sucessiva até a bem-aventurança final. Cultiva-se, assim, uma moral personalizada e a noção dualista de bem e mal. Nas umbandas não há sacrifícios de animais e as festas são mais circunspectas e ritmadas pelas palmas, destacando-se nos rituais a incorporação mediúnica: os consulentes escutam conselhos e direcionamentos de antepassados, através dos médiuns, para seus problemas financeiros, amorosos, terapêuticos e lúdicos. Acredita-se em um ser divino supremo chamado "Deus" e, abaixo dessa divindade, nos orixás, cultuados em sete linhas doutrinárias; abaixo deles, ainda, nos ancestrais: pretos-velhos, caboclos e exus que se entregam através do êxtase mediúnico. As umbandas fazem de conta que estão de acordo com a espiritualidade branca e europeia, mas instauram um acesso ao sagrado aberto à controvérsia.

Por fim, o terceiro grupo das religiões tradicionais congrega entre nós as encantarias, religiões em que se cultuam mestres, encantados e caboclos, homens e mulheres que passaram a viver em um mundo mítico sem ter propriamente morrido: "eles se encantaram". As encantarias são formadas a partir da pajelança indígena, do catimbó ou do culto à jurema, mesclado com a devoção aos antepassados dos negros banto e da devoção às almas dos colonos sertanejos. Estão presentes na Amazônia e na Chapada Diamantina (onde se cultua o Jarê), no Maranhão (onde se realiza o Tambor de Mina), no eixo Rio-São Paulo (com a Encantaria de Mina) e em Pernambuco (onde se realiza o catimbó ou a jurema). As encantarias recuperam a ancestralidade das tradições indígenas na figura do pajé ou mestre, que prorrompe tomado em êxtase com o uso de ervas e cachimbos, realiza curas e faz previsões e vidências. As entidades encantadas têm histórias lendárias e vivem em uma região subterrânea, podendo nos assistir na angústia e na agonia física ou afetiva.

No caso da jurema, as casas são compostas do quarto dos espíritos ou caboclos (que ficam numa mesa, em copos chamados de príncipes e princesas, formando uma "cidade de jurema" com os seus portais) e de um salão para a dança ou "gira". O juremeiro recebe espíritos dotados de poderes curativos associados à jurema (*Mimosa hostilis*, um espinheiro do sertão), que é usada em garrafadas. Há também reuniões de celebração, quando os juremados (que têm espíritos "firmados" na casa) entram em êxtase e podem oferecer mensagens, entrecortadas por cantos acompanhados de palmas e maracás. Na festa pública, denominada "gira" ou "toré", os participantes dançam toda uma noite em roda, acompanhados de tambores no salão da casa. Animais de caça são sacrificados em oferendas, os "catimbós". Igualmente à umbanda, os exus são invocados e incorporam aleatoriamente, depois os caboclos ou espíritos de índios e os pretos-velhos. Homens e mulheres se agacham, então, para tomar a "jurema": casca da jurema, cachaça e mel. Após a meia-noite, chamam-se os "Senhores Mestres", as entidades centrais da casa, e, finalmente, os exus "mais pesados", que levam a "brincadeira" a um êxtase de confraternização.

Agora, devemos falar da tradição religiosa que é majoritária no Brasil, o cristianismo, mas que tem várias denominações e camadas culturais de envolvimento. A principal expressão cristã entre nós ainda é a católica, que se apresenta como uma comunidade dos seguidores do Cristo morto e ressuscitado. Seu propósito é a conversão ao ensinamento e à pessoa de Jesus Cristo, em vista do Reino de Deus. Sua doutrina foi elaborada ao longo dos Concílios, a partir da Bíblia, refletida pelos Pais e Doutores da Igreja. As partes principais da doutrina são o Credo, os Mandamentos e os Sacramentos. Dentre as crenças está a da Santíssima Trindade: Deus é, simultaneamente, uno e trino – o Pai, o Filho encarnado em Jesus e o Espírito Santo, que estabelecem entre si uma comunhão perfeita, sinal e instrumento para a vida dos cristãos na Igreja. A Igreja define-se, pelas palavras do Credo, como: una, santa, católica e apostólica. Além disso, é conhecida por: Corpo de Cristo, Povo de Deus, Templo do Espírito Santo. Na Igreja, as celebrações sacramentais do Batismo, da Crisma, da Eucaristia, do Matrimônio, da Penitência ou da Confissão, da Ordem e da Unção dos Enfermos atualizam a presença de Jesus e alimentam para a vida no amor. Os católicos contam, também, com expressões devocionais aos santos, para crescerem na fé.

Mas essa devoção acessória é, na prática, central para os católicos no Brasil. As irmandades e as confrarias, voltadas para a celebração do culto e das devoções aos santos e às almas, foram o principal suporte da religião no Brasil. Eram grupos de leigos, autônomos em sua atividade religiosa, que organizavam e abrilhantavam as festas nas quais o padre era convidado, para dizer missa e fazer "desobriga". Nos outros dias do ano, até fins do século XIX, as práticas religiosas eram de âmbito familiar ou pessoal: os oratórios domésticos e os velórios, os cruzeiros para mortos, as curas dos benzedores. Nesses momentos, as pessoas com mais qualificação dirigiam as celebrações e as romarias dos santos, que os portugueses trouxeram da sua Idade Média e aqui se misturaram com encantados e espíritos dos indígenas e afro-brasileiros.

O catolicismo, caracterizado pela paróquia com a missa dominical cheia de gente, pelas associações pias e festas do mês de maio e do padroeiro, pelas procissões e pelo vigário de batina, enfatizando a piedade e a moralidade, foi implantado no Brasil a partir da segunda metade do século XIX. A estratégia dos bispos reformadores e de seu clero era desvalorizar os leigos, principalmente substituindo as devoções aos santos tradicionais por outras que, na Europa, combatiam o liberalismo anticlerical: Nossa Senhora do Perpétuo Socorro, Nossa Senhora Auxiliadora e o Sagrado Coração de Jesus. Daí surgiu o Apostolado da Oração, que, estatutariamente, coloca o vigário na diretoria, a exemplo das demais associações para leigos fundadas na época (Filhas de Maria, Liga Católica, Cruzada Eucarística). As antigas Irmandades foram passando para o controle paroquial. Ao mesmo tempo, festas como a da Coroação de Nossa Senhora passaram a ter um destaque maior em relação às Folias de Reis e do Divino, Procissão das Almas e as Festas Juninas. Ao trazer as imagens dos oratórios para os templos paroquiais, o clero tornou-se o principal festeiro. Para isso, os vigários contaram com a força das "missões populares" e com a ajuda de congregações que substituíram ermitães dos centros de romaria. Mas se tal "romanização" chegou a estabelecer novas estruturas eclesiásticas, as escolas – sacramentos paroquiais e associações piedosas – atingiram poucos católicos.

A maioria da população, conservando elementos da tradição antiga, reinterpretou o catolicismo romanizado e pratica a sua religião de modo privatizado e/ou em comunidades de "cura divina", muito inconstantes e abertas ao sincretismo. O núcleo é a devoção aos santos, não somente os canonizados, mas também as denominações locais e familiares (crianças sofridas) e santos anônimos (almas vaqueiras). Além do que, em cada imagem, ainda que do mesmo santo, há um santo diferente: carregado com outros poderes de intermediação para o Deus criador, Todo-Poderoso. As relações entre o fiel e os santos podem assumir uma modalidade devocional, por meio de uma aliança estabelecida pela consagração no batismo ou por um voto, em que o santo se apresenta como padrinho celeste e o fiel assume a sua devoção de acordo com as particularidades do santo (pão de Santo Antônio, velas para as almas, terço para Nossa Senhora). Outra relação é a contratual, na qual o santo concede uma graça e o fiel paga uma promessa.

Em todo caso, a característica comum é o relacionamento direto e pessoal: o santo está ao alcance imediato da pessoa. Esse catolicismo privatizado, todavia, é suplementado pelas práticas sacramentais do catolicismo romano, como o batismo, a primeira comunhão, o casamento e os funerais, além das festas dos padroeiros e da Semana Santa. Ou, então, ele recebe suporte nos pentecostalismos urbanos modernos, sintetizando toda a santidade em Jesus Cristo ou no seu Espírito, substituindo a promessa pelo "voto", mas recorrendo a bênçãos e exorcismos como antigamente.

Essa religiosidade popular, que aponta para santos intermediários, recebeu uma nova evangelização em fins do século XX, depois do Concílio Vaticano II, que colocou a Bíblia nas mãos do povo e popularizou a liturgia, permitindo repensar as paróquias como assembleias de comunidades. Mas ela desdobrou-se em duas tendências: o catolicismo de renovação, de Comunidades Carismáticas e Movimentos Espirituais que visam a uma experiência íntima do Espírito (no estilo do pentecostalismo americano), e o catolicismo de libertação, popularizando as experiências de organização dos leigos da Ação Católica, por meio das Comunidades Eclesiais de Base e das Pastorais engajadas, criando uma espiritualidade em torno do seguimento de Jesus na práxis política.

E, aqui, precisamos falar dos outros cristãos. Com efeito, o movimento cristão sofreu divisões traumáticas que começaram já no século V, com os nestorianos e os monofisistas, seguindo, mais tarde, com a cisão da ortodoxia oriental sob o patriarca Miguel Cerulário, no século XI. A separação mais famosa foi a das Igrejas Protestantes (luteranas, calvinistas e anglicanas), no século XVI; contudo, ela foi seguida por rupturas suscitadas no Concílio Vaticano I, em fins do século XIX, e, no século XX, por movimentos escatológicos e pentecostais, grupos de ativismo social e, também, de evangélicos curadores.

O Brasil foi atingido por aquela Reforma Protestante, marcada pelas teses de Lutero, em 1517, que deslancharam uma agitação religiosa ensejada pelo mundo moderno, urbano e comercial contra o medievo agrícola e rural. Teses libertárias, ainda que nos limites da emancipação burguesa, ampliando e pluralizando, porém, a compreensão de Igreja. O movimento da Reforma propôs novas maneiras de viver a fé cristã a partir do protesto contra as indulgências, práticas de penitência associadas a finanças pela Igreja Católica Romana, para os fiéis alcançarem perdão e salvação por intermédio do clero.

A Reforma insurgiu-se contra uma tradição que não era a mais originária do cristianismo, mas refletia a inserção da Igreja no mundo político do Império Romano, desde o século IV, tendo se cristalizado graças a Gregório VII e à sua luta para defender-se dos príncipes, a partir do ano 1000. Aí se passou de uma Igreja-comunidade para uma Igreja identificada com a sociedade e fundamentada na "sociedade perfeita" dos religiosos. Em suas origens bíblicas e patrísticas, é toda a Igreja que faz e celebra a eucaristia (sempre presidida por pastores próprios), e é a eucaristia que faz e constitui a Igreja. A partir do segundo milênio, a eucaristia é celebrada pelo clero, e é este que constitui realmente a Igreja romana.

O Brasil recebeu o protestantismo de missão dos reformadores europeus por meio de colonos e, mais tarde, dos imigrantes. Mas acabamos mais atingidos pelos evangélicos pentecostais vindos dos Estados Unidos. Desde 1850, chegaram pregadores com uma mensagem baseada em princípios puritanos e em uma busca constante por santidade. Todavia o movimento de renovação pentecostal iniciado nos Estados Unidos em 1906 (com muita influência do jeito de rezar animado e de êxtase dos antigos escravos africanos) veio para o Brasil acreditando que o dom da glossolalia (o falar em línguas estranhas), além de um sinal visível do batismo do Espírito Santo, é uma segunda bênção, depois da justificação. Segundo o Censo de 2010, dentre as Igrejas Evangélicas em território brasileiro, a Igreja Pentecostal Assembleia de Deus é a que tem o maior número de membros: mais de doze milhões.

Fundada em 1956 pelo missionário pernambucano Manoel de Mello, a Igreja O Brasil para Cristo foi a primeira comunidade pentecostal fundada por um brasileiro. Trouxe como inovação missionária o uso do rádio e da televisão, além de grandes espaços, como os estádios de futebol, para a realização de cultos evangelísticos. A manifestação dos dons, como o da cura divina, foi uma das marcas dessa nova onda pentecostal. O pentecostalismo clássico, marcado pela glossolalia, cedeu lugar às cruzadas evangelísticas e às curas divinas de um novo pentecostalismo, nas décadas de 1950 e 1960, e foi suplantado pelo neopentecostalíssimo, em fins da década de 1970. A Igreja Universal do Reino de Deus (1977), a Igreja Internacional da Graça de Deus (1980), a Igreja Apostólica Renascer em Cristo (1986), a Comunidade Sara Nossa Terra (1992), a Igreja Mundial do Poder de Deus (1998) e a Igreja Apostólica Plenitude do Trono de Deus (2006) são as mais expressivas denominações neopentecostais no Brasil.

Essas Igrejas, que representam 60% da totalidade dos evangélicos, segundo o Censo de 2010 (IBGE, 2012), são marcadas pela Teologia da

Prosperidade e do Domínio ou Combate, pregando curas de doenças e exorcismos como consequência da demonização das divindades de outras tradições religiosas, a quem associam todo mal financeiro, físico ou sentimental. Elas buscam a prosperidade material como atestação de bênção divina, apostam, massivamente, em tecnologias de comunicação social para socializar a sua mensagem e na organização eclesial em células ou pequenas comunidades. Enquanto os primeiros evangélicos buscavam fugir do mundo e da sua política, os neopentecostais têm um projeto de poder e ocupação do espaço público em uma espécie de nova cristandade, como atestam as Marchas para Jesus, a produção de uma cultura "gospel" e as bancadas políticas da Bíblia e suas bandeiras moralistas. Mas não se pode confundir as pautas, por vezes interesseiras de suas lideranças, com a boa-fé e as boas práticas das comunidades que encontram inspiração humana e ajuda mútua em torno das leituras bíblicas e dos cultos animados do neopentecostalíssimo cristão.

Por último, uma palavra sobre o espiritismo, que é a tradição religiosa que mais cresce no Brasil e para onde se mudou a sua sede mundial. Os dados do Censo de 2010 indicam um crescimento importante, com respeito ao anterior: de 1,3% para 2% (IBGE, 2012). Mas o espiritismo é muito mais impregnado em nossa cultura do que atestam esses números. Os espíritas acreditam em Deus como inteligência suprema, na imortalidade da alma e na comunicabilidade dos espíritos pelas diversas mediunidades (capacidade que os céticos relacionam à leitura de outras mentes pelo médium). Acreditam, também, na pluralidade dos mundos habitados conforme a evolução no processo de reencarnações das pessoas, bem como na caridade como preceito basilar para o desenvolvimento espiritual.

O espiritismo busca estudar os fenômenos mediúnicos ou provocados pelos espíritos como fatos naturais, à luz da razão e em diálogo com as ciências. Para o espiritismo não existe o sobrenatural. Como religião, o espiritismo tem por objetivo a transformação moral do homem, revivendo os ensinamentos de Jesus Cristo, na sua verdadeira expressão de simplicidade, pureza e amor. Para o espiritismo, Jesus não é Deus, mas o espírito mais puro enviado por Deus como modelo e guia. É uma religião sem culto externo, sem sacerdócio organizado, sem cerimônias de qualquer natureza, sem intermediários entre a criatura e o Criador. Os adeptos a consideram como uma religião cósmica, tendo o amor como ideal maior.

Recebemos essa filosofia religiosa do francês Allan Kardec, que buscou explicações científicas e combinou elementos do evangelho cristão com o complexo mitológico de *karma-samsara* (causa e efeito e reencarnação ou transmigração das almas da tradição hindu) para regrar a comunicação com os espíritos dos mortos, crença dos indígenas de todo canto. Hoje, temos, inclusive, uma nova vaga de espiritualismo, com a Nova Era dos Estados Unidos, e inclusive uma nova geração de espíritas, que busca explicações para a espiritualidade em diálogo com a ciência atual, da física quântica sobre o cosmos à neurossociologia sobre o humano, assim como Kardec buscou com a do seu tempo, o magnetismo.

Então, à guisa de conclusão, vamos recorrer a Carlos Rodrigues Brandão e Jadir de Morais Pessoa, ao analisar o quadro da diversidade religiosa brasileira em *Os rostos de Deus do outro* (2005). Os autores sugerem um mapa, propondo que imaginemos o espaço em branco de uma folha de papel deitada: "Coloquemos no extremo à esquerda as religiões dos primeiros povoadores do que veio a ser, depois, o Brasil: os povos e as nações indígenas" (BRANDÃO; PESSOA, 2005, p. 23). Após anos de colonização e sincretismo, ainda preservam raízes religiosas. Mas, do lado direito, outro lado da folha, coloquemos as religiões minoritárias, como a dos judeus, dos muçulmanos migrantes árabes ou não, o cristianismo ortodoxo dos libaneses e europeus, as diferentes expressões de budismo, de xintoísmo e de confucionismo. Apesar de serem "estrangeiros", esses grupos guardam em comum com as religiões dos povos indígenas o "fato de que quase sempre estão restritas ao âmbito de suas próprias comunidades étnicas ou culturais" (BRANDÃO; PESSOA, 2005, p. 24). Não se deve confundir essas tradições religiosas antigas com religiões recém-chegadas ao Brasil, tais como Seicho-no-Ie e a Igreja Messiânica.

Voltando à "folha", do lado esquerdo, próximo às religiões indígenas, estão "alguns tipos e variações de cultos e de práticas que nem sempre chegam a constituir religiões formais" (BRANDÃO; PESSOA, 2005, p. 25), mas que são significativos, como a pajelança. Junto a eles estão expressões religiosas que, a despeito de serem de matriz africana, são recriações expressivas do Brasil: o candomblé, a Casa das Minas do Maranhão, o xangô do Nordeste e as umbandas. Segundo Brandão e Pessoa (2005, p. 26), elas têm em comum a prática da possessão: "todas elas, cada uma a seu modo e com bases em seus mitos e teologias, aceitam a possessão como o modo mais adequado por meio do qual uma divindade, espírito de mortos ou outros tipos de seres [...], entram em comunicação com os humanos vivos". Tomando o princípio da possessão, acrescente-se ao mapa o espiritismo kardecista e, depois, a Fraternidade Eclética Espiritualista Universal, o Vale do Amanhecer e a Legião da Boa Vontade (que passou a se chamar Religião de Deus).

Caminhando para o lado direito da "folha", entram as tradições religiosas identificadas como cristãs: os catolicismos (populares e romanizados, de renovação e de libertação), os protestantes de imigração, como os luteranos e anglicanos, e os evangélicos de missão, como os presbiterianos, congregacionais, batistas e metodistas. Incluem-se, também, práticas religiosas próximas das cristãs, tais como testemunhas de Jeová, mórmons e adventistas do sétimo dia. Além delas, mas puxando para o lado esquerdo, as Igrejas pentecostais, como as Assembleias de Deus e a Congregação Cristã do Brasil, e as Igrejas neopentecostais. Assim, mesmo contrário a qualquer associação com as religiões afro, o pentecostalismo e, mais recentemente, o neopentecostalismo da Igreja Universal do Reino de Deus podem ser considerados, em certa medida, uma religião de possessão, devido aos fenômenos extáticos dos seus cultos.

Finalmente, próximo à margem direita do mapa, junto às religiões de minorias étnicas, devemos acrescentar o Santo Daime e a União do Vegetal. E, no último espaço em branco na "folha" imaginária, entram as religiões orientais como Fé Bahá'í, Hare Krishna, Sufismo, Ananda Marga e Brahma Kumaris. Mas talvez precisemos de mais papel do que previram Carlos Brandão e Jadir Pessoa para encontrar um cantinho aos paganismos modernos que chegaram, como a bruxaria da wicca; aos sem religião, que não deixam de fazer as suas jornadas espirituais; e a uma mística transreligiosa que se manifesta e se esconde em nosso caldeirão cultural brasileiro.

REFERÊNCIAS

BERKENBROCK, V. J. *O mundo religioso. Petrópolis*: Vozes, 2019.

BRANDÃO, C.R.; PESSOA, J.M. *Os rostos de Deus do outro:* mapas, fronteiras, identidades e olhares sobre a religião no Brasil. São Paulo: Loyola, 2005.

IBGE – Instituto Brasileiro de Geografia e Estatística. *Censo demográfico 2010*. Rio de Janeiro: IBGE, 2012.

PEREIRA, J. B. (org.). *Religiosidade no Brasil*. São Paulo: Edusp, 2012.

RIBEIRO, C.; ARAGÃO, G.; PANASIEWICZ, R. (org.). *Dicionário do pluralismo religioso*. São Paulo: Recriar, 2020.

TEIXEIRA, F.; MENEZES, R. *Religiões em movimento*: o Censo de 2010. Petrópolis: Vozes, 2013.

SUGESTÕES DE LEITURA

BERKENBROCK, V. J. *O mundo religioso.* Petrópolis: Vozes, 2019.

- A presença das religiões no mundo, p. 19-25.
- A presença das religiões no Brasil, p. 2637.
- As religiões e seus deuses, p. 150-161.

JUNQUEIRA, S. R. A.; BRANDENBURG, L. E.; KLEIN, R. (org.). *Compêndio do Ensino Religioso.* São Leopoldo: Sinodal; Petrópolis: Vozes, 2017.

- Ciência(s) da(s) Religião(ões) – Frederico Pieper, p. 131-138.
- Ensino Religioso: conhecimentos e saberes escolares na área de conhecimento e no componente curricular – Cláudia Regina Kluck, p. 139-142.
- Conhecimento religioso – Ednilson Turozi de Oliveira, p. 156-157.

3

PROJETO DE VIDA

Aline Gonçalves Ferreira[12]

Sandson Almeida Rotterdan[13]

A vida se constitui como um emaranhado de possibilidades, construção de caminhos, mudanças de rotas e de trajetórias. Os projetos de vida, assim como as pessoas, mudam. Ou talvez as pessoas mudem por meio de seus projetos, pois a transformação dos indivíduos se dá ao longo do tempo e do contexto vivenciado (VELHO, 2003).

Refletir sobre mudança de rota, em possibilidades de alteração de trajetos, de começos e recomeços de diferentes percursos, é pensar sobre a construção autobiográfica de um projeto, a construção que o indivíduo realiza sobre si, sobre a sua própria vida, constituindo-se como sujeito. Nesse sentido, o projeto de vida repercute na identidade do próprio sujeito, pois articula os seus sentimentos, desejos, objetivos, metas, interesses e aspirações para si e para o mundo (VELHO, 2003).

Trata-se, também, de um exercício mental que lida com hipóteses futuras da própria existência, analisando os campos de possibilidades

---

12 Pós-graduada em Aprendizagem Criativa, Ciências da Religião pela Pontifícia Universidade Católica de Minas Gerais (PUC Minas) e em Metodologia do Ensino pelo Centro de Estudos e Pesquisas Educacionais de Minas Gerais (CEPEMG), graduada em Pedagogia com ênfase em Ensino Religioso pela PUC Minas, formada em Metodologia de Dinâmica de Grupo. Atualmente, é professora de Ensino Religioso da Educação Infantil e do 6º ano do Ensino Fundamental.

13 Educador, filósofo, teólogo e cientista da religião. Graduado em Filosofia e Teologia, mestre e doutorando em Ciências da Religião pela Pontifícia Universidade Católica de Minas Gerais (PUC Minas). É editor e cofundador da Revista e Editora Senso; diretor de Evangelização, Pastoral e Identidade Católica na Gaudium Educação; e articulador de juventudes, pesquisa, extensão e tecnologias sociais no Instituto Gaudium. Educador há mais de dez anos na rede particular de Belo Horizonte.

de ação. Desse modo, propõe-se que os sujeitos tenham acesso a um espaço-tempo de reflexão e a diversas ferramentas, para que eles compreendam o seu lugar no mundo, as possibilidades de projeção e mudanças de caminhos e a implicação corresponsável da construção de um projeto de sociedade almejada.

Projeto de vida remete à possibilidade de organizar e refletir sobre a própria biografia, mas também de projetar a dimensão do futuro, do que desejo ser, da sociedade que quero construir. Sobre isso, Leccardi (2005, p. 36) destaca que, "projetando que coisa se fará no futuro, projeta-se também, paralelamente, quem se será". Assim, o futuro é um espaço para a construção de projetos de vida e, ao mesmo tempo, para a construção de si.

Nesse sentido, há uma relação muito próxima entre "projeto de vida" e "campo de possibilidades". Cada projeto de vida é pensado e idealizado a partir de um campo de possibilidades que é modulado com base na cultura, nas vivências e nas condições socioeconômicas dos sujeitos. Essa relação existe e pode ser utilizada para questionarmos, em certa medida, a noção de que a realização pessoal depende apenas da vontade do indivíduo. Ou seja, outros condicionantes contribuem para as diferentes realizações dos projetos de vida, pois esses projetos são construídos na relação dos sujeitos com as experiências socioculturais estabelecidas ao longo de sua existência (VELHO, 2008).

As escolhas de cada indivíduo, portanto, também dependerão da constatação e da compreensão de seu campo de possibilidades, isto é, as opções disponíveis o influenciarão. Entretanto é muito importante salientar que o conceito não é um limitador de destinos, pois nada pode delimitar os "pontos de chegada" nas itinerâncias dos sujeitos. Logo pode-se relacionar a influência dos campos de possibilidades restritos e ampliados ao acesso e às opções que os indivíduos terão para realizar as escolhas ao longo do processo de construção de seus projetos de vida, mas não se deve limitar seus destinos ao longo das itinerâncias vivenciadas. Essas experiências se apresentam de diferentes formas em cenários específicos que podem contribuir ou não na elaboração de projetos de vida individuais e coletivos.

Entende-se, então, que o projeto de vida é uma construção autobiográfica que o sujeito realiza sobre si, sobre a sua vida, a partir das dimensões histórica, social e econômica que o envolvem e da relação com as projeções para o futuro que se fundamentam no campo de possibilidades. Desse modo, embora seja uma construção individual e intransferível, o projeto de vida está amplamente relacionado ao projeto de sociedade almejado. Assim, é importante ampliar a dimensão de projeto de vida para além de uma concepção individual, "ensimesmada", que responde apenas às demandas do sujeito. Cada indivíduo tem um papel muito importante na construção de uma sociedade desejada. Por esse motivo, o projeto de vida precisa estar relacionado a uma construção mais ampla e comprometida com a equidade, a igualdade de direitos e oportunidades, bem como a justiça social.

Nessa concepção de alargar a percepção de construção de projetos de vida articulados aos projetos de sociedade, é fundamental refletir sobre uma das funções sociais da escola: a formação cidadã de crianças, adolescentes, jovens e adultos. Desse modo, a reflexão passa, necessariamente, por conceber o estudante para além da dimensão acadêmica, partindo da integralidade do seu ser. Sendo assim, tal função social também se propõe a formar indivíduos que refletem sobre a sua trajetória, sobre a sua construção autobiográfica e, ao mesmo tempo, projetam o que desejam ser, quem desejam ser e qual sociedade desejam formar.

Em consonância com esse cenário, a Base Nacional Comum Curricular propõe que é necessário assegurar às juventudes uma formação que esteja em sintonia com os seus percursos e as suas histórias, e que, além disso, permita redesenhar o seu projeto de vida, tanto no âmbito dos estudos e trabalho quanto na dimensão mais ampla das escolhas de estilos de vida saudáveis, éticos e sustentáveis. Desse modo, o documento propõe que

> Ao se orientar para a construção do projeto de vida, a escola que acolhe as juventudes assume o compromisso com a formação integral dos estudantes, uma vez que promove seu desenvolvimento pessoal e social, por meio da consolidação e construção de conhecimentos, representações e valores que incidirão sobre seus processos de tomada de decisão ao longo da vida (BRASIL, 2018, p. 472).

Nesse sentido, a Base Nacional Comum Curricular (BRASIL, 2018, p. 14) reconhece que a "Educação Básica deve visar à formação e ao desenvolvimento humano global, o que implica compreender a complexidade e a não linearidade desse desenvolvimento, rompendo com visões reducionistas que privilegiam ou a dimensão intelectual (cognitiva) ou a dimensão afetiva". Dessa maneira, reconhece-se que a educação tem um compromisso com a formação e o desenvolvimento humano global, em diferentes aspectos que atingem as dimensões intelectual, física, afetiva, social, ética, moral e simbólica. Para isso, é necessário desenvolver competências que não estão restritas aos aspectos cognitivos.

Esse conceito de competências não é novo no cenário educacional, e a BNCC (BRASIL, 2018, p. 8) o define como "mobilização de conhecimentos (conceitos e procedimentos), habilidades (práticas, cognitivas e socioemocionais), atitudes e valores para resolver demandas complexas da vida cotidiana, do pleno exercício da cidadania e do mundo do trabalho". Desse modo, as competências podem ser divididas em diferentes âmbitos que abarcam uma dimensão mais ampliada do ser a partir da formação integral. Elas são exemplificadas como competências cognitivas, comunicativas e socioemocionais. Diante desse cenário, em que documentos oficiais evidenciam a importância da formação integral para trabalhar as diferentes dimensões dos sujeitos pedagógicos, a atenção a essas novas competências ganhou força nos últimos anos.

Projeto de vida é evidenciado na Base Nacional Comum Curricular como o que os estudantes almejam, projetam e redefinem para si ao longo de sua trajetória, ou seja, uma construção que acompanha o desenvolvimento das identidades, em diferentes contextos, atravessados por uma cultura e por demandas pessoais e coletivas que se articulam. Nesse sentido, esse documento também reafirma que

> [...] é papel da escola auxiliar os estudantes a aprender a se reconhecer como sujeitos, considerando suas potencialidades e a relevância dos modos de participação e intervenção social na concretização de seu projeto de vida. É, também, no ambiente escolar que os jovens podem experimentar, de forma mediada e intencional, as interações com o outro, com o mundo, e vislumbrar, na valorização da diversidade, oportunidades de crescimento para o seu presente e futuro (BRASIL, 2018, p. 473).

A relação do projeto de vida com o currículo escolar é demandada de diferentes formas e intensidades. Em Linguagens[14], por exemplo, há uma habilidade que demarca a relação do projeto de vida com as práticas corporais como forma de significar o autoconhecimento e o autocuidado com o corpo, com a saúde, com a socialização e o entretenimento dos estudantes. Já nas competências específicas de Ciências Humanas e Sociais Aplicadas para o Ensino Médio, o projeto de vida aparece na dimensão das escolhas alinhadas ao exercício da cidadania e ao projeto de vida dos sujeitos[15].

Partindo do que é específico para o mais amplo, além da dimensão mais particular das habilidades e das competências das áreas do conhecimento supracitadas, tem-se a especificidade da competência de número 6 (seis) do conjunto de competências gerais da BNCC.

A competência objetiva:

> Valorizar a diversidade de saberes e vivências culturais e apropriar-se de conhecimentos e experiências que lhe possibilitem entender as relações próprias do mundo do trabalho e fazer escolhas alinhadas ao exercício da cidadania e ao seu projeto de vida, com liberdade, autonomia, consciência crítica e responsabilidade (BRASIL, 2018, p. 9).

---

14 Habilidade de Linguagens: "**(EM13LGG503)** Vivenciar práticas corporais e significá-las em seu projeto de vida, como forma de autoconhecimento, autocuidado com o corpo e com a saúde, socialização e entretenimento" (BRASIL, 2018, p. 495, grifo do autor).

15 Competência específica de Ciências Humanas e Sociais Aplicadas para o Ensino Médio: "**6.** Participar do debate público de forma crítica, respeitando diferentes posições e fazendo escolhas alinhadas ao exercício da cidadania e ao seu projeto de vida, com liberdade, autonomia, consciência crítica e responsabilidade" (BRASIL, 2018, p. 570, grifo do autor).

Desse modo, a competência evidencia a importância do mundo do trabalho na vida dos estudantes, mas amplia a concepção para o âmbito de escolhas conscientes, autônomas e responsáveis. Essa ampliação coaduna com a proposta de projeto de vida concebida neste caderno, pois não restringe o projeto apenas à dimensão profissional e compreende que os sujeitos se constituem em diferentes esferas sociais. O trabalho, por exemplo, faz juventudes (NONATO, 2013), no sentido de constituir e formar os jovens, assim como os processos de escolarização também constituem os sujeitos em seus processos de socialização e sociabilidade (DAYRELL, 2007).

Portanto a valorização da diversidade de saberes e de culturas e a apropriação de diferentes conhecimentos e experiências tornam-se parte fundamental para a percepção da dimensão formativa do trabalho na construção do projeto de vida, mas também em relação à ampliação desse aspecto formativo para outros vínculos, encontros, instituições e acontecimentos. Além disso, a competência evidencia a importância de realizar escolhas, em diferentes âmbitos, com autonomia e em uma perspectiva cidadã.

É possível compreender que as percepções de projeto de vida são multifacetadas e perpassam diferentes áreas do conhecimento. Sendo assim, além das habilidades e das competências citadas, tem-se a área específica de Ensino Religioso, que também se apresenta como um componente que discute as questões próprias do projeto de vida, conforme seção a seguir.

Ensino Religioso e projeto de vida

Dentro dos diversos campos nos quais se constrói o sujeito, o campo religioso emerge como uma forte influência nessa construção. A Base Nacional Comum Curricular traz essa preocupação ao sinalizar a influência das crenças religiosas nas filosofias de vida. Ou seja, muito do que os sujeitos constroem acerca de si mesmos, seu *modus vivendi*, se não se ancora em suas crenças religiosas, é, pelo menos, influenciado por elas.

Segundo a BNCC (BRASIL, 2018), esses códigos e valores ético-morais oferecidos pelas religiões definem o que é certo e o que é errado, permitido ou proibido. Esses princípios éticos e morais atuam como balizadores de comportamento, tanto nos ritos como na vida social. Também as filosofias de vida se ancoram em princípios cujas fontes advêm do universo religioso. Pessoas sem religião adotam princípios éticos e morais cuja origem decorre de fundamentos racionais, filosóficos, científicos, entre outros. Esses princípios, geralmente, coincidem com o conjunto de valores seculares de mundo e de bem, tais como: o respeito à vida e à dignidade humana; o tratamento igualitário das pessoas; a liberdade de consciência, crença e convicções; e os direitos individuais e coletivos (BRASIL, 2018).

Nesse sentido, as crenças religiosas – o conhecimento de suas contribuições para a construção de valores ético-morais – podem ser um elemento que possibilite aos estudantes colher, nas diversas tradições de sabedoria, elementos para a construção de seus projetos de vida, colher possibilidades de mudança ou reforço das condições de seu "ser-no-mundo". Isso não quer dizer que a abordagem do Ensino Religioso deva ser proselitista, teológica ou moralista. Para que o Ensino Religioso contribua com a construção de projetos de vida consonantes com uma sociedade plural, diversa e democrática, a abordagem da religião deve ser feita, na perspectiva de Elisa Rodrigues (2021, p. 118), na condição de fenômeno, de

> [...] reconhecer que a religião se singulariza na experiência do crente, razão pela qual compreendê-la requer emergir no universo das ideias e das práticas religiosas, a fim de que pelo conhecimento dos termos religiosos se faça uma aproximação, mesmo que assintótica, do que ela significa em termos de experiência do ser-no-mundo.

Nesse sentido, a imersão nas experiências, no conhecimento das práticas e no reconhecimento das diversidades possibilita colher elementos para a construção de projetos de vida. As competências de área específicas do Ensino Religioso apontam para:

> [...]
> **3.** Reconhecer e cuidar de si, do outro, da coletividade e da natureza, enquanto expressão de valor da vida;
> [...]
> **6.** Debater, problematizar e posicionar-se frente aos discursos e às práticas de intolerância, discriminação e violência de cunho religioso, de modo a assegurar os Direitos Humanos no constante exercício da cidadania e da cultura de paz (BRASIL, 2018, p. 437, grifos do autor).

Assim, pode-se possibilitar aos estudantes que encontrem, nas tradições religiosas, a partir de uma imersão no universo das ideias e das práticas, os elementos para a construção de si mesmos. Se o projeto de vida é sempre contextual, conectado a outros projetos de vida, as religiões fazem parte dessa malha social que compõe a vida dos sujeitos, para além de uma construção individualista e "ensimesmada".

Do ponto de vista didático-pedagógico, cabe alertar que o trabalho com projeto de vida não é, nem pode ser, uma exclusividade do componente curricular de Ensino Religioso. Pelo contrário, todo o processo educativo deve contribuir com a construção dos projetos de vida dos estudantes. Algumas redes de ensino têm, inclusive, criado um componente curricular que seja responsável por auxiliar os estudantes nessa construção.

No caso do Ensino Religioso, o projeto de vida não é um objeto de conhecimento, mas está inserido na unidade temática "Crenças religiosas e filosofias de vida", no objeto de conhecimento "Princípios e valores éticos", e a habilidade aponta no sentido de "**(EF09ER07)** Identificar princípios éticos (familiares, religiosos e culturais) que possam alicerçar a construção de projetos de vida" (BRASIL, 2018, p. 459, grifo do autor). Ou seja, uma das muitas contribuições que o componente curricular de Ensino Religioso pode dar para a construção dos projetos de vida dos estudantes é haurir das tradições, das práticas, dos ritos, dos mitos, dos princípios e dos valores éticos que contribuirão, também, para a construção de sujeitos comprometidos com uma sociedade democrática, que reconheça os Direitos Humanos como direitos de todos para além das crenças.

REFERÊNCIAS

BRASIL. Ministério da Educação. *Base Nacional Comum Curricular (BNCC)*: educação é a base. Brasília: CNE/CEB, 2018.

DAYRELL, J. A escola "faz" as juventudes? Reflexões em torno da socialização juvenil. *Educação & Sociedade*, v. 28, n. 100, 2007. Disponível em: https://www.scielo.br/j/es/a/RTJFy53z5LHTJjFSzq5rCPH/?format=pdf&lang=pt. Acesso em: 23 fev. 2023.

LECCARDI, C. Por um novo significado do futuro: mudança social, jovens e tempo. *Tempo Social, Revista de Sociologia da USP*, São Paulo, v. 17, 2005. Disponível em: https://www.scielo.br/j/ts/a/3p3mXn5TfgkkGSnWsXZ3zxr/?format=pdf&lang=pt. Acesso em: 8 fev. 2023.

NONATO, S. P. A condição juvenil dos jovens trabalhadores da Cruz Vermelha Brasileira no campus Pampulha da UFMG. 2013. Dissertação (Mestrado em Educação) – Faculdade de Educação da Universidade Federal de Minas Gerais, Belo Horizonte, 2013.

RODRIGUES, E. *Ensino Religioso*: uma proposta reflexiva. Belo Horizonte: Senso, 2021.

VELHO, G. *Individualismo e cultura*: notas para uma antropologia da sociedade contemporânea. Rio de Janeiro: Jorge Zahar, 2008.

VELHO, G. *Projeto e metamorfose*: antropologia das cidades complexas. Rio de Janeiro: Jorge Zahar, 2003.

SUGESTÕES DE LEITURA

JUNQUEIRA, S. R. A.; BRANDENBURG, L. E.; KLEIN, R. (org.). *Compêndio do Ensino Religioso.* São Leopoldo: Sinodal; Petrópolis: Vozes, 2017.

- Diversidade religiosa e Ensino Religioso – Marcos Vinícius de Souza Verdugo, p. 343-349.
- Ensino Religioso e intolerância religiosa – Marcos Vinicius de Freitas Reis, p. 366-369.

4

BREVES CONSIDERAÇÕES SOBRE RELIGIOSIDADES, RELIGIÕES E POLÍTICA[16]

Luis Gustavo Patrocino[17]
Fábio Lanza[18]

Neste texto, abordaremos quatro fatores existentes na relação entre a política e as religiões/religiosidades na sociedade brasileira. Para tal, narram-se aspectos percebidos do cotidiano e resultados do processo histórico nacional. Objetiva-se criar um panorama da intercessão do aspecto subjetivo no campo da vida coletiva, em sociedade, isto é, da moral/moralidade com suas formas de se propagar. Portanto política será entendida de modo amplo, não se referindo, exclusivamente, à sua expressão partidária/burocrática/jurídica.

---

16 Este texto é uma adaptação, seguindo orientações editoriais, da dissertação *Escola e religiosidades: estudo sobre desdobramentos das práticas religiosas no ambiente escolar e suas interfaces com a disciplina de Ensino Religioso* (2014), defendida por Luis Gustavo Patrocino no Programa de Pós-Graduação em Ciências Sociais na Universidade Estadual de Londrina, sob orientação do professor Dr. Fábio Lanza. O texto foi revisado e ampliado em coautoria para compor o presente artigo.

17 Doutor em Ciências Sociais pela Universidade Estadual Paulista "Júlio de Mesquita Filho" (Unesp de Marília); mestre em Ciências Sociais, especialista em Estatística com ênfase em Pesquisa Quantitativa e licenciado/bacharel em Ciências Sociais pela Universidade Estadual de Londrina (UEL); bacharel em Teologia pela Faculdade Evangélica do Brasil. Atua como pesquisador no Laboratório de Ensino e Pesquisa Educação e Sociedade (LEePES/Unesp de Marília), no Laboratório de Estudos de Religião e Religiosidade (LERR/UEL) e no Projeto de Extensão Práxis Itinerante (UEL).

18 Doutor em Ciências Sociais pela Pontifícia Universidade Católica (PUC-SP). É professor associado no Departamento de Ciências Sociais do Programa de Pós-Graduação em Sociologia e do Programa de Mestrado Profissional em Rede Nacional de Ensino de Sociologia, vinculados à Universidade Estadual de Londrina (UEL). Atua, também, como coordenador do Laboratório de Estudos sobre as Religiões e Religiosidades (LERR/UEL) e do Projeto de Extensão Práxis Itinerante (UEL).

É muito comum, nas conversas do dia a dia, associarmos duas ou três esferas da vida, por exemplo: o aumento do preço dos produtos no mercado e a sua relação com guerras internacionais ou o preço dos combustíveis e as decisões governamentais. Temos, em nossos diálogos, a capacidade de unir duas ou mais condições históricas para criarmos um discurso, uma resposta, uma justificativa para aquilo que é conteúdo das conversas cotidianas.

Independentemente da abrangência desse conteúdo, se é sobre o esportista que mudou de time, o participante do *reality show* que ganhou ou perdeu uma prova, a postagem de um conhecido nos aplicativos de redes sociais, dentre tantos temas e eventos que vão sendo legitimados ou reproduzidos no nosso dia a dia, há também conteúdos cuja associação evidencia raízes mais profundas na história da humanidade, sendo mais importantes por estarem vinculados às estruturas da sociedade em que vivemos. Ademais, essas realidades, além de nos antecederem, também antecedem as nossas justificativas sobre elas.

Uma dessas associações revela-se na relação entre a esfera política e a esfera religiosa. Independentemente do ponto de partida da análise, algumas características se mantêm no processo histórico, outras vão sendo substituídas ou alteradas. As que se fixam nos permitem analisar a estrutura da relação, enquanto as demais compõem o quadro das conjunturas históricas.

A seguir, abordamos a relação entre religião/religiosidades e a política, por meio de conceitos do campo das Ciências Humanas e Sociais, para demonstrar aspectos e características da respectiva relação no cotidiano brasileiro.

Religião e pensamento científico

Diferentemente de como visava demonstrar o exemplo de sua relação com a política de Estado, as religiosidades e as religiões não são expressões humanas presas a espaços físicos - como templos, terreiros e montanhas - nem a instituições. Sua presença também pode ser percebida em "locais" subjetivos, em ideias, conceitos, ideologias. Essa fluidez que as caracteriza possibilita a sua emanação nos mais inusitados locais e momentos, nas mais complexas situações, produzindo "incoerências", preconceitos, alento e toda sorte de possibilidades, sendo tema de vários cientistas sociais desde o século XIX.

É possível perceber que os clássicos da sociologia, por exemplo, olhavam para a Europa e para concepções científicas do seu tempo, de modo que fazia sentido produzir apontamentos decretando o fim da religião/religiosidade como consequência do processo histórico-social. Dentre essas propostas, emergiram ideias que hierarquizaram a religião e a colocaram nos locais mais baixos da escala de importância para o desenvolvimento humano. Essas ideias entendiam a religião como diversa e antagônica ao processo de racionalização da vida que estava em curso, colocando-a como algo menor ou até mesmo a excluindo enquanto elemento fundamental das relações sociais humanas, situação que a classificava inferior em conjunto com o que não poderia ser medido ou pesado e que não tinha tangibilidade.

A religião/religiosidade era tida como um erro dos processos mentais que criavam/criam elementos sobrenaturais para aplacar medos e ansiedades. Quando aqueles pensadores a validavam, definiam uma escala contendo, na ponta inferior, o considerado mágico e, na superior, as atividades com alguma estrutura de ritos e cerimoniais com regramento letrado/escrito. Essa fase relatada expõe que importantes pensadores dos séculos XVI a XIX produziram hipóteses de um processo de extinção religiosa muito diferente do que pode ser visto no Brasil.

Nesse sentido, percebe-se já uma disputa pela legitimidade na condução dos saberes humanos, ao mesmo tempo que se evidencia uma cisão entre as duas formas de saberes. Uma disputa política pelo esvaziamento da condição religiosa é fruto dessa corrente filosófica, e dela descendem as tendências laicizantes adotadas por vários Estados-nações.

Dessa forma, as principais indicações tendiam para o fato de que o fim da(s) religiosidade(s) se daria por uma substituição. Algo ocuparia o seu lugar na vanguarda da organização de regras de sociabilidade. Moral, ciência e racionalidade foram as apostas de grandes pensadores europeus. Contudo, será que tais propostas valeriam para o território nacional brasileiro? Estariam os brasileiros deixando as suas crenças ou as substituindo?

Religião e aspectos cotidianos

Antes de apontar os desdobramentos sobre religião/religiosidades, é importante apontar que se compreende, neste texto, religião e religiosidade como expressões das características humanas presentes nas diferentes sociedades e épocas. Para uma melhor interpretação, adotamos a perspectiva simmeliana, em que a religiosidade, deixando de ser uma expressão exclusiva de fenômenos de contato entre humanos e suas divindades, passa a ser um sentimento produzido pelas interações sociais, de modo que as suas manifestações nem sempre correspondem a uma liturgia ritual normatizada por uma instituição de pertença. Em alguns casos, a sua expressão se manifesta como uma composição feita de liturgias e rituais de diversas instituições.

O primeiro fator importante a ser evidenciado é que várias pesquisas atuais sobre o perfil dos religiosos associam o indivíduo religioso com outro grupo. Nesses casos, tanto as concepções *a priori* das pesquisas quanto os resultados mais evidentes indicam que o religioso brasileiro seria alguém cuja moralidade tem cunho conservador. Em tais grupos conservadores, um fator retroalimenta o outro, sendo muito difícil definir o que é causa e o que é efeito. Assim, saber se um indivíduo é religioso por ser conservador ou o oposto é impossível.

Esse fenômeno tem demarcado o título de "religioso", inclusive distinguindo pessoas religiosas como "corretas/verdadeiras", compreendendo que se associam ou se integram a pensamentos morais de cunho conservador. Em contrapartida, por outro lado, religiosos não aderentes a propostas moralizadoras conservadoras se mobilizam e se defendem demonstrando que as expressões morais propostas conservadoramente podem ter variações que não alteram diretamente os aspectos religiosos dos adeptos. Há, então, outra forma de moralidade não vinculada ao conservadorismo possível de coexistir com as práticas religiosas.

O segundo fator a ser considerado é que a religião/religiosidade se apresenta subjetivamente no cotidiano social, e, várias vezes, é confundida, misturada de maneira homogênea, com composições de ideias que, aparentemente, não têm relação com religião. A religião é, na verdade, parte concreta e objetiva dos recursos utilizados nas relações sociais.

Observar a vivacidade da religião por meio da observação da moralidade tem relevância, pois as menções que emergem dos sujeitos com relação ao tema religioso se apresentam como oriundas de conexões espontâneas. Isso habilita a evidenciação das "escapadas" de ideias religiosas dos habituais dogmas normatizados e de momentos "adequadamente" preparados para isso.

Para exemplificar como a política - institucional/partidária ou cotidiana - é afetada e, por vezes, constituída de demandas advindas de situações religiosas, pode-se considerar alguns temas polêmicos, tais como: aborto, pena de morte, divórcio, educação sexual nas escolas e símbolos sagrados em locais públicos. A abordagem desses temas, geralmente, expõe a presença de moralidades fortemente ligadas aos valores religiosos nas decisões políticas.

Os argumentos expostos por indivíduos que compõem o grupo sob a bandeira da manutenção da proibição, geralmente, justificam a escolha posicional por conta de convicções atreladas à realidade religiosa de pertença. Essa ação, então, demonstra como um conceito religioso transcende a realidade interna da religião e seus ritos, sendo material concreto para expressões na realidade social.

Do outro lado dessa questão, indivíduos e grupos religiosos e não religiosos pautam as suas decisões sob argumentos atrelados às liberdades individuais herdadas do movimento europeu que remontam a pensadores iluministas, empiristas, dentre outras tendências intelectuais atreladas à cientificidade que excluem ou minorizam a religião/religiosidade. Essas liberdades dizem respeito à individualidade e à possibilidade de o indivíduo decidir o que é melhor para si, coerentemente com a proposta de um Estado laico.

Queremos destacar que não importa a este texto dizer se há um lado certo ou errado, a exposição visa apenas evidenciar que há, na sociedade, disputas cuja presença da religião se faz perceber e, ao mesmo tempo, serve para refletirmos sobre a seguinte questão: em qual arena a disputa entre favoráveis e contrários ocorre? A resposta é simples: na política.

Ao observar o modo como esses temas são abordados na sociedade, podemos, facilmente, encontrar algumas tendências; contudo, não podemos afirmar o consenso, dada a pluralidade e a variabilidade dos grupos a favor ou contra certas liberdades individuais que adentram na seara do que será acolhido ou não pela coletividade. É importante apontar que não chega a ser um determinismo, ou seja, há espaço (teoricamente) para o diálogo e a tolerância, sendo, então, possível existir entre os adeptos a religiões/religiosidades aqueles favoráveis a decisões estatais que se distanciam, por exemplo, das orientações das tradições religiosas às quais pertencem. Esse último grupo, de fiéis a uma tradição religiosa, porém favoráveis a decisões que a contrariam, embora conhecidamente minoritário, não nega a sua crença para se posicionar, da mesma forma que o primeiro usa a sua crença para se justificar. A crença, assim, ocupa um elemento central na disputa.

Todas essas variações nos indicam a ausência de um tipo definido e determinado de pensamento sobre política e economia, embora, na última década, uma intensificação e uma homogeneização puderam ser vistas. Contudo aspectos morais podem ser difundidos por outros agentes sociais. Além da religião, o moralismo tem sido também transmitido para a população brasileira por outros atores, como se vê na mídia de jornalismo policial, que se alimenta da insegurança pessoal e a alimenta.

Diante desse cenário plural na transmissão de ideias morais, é possível perceber que as éticas religiosas dogmaticamente estabelecidas e os seus conjuntos de normas "para se viver bem" têm, na moralidade, um veículo que não é exclusivo, e sim partilhado com outras instituições sociais. Dessa amplitude de possibilidades emerge o pluralismo.

Como substrato da consciência individual, a moralidade é o resultado da fórmula que relaciona todos os conjuntos éticos formais e exógenos com as suas experiências cotidianas. Sendo assim, cria-se uma mistura de leis civis, tradições culturais, religião e vida. Esse caldo de ideias, geralmente, cria dificuldades para controle e produção de previsibilidade, e até mesmo da criação de um pensamento único, vivenciado por todos. Assim, há uma disputa pela hegemonia da produção dos sentidos sociais e de como os eventos cotidianos devem ser interpretados.

Essa busca por ser o farol das condutas individuais de vida põe em um mesmo campo de disputa o cotidiano do ator social e a sua prática, os dogmas religiosos, as leis civis, as tradições familiares ou regionais, a ciência etc. Ao mesmo tempo, cada um desses itens também está em conflito: igrejas disputando a hegemonia da interpretação dos valores religiosos, Estados em guerra para impor a sua convicção nacional etc. No meio desses conflitos, e sendo o seu agente, está o indivíduo.

Há, ainda, a realidade na qual uma instituição pode se valer da outra para transmitir as suas maneiras de interpretar a realidade. Isso ocorre quando o Estado, por exemplo, é usado não para fins coletivos, mas como instrumento de expressão de um modo específico de conduta. A transformação de uma moralidade em lei, ou a não concessão de direitos a quem pensa diferente, também faz parte da realidade das disputas entre política e religião. Nesse sentido, a história do componente de Ensino Religioso é um bom exemplo de como essa relação entre Estado, conhecimentos religiosos e legislações é um campo de disputas, mesmo em um Estado laico.

O terceiro fator proporcionador dessa característica de disputas entre religião e política nacional diz respeito ao caráter atribuído aos entes religiosos de atuarem como prestadores de serviços públicos. Na história do Brasil, o Estado tem déficits em fornecer aparelhos sociais fundamentais, como escolas, hospitais e um sistema jurídico hábil e justo. Na ausência desses aparelhos, os grupos em disputa ocuparam e ocupam os espaços servindo aos cidadãos.

O quarto fator que compõe o quadro da relação entre religião e política no Brasil diz respeito às conturbadas relações intracristãs. Se de um lado o catolicismo é majoritário, essa condição parece ameaçada, ou, no mínimo, com uma redução significativa nos contingentes de fiéis autodenominados. Há algumas décadas, o êxodo cristão realizado dos bancos católicos para igrejas protestantes pode ser comprovado e medido por meio de pesquisas que explicitam que o crescimento populacional se deslocou do crescimento de adeptos do cristianismo católico, ao passo que houve uma ascensão quantitativa dos evangélicos/protestantes desde a década de 1960, com uma intensificação do fenômeno a partir de 1980.

Ainda se percebe, a partir das pesquisas, que, embora o crescimento da população em geral esteja diminuindo – comportamento também existente no catolicismo com uma intensificação maior do que a populacional –, no que tange às religiosidades protestantes há um crescimento contínuo por todo o período apresentado, sendo que, entre as décadas após 1991, esse crescimento é mais acentuado. Ou seja, os dados indicam que há uma queda nos contingentes da população geral e dos adeptos do catolicismo, porém ocorrendo crescimento de adeptos ao protestantismo e ao espiritismo.

Pensando que o limite do contingente distribuído pelas religiões é, no máximo, a população geral, fica evidenciado um grande trânsito religioso nas últimas décadas entre as opções religiosas. Essas mudanças não ocorrem sem deixar marcas na sociedade. A transição indica que, ao assumir novos *ethos* de práticas religiosas, novas ideias e suas expressões sociais, os indivíduos também as materializam nas relações sociais. Nesse sentido, devido ao seu crescimento, podemos ver como alguns protestantismos, seus ideais político-econômicos, têm alterado configurações sociais, pautas políticas e outros aspectos sociais. A dinâmica das últimas décadas tem impactado valores morais e condutas que se alinham a uma religiosidade que tem o Estado como um importante objeto de seu projeto.

Considerações finais

As pistas elencadas aqui demonstram como, no Brasil, a religiosidade também compõe a moral política de vários brasileiros. Essa união entre religiosidade e moral é antiga, e este texto teve a única intenção de evidenciar tal relação. Diante do exposto, pode-se perceber que a religiosidade brasileira é fruto de um emaranhado, em disputa, de códigos de condutas de vida que vêm se intensificando devido à tendência de troca de hegemonia religiosa intracristã. Sua expressão sempre diz mais do que o dogma: expressa convicções políticas, econômicas, de *status* social etc. Também está fundida na vida cotidiana, e não se limita a espaços geograficamente estabelecidos para sua expressão. Dessa forma, as relações sociais e institucionais são permeadas por seus aspectos e, muitas vezes, por suas normas.

Conforme se pôde notar, essa relação ocorre há muito tempo, e o que se conclui com a taxa de crescimento das religiões brasileiras com maior número de adeptos, caminhando de maneira ascendente desde 1872, sem rupturas, é que a religiosidade é muito bem aceita na nação, tanto pelos civis quanto pelo Estado. Sua relação com o Estado e com a moralidade das pessoas torna a religiosidade um dos principais componentes da identidade nacional.

Assim, essa tendência religiosa nacional demonstrada se adapta à ideia de que a religiosidade transcende o confinamento metafísico geralmente atribuído e se encarna, concretamente, na composição e na produção histórica nacional por meio de suas manifestações políticas em diversas áreas possíveis. Nesse sentido, expressões políticas se fundem a um tipo de religiosidade que as retroalimenta por meio da concepção moral nem sempre aderente aos dogmas institucionalmente declarados e que se expressa, política e economicamente, sob uma pseudocandura sacra. É necessário, portanto, um movimento constante de religiosos, políticos, educadores e cidadãos, avaliando sempre a origem dos conteúdos de suas práticas coletivas e das ideias que as estimulam, de modo a ser possível uma convivência republicana com quem adere ou não ao conjunto de regras que lhe é próprio.

REFERÊNCIAS

BERGER, P. A dessecularização do mundo: uma visão global. *Revista Religião e Sociedade*, Rio de Janeiro, n. 21, v. 1, p. 9-24, 2000.

BOTTOMORE, T. B. *Introdução à sociologia*. 8. ed. Rio de Janeiro: Zahar, 1981.

LANZA, F.; NEVES JR., J. W. A.; OLIVEIRA, A. C. R. de. A(s) Marcha(s) da Família, com Deus pela Liberdade (1964-2016): pensamento conservador católico e cristão no século XXI. *Caminhos* (UCG), v. 16, p. 181-195, 2018.

NUNES, N. *Os processos de moralização na escola pública brasileira*: estudo das disciplinas de Educação Moral e Cívica e de Ensino Religioso. 2012. Dissertação (Mestrado em Ciências Sociais) – Universidade Estadual de Londrina, Londrina, 2012.

PATROCINO, L. G. *Escola e religiosidades*: estudo sobre desdobramentos das práticas religiosas no ambiente escolar e suas interfaces com a disciplina de Ensino Religioso. 2014. Dissertação (Mestrado Ciências Sociais) – Universidade Estadual de Londrina, Londrina, 2014.

PIERUCCI, A. F. *Ciladas da diferença*. 3. ed. São Paulo: Editora 34, 2013.

RODRIGUES, F.; LANZA, F.; SILVA, I. L. F.; PATROCINO, L. G. As escolas públicas no Brasil estão preparadas para a diversidade religiosa? *Relegens Thréskeia: Estudos e Pesquisa em Religião* (UFPR), v. 8, p. 69-84, 2019.

SUGESTÕES DE LEITURA

JUNQUEIRA, S. R. A.; BRANDENBURG, L.E.; KLEIN, R. (org.). *Compêndio do Ensino Religioso.* São Leopoldo: Sinodal; Petrópolis: Vozes, 2017.

- Diversidade religiosa e Ensino Religioso – Marcos Vinícius de Souza Verdugo, p. 343-349.
- Ensino Religioso e intolerância religiosa – Marcos Vinicius de Freitas Reis, p. 366-369.

5

A TEMÁTICA DA MORTE NO ENSINO RELIGIOSO

Rodrigo Oliveira dos Santos[19]

Abordar a temática da morte na escola não é apenas uma exigência curricular atualmente, é também uma necessidade humana, social e de saúde que o Estado deve assumir por meio de suas instituições públicas e em cooperação com as que não são.

Essa necessária abordagem e reflexão sobre a morte se evidenciou sobremaneira a partir da pandemia causada pela covid-19, doença infectocontagiosa provocada pelo vírus SARS-CoV-2, que ganhou proporções elevadas ao dizimar milhares de pessoas no Brasil e no mundo inteiro[20].

Nesse aspecto, por ainda ser vista como um assunto interdito ou tabu na sociedade, a morte tem sido considerada um fator de adoecimento e sofrimento para milhões de pessoas no país, haja vista que a preocupação que se coloca aqui não é com a morte em si, mas com a morte de pessoas amadas, admiradas, que tinham uma história, um lugar e uma vida marcada por vínculos afetivos significativos e que, em muitos casos, representava toda a referência e o apoio àqueles que sentem a sua perda. A morte repentina de uma pessoa amada deixa, para os que ficam, uma lacuna, uma dor e um sofrimento que podem ser grandes o bastante para que alguns não suportem mais viver.

Muitas são as situações que nos fazem pensar sobre a importância de abordar essa temática na educação e nas escolas. A morte faz parte

---

19 Doutorando em Ciência da Religião pela Pontifícia Universidade Católica (PUC-SP). É professor de Ensino Religioso na rede pública de ensino municipal (Belém) e estadual (Pará).

20 É possível identificar o número de mortes resultantes dessa tragédia no *site*: https://covid19.who.int/. Acesso em: 27 mar. 2023.

da nossa existência, é inerente à vida, e precisamos ter consciência disso para que a encaremos como uma realidade da qual não escaparemos e, principalmente, para cuidar daqueles que ficam.

Por ser um fenômeno que nos atinge de diversas formas e que tem um tratamento peculiar em cada uma delas, a temática da morte está sob o guarda-chuva de inúmeras disciplinas acadêmicas e áreas do conhecimento científico. Portanto uma abordagem integrativa e coordenada é fundamental para ser desenvolvida na escola. Nessa perspectiva, o Ensino Religioso, como um componente curricular desenvolvido a partir dos referenciais acadêmico-científicos das Ciências da Religião e das Ciências Humanas e Sociais, tem a sua contribuição assegurada sobre essa temática na Base Nacional Comum Curricular (BNCC), documento normativo de orientação para os currículos escolares de todo o país. Nesse documento, a temática da morte está organizada de modo específico em vários anos do Ensino Fundamental, apesar de sempre aparecer, de alguma forma, em toda essa etapa da Educação Básica. Isso porque a morte, além de ocupar um lugar central na estruturação e no desenvolvimento das tradições religiosas, talvez seja a causa da sua elaboração entre os humanos, que continuam acreditando que ela não é o fim da vida.

Nesse sentido, existem várias elaborações de vida e morte que endossam essa discussão no currículo desse componente curricular, nem sempre partindo de referenciais religiosos, como as visões seculares ou as filosofias de vida. A partir dessa compreensão pretende-se, com este capítulo, antes de tudo, destacar a importância dessa temática para a formação humana dos estudantes e mostrar como o Ensino Religioso contribui nesse sentido.

A temática da morte no Ensino Religioso

A temática da morte é parte integrante do currículo do Ensino Religioso brasileiro, de modo que deve ser abordada em todas as escolas, públicas ou não. Trata-se de uma temática, como já mencionado, prevista na BNCC e, portanto, de desenvolvimento obrigatório por esse componente.

Cada unidade temática desse componente (Identidades e alteridades; Manifestações religiosas; e Crenças religiosas e filosofias de vida) reúne vários aspectos do estudo sobre religiões, como mitos, ritos, símbolos, textos escritos e orais, crenças, dentre outros que podem ser observados e comparados nos agrupamentos humanos durante a sua história. Dessa forma, ao desenvolver essas unidades temáticas junto aos estudantes, torna-se possível compreender que as tradições religiosas têm formas semelhantes e diferentes de organização da vida. Mas, quando se trata da morte, para grande parte dessas tradições, a vida continua, ou seja, a morte biológica não representa o seu fim.

Essas crenças sobre o pós-morte adquiriram uma importância tão grande nas tradições religiosas que passaram a organizar a vida das pessoas de diversas maneiras, desde o seu nascimento até a sua morte. Essas crenças foram sendo naturalizadas dentro dos agrupamentos humanos, a ponto de eles sequer se darem conta dessas determinações e influências, quando expressas em várias ações e atitudes pessoais e coletivas.

As origens dessas crenças estão relacionadas, em grande parte, a esse evento, pois a morte sempre pode ser vista como uma impulsionadora das tradições religiosas – isso ocorre ao estabelecerem elaborações sobre o final da vida material, por exemplo, para amenizar o sofrimento diante da perda de um ente querido. Nesse processo, a religião oferece todo suporte para que, num momento tão difícil, a pessoa tenha acesso ao conforto e à segurança necessários para sua aceitação.

Esse aspecto que integra grande parte das tradições religiosas também cumpre um papel fundamental para a sua própria manutenção, podendo ser observado como um tema nuclear. A morte não é um problema para as tradições religiosas, mas algo esperado e tratado durante toda a vida. É ela que motiva e incentiva as pessoas a serem melhores. É ela que, em certas condições, provoca medo e terror naqueles que não se sentem à vontade para melhorar, quando se encontram presos pela atmosfera religiosa. É ela que liberta. É companheira, presente e persistente. Enfim, é ela que possibilita organizar a vida das pessoas nas tradições religiosas.

E para aqueles que não têm religião? A morte não atinge, influencia ou impõe algo? Com certeza, sim! De modo diferente, mas com anseios e dúvidas que podem ser semelhantes. No entanto, é importante conhecer essas variações, pois, assim como nas tradições religiosas, os que não se orientam por elas têm outras convicções que precisam ser estudadas e conhecidas.

Nesse sentido, o Ensino Religioso oferece a sua contribuição como componente curricular para o estudo desse fato humano do qual ninguém pode escapar, propondo-se a desenvolver competências e habilidades nos estudantes para que eles saibam lidar com esse processo que faz parte do desenvolvimento humano.

A cada momento, espalham-se mais notícias de que a morte ganha um lugar mais notável nas escolas. Um lugar advindo da violência, provocado pelas ausências e pelas negligências dos sistemas e das organizações sociais, o que não deixa de ser também uma responsabilidade de cada pessoa, pois o direito fundamental à vida está cada vez mais abreviado, ameaçado e escamoteado. Em alguns momentos, as tradições religiosas também falham quanto a isso.

Diante dessa realidade, o Ensino Religioso tem a sua parcela de contribuição para uma educação para a morte, deixando claro, como alguns exemplos que se seguem, que há uma lógica interna no desenvolvimento das tradições religiosas que impulsiona as pessoas para serem melhores no decorrer de suas vidas. A morte, em muitas tradições religiosas, vai requerer isso, enquanto, em outras, apresenta a possibilidade de uma outra vida, marcada pela anterior, como uma oportunidade para ser melhor. O fato é que as tradições religiosas dispensam essas ideias orientadoras para a vida das pessoas de diversas maneiras – mesmo dentro de uma matriz religiosa, existem especificidades que se diferenciam ao abordar esse tema.

Entre os que não se identificam com as crenças religiosas, esse fato também não lhes é negado, pois também enfrentam e sofrem com a perda de um ente querido. É bem comum, entre essas pessoas, o incentivo para se aproveitar a vida da melhor maneira possível, acolhendo cada momento como se fosse o último, pois, para elas, após a morte, geralmente, não existe nada. Tudo finda com a morte, sendo importante viver intensamente.

Esses temas e conteúdos aparecem, de forma explícita ou não, em todo currículo do Ensino Fundamental do Ensino Religioso proposto pela BNCC (BRASIL, 2018), como se pode perceber: ritos de morte (4º ano); mitos de morte (5º ano); concepções de pós-morte (8º ano); concepções de vida e morte nas religiões e para os sem religião, ritos fúnebres (9º ano). Diante disso, o Ensino Religioso, com base nas Ciências da Religião, apresenta condições e resultados positivos para essa abordagem na escola, observando, comparando e analisando como cada tradição religiosa lida com esse fato inadiável da vida humana sem negá-lo, como vem sendo feito em vários espaços institucionais públicos ou privados no país.

A escola, como um espaço privilegiado de sociabilidade e aprendizado humano, não pode mais adiar a discussão e a inclusão dessa temática na sua agenda pedagógica, pois a morte, o luto e o suicídio se fazem presentes em suas realidades. Ainda, é preciso que a escola considere outras situações de perdas, como ausências e desconstruções de vínculos afetivos, que, para serem mais bem compreendidas e administradas pelos estudantes, precisam ser abordadas. Conhecer algo que lhes é tão comum e presente como a morte, especialmente a partir da pandemia da covid-19, permite compreender que muitos acontecimentos e decisões podem acarretar situações ainda mais graves, como a própria morte.

Durante os ápices da pandemia, com o isolamento social, muitos familiares não puderam nem prestar as devidas condolências aos seus mortos. Quando logo eram diagnosticados com covid-19, os pacientes eram severamente isolados, muitas vezes morrendo na solidão de tudo, sofrendo tanto a família quanto eles. O resultado dessas experiências era revelado nos noticiários, que descreviam as situações de sofrimento profundo nos espaços escolares, com crises coletivas de ansiedade, tristeza profunda, apatia e ausência de motivação para continuar vivendo.

Suicídios se espalham e se manifestam em lugares públicos, mas medidas preventivas e de intervenção ainda são muito escassas e não só envolvem profissionais de saúde, mas de várias áreas, como a educação, que tem um alcance maior para o desenvolvimento de medidas educativas sobre a temática. O Ensino Religioso atua nesse sentido de contribuição nas escolas, não podendo ser mais visto como um veículo que transporta uma visão pessoal, um sentido existencial ou o encontro com o religioso.

O Ensino Religioso é um componente curricular, assim como os demais, que se debruça sobre o seu objeto de estudo de modo empiricamente observável, sem regimes de verdade, viabilizando conhecimentos sob a égide da finalidade pedagógica de desenvolver competências e habilidades que sejam úteis e aplicáveis na realidade social, em que as crenças religiosas se fazem presentes ou não. Esse aspecto é de suma importância, pois a proposta do Ensino Religioso assume, segundo a sua própria área de referência, o estudo sobre religiões a partir de uma perspectiva de fora, ou seja, de maneira externa ao discurso e ao universo religioso, o que, por consequência, afasta qualquer discurso ou interpretação equivocada, fundamentalista e apologética de qualquer referência religiosa ou secular, como ainda se pode observar em diferentes contextos com frequência.

Nesse sentido, o Ensino Religioso pode contribuir efetivamente para uma educação para a morte, viabilizando recursos e instrumentos científicos que forneçam aos estudantes condições para melhor agir diante de situações em que a morte se faça presente, como perdas, lutos, rituais, crenças, restrições, dentre outras. Assim, entende-se que o estudo sobre o conhecimento religioso e secular pode promover um ambiente de respeito e solidariedade quando os estudantes tiverem de passar por esse processo, no qual podem até acolher os que estiverem precisando.

Concepções de morte e pós-morte

A morte é um fenômeno que atinge todos os seres vivos, mas é exclusivamente um acontecimento humano em termos de significado e sentido. Embora esteja longe de um consenso, pode-se afirmar que para a maioria das pessoas a morte não se encerra num evento biológico ou material. Essa concepção é, de fato, a mais comum nos espaços científicos, mas é preciso considerar que também existem aquelas de natureza metaempírica, e ambas devem ser consideradas nas escolas e nas universidades, na formação de profissionais de saúde e educação, dentre outros importantes lugares para o desenvolvimento humano. Ambas as perspectivas sobre a morte carregam elementos de valor e importância simbólicos atribuídos ao fim da vida, elementos esses que auxiliam e amparam muitos diante da dor da perda e do luto.

Nos diferentes tempos e espaços, a morte vem recebendo as mais diversas concepções, sendo as mais comuns aquelas que recorrem a explicações religiosas, evocando referências metaempíricas e seculares compartilhadas em vários agrupamentos humanos e assumidas de diferentes formas nas culturas e nas sociedades. As leituras de vida e morte nas concepções metaempíricas discorrem sob a referência religiosa que se acredita, dotando-a de sentido e significado. Nelas, a existência terrena passa a ser entendida pelas pessoas como um processo, uma passagem, uma jornada ou um aprendizado que pode ser encerrado ou não em uma vida, ou seja, isso vai depender do que acreditam, de suas crenças assumidas e conectadas à maneira como vivem, se relacionam e se comportam, pois suas ações são respaldadas nas suas crenças. Nesses termos, as concepções metaempíricas não passam de lentes pelas quais as pessoas enxergam e entendem o mundo a ser encarado e superado, para assim poderem usufruir ou alcançar um espaço, um estado ou uma integração no pós-morte.

Cada lente dessas elaborou uma estrutura comum em torno das vicissitudes da vida e da morte, estabelecendo várias conexões que orientam a vida daqueles que as utilizam, propondo preceitos, regras, virtudes, normas, valores, atitudes e comportamentos morais. Dependendo da tradição religiosa, pode receber um termo específico, como a "*sharia*" islâmica, "o caminho óctuplo" budista, os ensinamentos da "Torá" e do "Talmude" judaicos, o "*moksha*" hindu, o "ascetismo" jainista, dentre outros, que só podem ser praticados em vida e apontam, severamente, na definição da continuidade da vida após a morte.

Vale ressaltar que a morte, na concepção biológica, também compartilha de certa falta de consenso. A morte pode ser compreendida como o falecimento das funções vitais do corpo, como a ausência dos batimentos cardíacos, da respiração, das funções cerebrais e, em alguns casos, como o estado vegetativo, quando prevalecem certa desorganização e limitação de resposta ao organismo, o qual pode ser parcial ou totalmente reversível (SANTOS, 2017). A dificuldade de se chegar a um diagnóstico definitivo em termos biomédicos aponta para a utilização dos recursos tecnológicos e a medicalização a partir do século XX, que prolongam, nesses casos, mesmo com limitações, algumas funções vitais.

De qualquer forma, em suas origens e em suas mais diferentes visões de mundo religiosas e seculares, as pessoas estabeleceram várias estratégias e mecanismos para encarar esse acontecimento. Sendo esperada ou não, a morte sempre mobilizou suas vidas, pois se sabe que, ainda hoje, ela não representa o fim para a maioria das tradições religiosas.

Desde os primeiros sepultamentos encontrados na Pré-História, anteriores a cem mil anos da nossa era, pode-se constatar essa preocupação na forma como o corpo era enterrado, geralmente na posição fetal, simulando o renascimento em outro lugar, e nos objetos enterrados com ele, prevendo certas necessidades em outra possível vida, como alimentos e armas. Esses elementos são vistos como indícios de que a preocupação com o destino do morto apontava para a sobrevivência e, ao mesmo tempo, para a existência de vida após a morte. Sobre isso, Lenoir (s.d., p. 6-7) ressalta: "A crença de uma vida após a morte implica outra, a da existência de uma parte invisível e imortal do ser humano que possa sobreviver à destruição do corpo: a alma, o espírito, o duplo".

Com relação à parte que sobrevive à morte, ou seja, a alma e/ou o espírito, não há concordância sobre isso. As tradições monoteístas têm preferência pela alma, enquanto as iniciáticas e algumas tradições asiáticas preferem o espírito, ou, ainda, optam pelos dois. Em termos gerais, a alma e/ou o espírito seria a parte imaterial e imortal que reside no corpo e que sobrevive à morte físico-química/material/biológica. Com a morte, a alma e/ou o espírito seria a parte liberada, passando a residir em um lugar específico e aguardando determinado julgamento; ou residiria entre os vivos. Em alguns casos, a alma e/ou espírito poderia retornar a outro corpo, sendo ele animal, vegetal ou mineral, a fim de atender a uma determinada obrigação ou punição.

Aqueles que compartilham da ideia de terminalidade da vida com a morte vêm crescendo nesses últimos dois séculos, em função do acesso e do desenvolvimento das ciências, da filosofia, das descobertas tecnológicas, da secularização, da racionalidade e da objetividade empírica crescente. Para esses, as crenças religiosas tornaram-se incompatíveis com o mundo hodierno, empírico, físico e material.

Esses dois modos distintos de compreender a vida e a morte estão assegurados na BNCC, porém, a respeito das concepções de referência metaempírica, o documento afirma que:

> A dimensão da transcendência é matriz dos fenômenos e das experiências religiosas, uma vez que, em face da finitude, os sujeitos e as coletividades sentiram-se desafiados a atribuir sentidos e significados à vida e à morte. Na busca de respostas, o ser humano conferiu valor de sacralidade a objetos, coisas, pessoas, forças da natureza ou seres sobrenaturais, transcendendo a realidade concreta (BRASIL, 2018, p. 438).

O outro modo de compreender a vida e a morte na Base Nacional Comum Curricular é referido como "filosofias de vida", e equivale ao que aqui chamamos de "outras visões de mundo" ou "visões seculares":

> Também as **filosofias de vida** se ancoram em princípios cujas fontes não advêm do universo religioso. Pessoas sem religião adotam princípios éticos e morais cuja origem decorre de fundamentos racionais, filosóficos, científicos, entre outros. Esses princípios, geralmente, coincidem com o conjunto de valores seculares de mundo e de bem, tais como: o respeito à vida e à dignidade humana, o tratamento igualitário das pessoas, a liberdade de consciência, crença e convicções, e os direitos individuais e coletivos (BRASIL, 2018, p. 441, grifo do autor).

Dessa maneira, na escola, manifesta-se a pluralidade e a diversidade de visões que vêm sendo reconhecidas por esse componente curricular. Nesse processo, a vida e a morte não são tratadas com indiferença, como antagônicas, com medo e com interdição; pelo contrário, as respostas elaboradas pela humanidade acerca da vida e da morte e/ou sua continuidade podem ser organizadas em quatro grandes concepções: reencarnação, ressurreição, ancestralidade e o nada.

De modo geral, essas concepções destacam enquanto parâmetro de estudo e análise como as religiões e outras visões de mundo se voltam para o âmbito das ações e das atitudes humanas pautadas na prática do bem, do respeito e do cumprimento das leis, pois, para as religiões, o pós-vida está alinhado a tudo o que a pessoa foi e fez durante a sua vida terrena.

Nesse sentido, o conhecimento e o estudo da morte em suas diversas vertentes é um dado que contribui para a qualidade e a dignidade da vida e da morte, favorecendo aos estudantes não estranharem a chegada do inevitável e inadiável, num sentido terrificante e externo aos seres humanos, mas como algo que lhes é próprio, inerente.

Quando se evita abordar ou pensar na morte, deixa-se de rever as prioridades e as coisas que realmente são importantes na vida, como se a morte não fizesse parte das vicissitudes humanas. Ou pior, iludindo-se de que quem sempre morre é o outro, quando, na verdade, todos estão sob a tutela da morte e podem ser surpreendidos a qualquer momento.

A vida, a existência, o ser e o fazer estão no centro dos discursos religiosos, como a sua maior responsabilidade e prioridade, afirmando o quanto se deve buscar se tornar alguém melhor, mais responsável, presente, participativo, solidário, amoroso, desapegado, altruísta. Ainda, os discursos são firmados no sentido de que a vida terrena deva ser vivida na prática do bem, da justiça e do amor ao próximo sem distinções. Esse incentivo vem ocorrendo desde sempre na história humana, de modo que o universo religioso foi predominante e, mais recentemente, não deixa de orientar a vida de bilhões de pessoas. Apesar disso, no mundo atual, também está presente a concepção do nada, muito comum entre ateus, céticos e agnósticos.

O Ensino Religioso, nesse aspecto, tem contribuído muito para o autoconhecimento consciente dos estudantes, pois sua prática tem sido encaminhada como um autocompreender da vida sob os determinantes ou as influências religiosas ou não, da existência e dos outros, das diversas diferenças humanas. O estudo disponível da diversidade cultural religiosa com bases científicas e legais amplia os Direitos Humanos e reduz posturas discriminatórias, permitindo aos estudantes condições para melhor compreender e tomar decisões. Desse modo, faz-se necessário apresentar as diferentes concepções de vida após a morte.

A palavra "reencarnação" designa o ato ou o efeito de reencarnar e, para algumas doutrinas (como a dos espíritas), significa a crença no retorno de um espírito à vida, ou seja, indica o ato de tornar a encarnar, voltar à vida, só que em outro corpo. Esse retorno, nas crenças reencarnacionistas – como o hinduísmo, o budismo (com suas especificidades), a igreja da cientologia, o espiritismo, o jainismo, a religião tradicional chinesa, o siquismo, a wicca, a cabala, dentre outras –, pode se dar ainda de diferentes formas.

Quando se refere ao retorno do espírito, por exemplo, no espiritismo, só ocorre em corpos humanos; já no budismo e no hinduísmo, pode ocorrer em outros corpos, dependendo do carma (ação) anterior, ou, em outras palavras, da lei de causa e efeito moral que influencia esse renascimento (WILKINSON, 2011).

Já a ressurreição designa o ato ou o efeito de ressurgir ou ressuscitar, ou seja, tornar a surgir, reaparecer, restituir ou voltar à vida, fazer reviver. Diferentemente das concepções reencarnacionistas, na ressurreição, o retorno à vida após a morte ocorre no mesmo corpo, com algumas diferenciações. Por exemplo, entre os egípcios, havia toda a preocupação com a não destruição total do corpo dos mais nobres, por isso o processo de mumificação, que garantia a identidade do corpo e o seu possível retorno à vida num determinado momento. Entre os cristãos, os mulçumanos e os judeus, essa preocupação não se faz presente, pois os corpos são enterrados normalmente, aguardando o dia em que todos retornarão à vida.

Com relação à concepção ancestral, vemos uma forte relação com os antepassados, ou seja, a crença de que o espírito sobrevive à morte, tendo influência no mundo material e físico. Compartilham dessa concepção as tradições chinesas, como o confucionismo e taoísmo; o xintoísmo japonês; as tradições indígenas e afro-brasileiras, em sua maioria. Às vezes, podemos encontrar várias concepções coexistindo numa crença religiosa, especialmente aquelas de forte formação sincrética, como a umbanda. De qualquer forma, essas concepções de vida após a morte não são exclusivas de uma ou outra crença religiosa. Ainda existe outra concepção derivada da reencarnação, a transmigração, compreendida como a passagem da alma de um corpo a outro, seja esse humano ou animal.

Além dessas concepções praticamente religiosas, para esse componente curricular, a BNCC apresenta a concepção do nada, decorrente das visões seculares, nomeada nesse documento como "filosofias de vida". Essa concepção de que a morte seria o fim definitivo da vida tem sido compartilhada por cientistas e filósofos, geralmente, mas é importante destacar que o número de pessoas que se declaram sem religião tem crescido no mundo inteiro, o que não significa a extinção de um vínculo metaempírico, pois grande parte dessa população vem se desvinculando das instituições religiosas reconhecidas socialmente.

Orientações para os professores

Nem sempre contamos com materiais disponíveis sobre a temática da morte destinados à educação. Grande parte desses materiais são teóricos e foram produzidos por outras áreas de conhecimento, como a Psicologia, a História, a Sociologia, a Filosofia, a Enfermagem, a Medicina e as Ciências da Religião.

Nas Ciências da Religião existem muitos estudos históricos e sistemáticos que versam sobre as narrativas relacionadas à morte, aos símbolos, aos rituais funerários e às crenças no pós-morte. Nesse contexto, é importante saber como está organizado o Ensino Religioso na BNCC, para identificar no que consiste o entrelaçamento entre as unidades temáticas, os objetos de conhecimento e as habilidades na prática pedagógica de abordar a morte.

As unidades temáticas do Ensino Religioso, como mencionado anteriormente, aparecem organizadas em três subtemas: Identidades e alteridades; Manifestações religiosas; Crenças religiosas e filosofias de vida. As unidades temáticas são baseadas nas relações que os seres humanos estabelecem entre si e com o seu meio ambiente, nos diferentes contextos histórico-geográficos. Essa relação pode ser dada pela imanência (dimensão concreta, biológica) ou pela religião (dimensão subjetiva, simbólica).

Os objetos do conhecimento aparecem diversificados em cada uma das unidades temáticas como subtemas: ritos religiosos, por exemplo, é um subtema da unidade Manifestações religiosas; crenças religiosas é um subtema da unidade de Crenças religiosas e filosofias de vida; e assim por diante. As habilidades, na BNCC, podem ser compreendidas como práticas cognitivas e socioemocionais, que resultam em atitudes e valores para os estudantes resolverem demandas complexas da vida cotidiana, do pleno exercício da cidadania e do mundo do trabalho.

Na sequência, apresentamos como a temática da morte está organizada na Base Nacional Comum Curricular, associando-a a esses elementos e propondo algumas sugestões de orientações para o desenvolvimento de atividades.

<table>
<tr><th colspan="2">4º Ano</th></tr>
<tr><td>Unidade temática</td><td>Manifestações religiosas</td></tr>
<tr><td>Objeto de conhecimento</td><td>Ritos religiosos</td></tr>
<tr><td>Habilidade</td><td>(EF04ER03) Caracterizar ritos de iniciação e de passagem em diversos grupos religiosos (nascimento, casamento e morte).</td></tr>
<tr><th colspan="2">Sugestões e orientações para atividades</th></tr>
<tr><td colspan="2">O professor pode perguntar aos estudantes se já perderam alguém próximo ou se participaram de algum velório ou sepultamento, assim como o local onde participaram. A partir da coleta dessas informações, pode apresentar alguns ritos religiosos funerários e suas características, propondo uma atividade de sistematização do conhecimento.

Dependendo das reações da turma, o professor pode falar da importância dos ritos para o luto, destacando como algumas tradições religiosas orientam e acolhem seus enlutados. Pode também explorar com os estudantes as diferenças religiosas no cuidado com o corpo durante os rituais (objetos, vestimentas, comportamentos, restrições, tempo de luto, dentre outros).</td></tr>
</table>

<table>
<tr><th colspan="2">5º Ano</th></tr>
<tr><td>Unidade temática</td><td>Crenças religiosas e filosofias de vida</td></tr>
<tr><td>Objeto de conhecimento</td><td>Mitos nas tradições religiosas</td></tr>
<tr><td>Habilidade</td><td>(EF05ER03) Reconhecer funções e mensagens religiosas contidas nos mitos de criação (concepções de mundo, natureza, ser humano, divindades, vida e morte).</td></tr>
<tr><th colspan="2">Sugestões e orientações para atividades</th></tr>
<tr><td colspan="2">A sugestão anterior é válida também para iniciar este estudo, no sentido de explorar o que os estudantes (quem perdeu alguém amado ou presenciou um velório/sepultamento) acreditam sobre o que pode acontecer com a pessoa após a morte. Nesse momento, o professor pode apresentar algumas narrativas sobre o surgimento ou a origem da vida e da morte nas diversas tradições religiosas, considerando também as filosofias de vida.

Depois disso poderá fazer uma reflexão comparativa com os estudantes sobre a diversidade de narrativas e a sua importância para os grupos religiosos e seculares.

A atividade pode ser um breve texto sobre a narrativa em que cada um acredita.</td></tr>
</table>

8º Ano	
Unidade temática	Crenças religiosas e filosofias de vida
Objeto de conhecimento	Doutrinas religiosas
Habilidade	(EF08ER03) Analisar doutrinas das diferentes tradições religiosas e suas concepções de mundo, vida e morte.
Sugestões e orientações para atividades	
As sugestões anteriores também podem ser acessadas para início do estudo. É interessante identificar as ideias que os estudantes conhecem sobre a vida e a morte. O professor pode viabilizar um diálogo aberto com a participação dos estudantes no encaminhamento da aula. Ao ser apresentada a concepção pessoal ou a de outros grupos religiosos e não religiosos, os estudantes podem ser incentivados a buscar mais sobre essas fontes. Os livros religiosos acabam sendo os mais comuns, mas tem aquelas doutrinas advindas das tradições orais, com destaque para as matrizes indígenas e afro-brasileiras, também registradas em livros. A visitação a um espaço religioso, para aprofundar o conhecimento do ponto de vista desses grupos, pode ser bem interessante para o aprendizado.	

9º Ano	
Unidade temática	Crenças religiosas e filosofias de vida
Objeto de conhecimento	Vida e morte
Habilidades	(EF09ER03) Identificar sentidos do viver e do morrer em diferentes tradições religiosas, através do estudo de mitos fundantes. (EF09ER04) Identificar concepções de vida e morte em diferentes tradições religiosas e filosofias de vida, por meio da análise de diferentes ritos fúnebres. (EF09ER05) Analisar as diferentes ideias de imortalidade elaboradas pelas tradições religiosas (ancestralidade, reencarnação, transmigração e ressurreição).
Sugestões e orientações para atividades	
As sugestões anteriores podem ser utilizadas e bem mais aprofundadas, já que os estudantes têm informações sobre as tradições religiosas e os sem religião. A habilidade EF09ER03 pode ser trabalhada, por exemplo, a partir de alguns filmes, com o apoio das suas narrativas, como: "Deuses do Egito" (2016); "Thor: Ragnarok" (2017); "Vingadores: guerra infinita" (2018); "Ultimato" (2019); "Ressureição" (2016), dentre outros, verificando sempre a faixa etária.	

Para a habilidade EF09ER04, servem as sugestões anteriores. Considerando a contribuição dos filmes para destacar as filosofias de vida, pode-se exibir o filme "Prometheus" (2012), para abordar o desejo humano pela imortalidade na concepção científica. Apresentar o filme "Harry Potter e as relíquias da morte: parte I" (2010) e "Harry Potter e as relíquias da morte: parte II" (2011) também reforça esse desejo, mas numa perspectiva mágica.

Dando continuidade, percebe-se que se tem condições de abordar as concepções religiosas e não religiosas sobre a vida e a morte. Após isso, a visitação ao cemitério pode ser uma atividade agregadora para o aprendizado dos estudantes para observar, por exemplo, como é local de sepultamento – nos cemitérios judaicos, há uma igualdade ou um padrão entre os túmulos, enquanto para os cristãos, geralmente, isso não ocorre. Cemitérios mais atuais são seculares.

Esse momento pode ser oportuno para se fazer a discussão sobre a cremação; o sepultamento nas religiões afro-brasileiras, indígenas e asiáticas; e assim por diante, pois essas concepções religiosas são evidenciadas durante a vida e também dependem dos vivos para que sejam respeitados os rituais e o sepultamento do morto, dando o devido encaminhamento ao seu corpo, contemplando, assim, a habilidade EF09ER05.

As orientações de atividades com base no que está proposto na BNCC podem ser adaptadas e enriquecidas considerando o contexto em que serão desenvolvidas, podendo não representá-lo. São sugestões que evidenciam o quanto esse processo é uma construção aberta a contribuições e sempre passível de mudanças, pois desafios na educação são constantes e ganham em cada tempo novas exigências, como foi e tem sido durante a pandemia provocada pela covid-19.

REFERÊNCIAS

ABELLÁN, F. D. V. (org.). *Enciclopédia do estudante*: religiões e culturas: crenças e mitologias de todas as civilizações. São Paulo: Moderna, 2008.

BRASIL. Ministério da Educação. Conselho Nacional de Educação. Conselho Pleno. Resolução n. 2, de 22 de dezembro de 2017. Institui e orienta a implantação da BNCC. *Diário Oficial da União*, Poder Legislativo, Brasília, DF: 21 dez. 2017, Seção 1, p. 146.

BRASIL. Ministério da Educação. Conselho Nacional de Educação. Resolução n. 4, de 17 de dezembro de 2018. Institui a BNCC-EM. *Diário Oficial da União*, Poder Legislativo, Brasília, DF. 18 dez. 2018, ed. 242, Seção 1, p. 120.

JUNQUEIRA, S.; SANTOS, R. (org.). *Abordagens da morte na escola*: uma proposta transdisciplinar a partir do ensino religioso. Porto Alegre: Fi, 2019.

LENOIR, F. Vida após a morte. *In*: *História viva. Entre o céu e o inferno* – Como as religiões monoteístas descreveram a viagem ao além desde a Antiguidade. n. 25. São Paulo: Ediouro; Duetto, [s.d.]. (Grandes Temas, edição especial temática).

SANTOS, R. O. dos *As abordagens da morte no currículo de formação inicial de professores de Ensino Religioso no Pará*. 2014. Dissertação (Mestrado em Educação) – Instituto de Ciências da Educação, Programa de Pós-Graduação em Educação, Universidade Federal do Pará, Belém, 2014.

SANTOS, R. O. dos. *Ensino religioso e morte*. *In*: JUNQUEIRA, S. R. A.; BRANDENBURG, L. E.; KLEIN, R. (org.). *Compêndio do Ensino Religioso*. São Leopoldo: Sinodal; Petrópolis: Vozes, 2017. p. 370-375.

WILKINSON, P. *Guia ilustrado Zahar*: religiões. Rio de Janeiro: Zahar, 2011.

SUGESTÕES DE LEITURA

BAYARD, J-P. *Sentido oculto dos ritos mortuários*: morrer é morrer? São Paulo: Paulus, 2018.

BLANK, R. J. *Encontrar sentido na vida*: propostas filosóficas. São Paulo: Paulus, 2008.

BOTTON, A. de. *Religião para ateus*. Rio de Janeiro: Intrínseca, 2011.

CROATTO, J. S. *As linguagens da experiência religiosa*: uma introdução à fenomenologia da religião. 3. ed. São Paulo: Paulinas, 2010.

ELIADE, M. *O conhecimento sagrado de todas as eras*. São Paulo: Mercuryo Jovem, 1995.

ELIADE, M. *Tratado de história das religiões*. São Paulo: Martins Fontes, 2008.

FRANCHINI, A. S.; SEGANFREDO, C. *As 100 melhores histórias da mitologia*: deuses, heróis, monstros e guerras da tradição greco-romana. 9. ed. Porto Alegre: L&P, 2007.

INCONTRI, D.; BIGHETO A. C. T*odos os jeitos de crer*: ensino Religioso. São Paulo: Ática, 2010. v. 1-4.

JUNQUEIRA, S.; SANTOS, R. O. (org.). *Abordagens da morte na escola*: uma proposta transdisciplinar a partir do Ensino Religioso. Porto Alegre: Fi, 2019.

JUNQUEIRA, S. R. A.; BRANDENBURG, L. E.; KLEIN, R. (org.). *Compêndio do Ensino Religioso*. São Leopoldo: Sinodal; Petrópolis: Vozes, 2017.

- Ensino Religioso e morte – Rodrigo Oliveira dos Santos, p. 370-375.

KOVÁCS, M. J. A morte no contexto escolar: desafio na formação de educadores. *In*: FRANCO, M. H. P. (org.). *Formação e rompimento de vínculos*: o dilema das perdas na atualidade. São Paulo: Summus, 2010.

MELATTI, J. C. *Índios do Brasil*. São Paulo: Edusp, 2014.

MINOIS, G. *História do ateísmo*: os descrentes do mundo ocidental, das origens aos nossos dias. São Paulo: Unesp, 2014.

POCESKI, M. *Introdução às religiões chinesas*. Trad. Márcia Epstein. São Paulo: Unesp, 2013.

PRANDI, R. *Mitologia dos orixás*. São Paulo: Companhia das Letras, 2001.

RIBEIRO, B. *O índio na história do Brasil*. 12. ed. São Paulo: Global, 2009.

SANTOS, R. O. dos (org.). Religião e morte. *Revista Senso*, n. 14, jan./fev. 2020. Disponível em: https://revistasenso.com.br/edicao-14-religiao-e-morte/. Acesso em: 25 fev. 2023.

SCHUMACHER, B. N. *Confrontos com a morte*: a filosofia contemporânea e a questão da morte. São Paulo: Loyola, 2009.

TERRIN, A. N. *Introdução ao estudo comparado das religiões*. São Paulo: Paulinas, 2003.

TORRES, W. C. *A criança diante da morte*: desafios. 4. ed. São Paulo: Casa do Psicólogo, 2012.

Parte II

Roteiros de atividades

Há roteiros que propõem atividades com o uso de recursos digitais, como acesso à internet durante a aula de Ensino Religioso. Sempre que esses recursos não estiverem à disposição da realidade, sugere-se preparar sínteses, materiais impressos ou recorrer a outras metodologias para adaptá-los.

A unidade temática Crenças religiosas e filosofias de vida tem como intencionalidade abordar "[...] aspectos estruturantes das diferentes tradições/movimentos religiosos e filosofias de vida, particularmente sobre mitos, ideia(s) de divindade(s), crenças e doutrinas religiosas, tradições orais e escritas, ideias de imortalidade, princípios e valores éticos"[21].

Ano escolar	Objeto de conhecimento	Habilidades
4º ano	Ideia(s) de divindade(s)	(EF04ER06) Identificar nomes, significados e representações de divindades nos contextos familiar e comunitário. (EF04ER07) Reconhecer e respeitar as ideias de divindades de diferentes manifestações e tradições religiosas.
5º ano	Narrativas religiosas	(EF05ER01) Identificar e respeitar acontecimentos sagrados de diferentes culturas e tradições religiosas como recurso para preservar a memória.
	Mitos nas tradições religiosas	(EF05ER02) Identificar mitos de criação em diferentes culturas e tradições religiosas. (EF05ER03) Reconhecer funções e mensagens religiosas contidas nos mitos de criação (concepções de mundo, natureza, ser humano, divindades, vida e morte).
	Ancestralidade e tradição oral	(EF05ER04) Reconhecer a importância da tradição oral para preservar memórias e acontecimentos religiosos. (EF05ER05) Identificar elementos da tradição oral nas culturas e religiosidades indígenas, afro-brasileiras, ciganas, entre outras. (EF05ER06) Identificar o papel dos sábios e anciãos na comunicação e preservação da tradição oral. (EF05ER07) Reconhecer, em textos orais, ensinamentos relacionados a modos de ser e viver.

21 BRASIL, 2018, p. 439.

6º ano	Tradição escrita: registro dos ensinamentos sagrados	(EF06ER01) Reconhecer o papel da tradição escrita na preservação de memórias, acontecimentos e ensinamentos religiosos. (EF06ER02) Reconhecer e valorizar a diversidade de textos religiosos escritos (textos do Budismo, Cristianismo, Espiritismo, Hinduísmo, Islamismo, Judaísmo, entre outros).
	Ensinamentos da tradição escrita	(EF06ER03) Reconhecer, em textos escritos, ensinamentos relacionados a modos de ser e viver. (EF06ER04) Reconhecer que os textos escritos são utilizados pelas tradições religiosas de maneiras diversas. (EF06ER05) Discutir como o estudo e a interpretação dos textos religiosos influenciam os adeptos a vivenciarem os ensinamentos das tradições religiosas.
	Símbolos, ritos e mitos religiosos	(EF06ER06) Reconhecer a importância dos mitos, ritos, símbolos e textos na estruturação das diferentes crenças, tradições e movimentos religiosos. (EF06ER07) Exemplificar a relação entre mito, rito e símbolo nas práticas celebrativas de diferentes tradições religiosas.
7º ano	Princípios éticos e valores religiosos	(EF07ER06) Identificar princípios éticos em diferentes tradições religiosas e filosofias de vida, discutindo como podem influenciar condutas pessoais e práticas sociais.
	Lideranças e Direitos Humanos	(EF07ER07) Identificar e discutir o papel das lideranças religiosas e seculares na defesa e promoção dos Direitos Humanos. (EF07ER08) Reconhecer o direito à liberdade de consciência, crença ou convicção, questionando concepções e práticas sociais que a violam.

8º ano	Crenças, convicções e atitudes	(EF08ER01) Discutir como as crenças e convicções podem influenciar escolhas e atitudes pessoais e coletivas. (EF08ER02) Analisar filosofias de vida, manifestações e tradições religiosas destacando seus princípios éticos.
	Doutrinas religiosas	(EF08ER03) Analisar doutrinas das diferentes tradições religiosas e suas concepções de mundo, vida e morte.
	Crenças, filosofias de vida e esfera pública	(EF08ER04) Discutir como filosofias de vida, tradições e instituições religiosas podem influenciar diferentes campos da esfera pública (política, saúde, educação, economia). (EF08ER05) Debater sobre as possibilidades e os limites da interferência das tradições religiosas na esfera pública. (EF08ER06) Analisar práticas, projetos e políticas públicas que contribuem para a promoção da liberdade de pensamento, crenças e convicções.
	Tradições religiosas, mídias e tecnologias	(EF08ER07) Analisar as formas de uso das mídias e tecnologias pelas diferentes denominações religiosas.
9º ano	Imanência e transcendência	(EF09ER01) Analisar princípios e orientações para o cuidado da vida e nas diversas tradições religiosas e filosofias de vida. (EF09ER02) Discutir as diferentes expressões de valorização e de desrespeito à vida, por meio da análise de matérias nas diferentes mídias.
	Vida e morte	(EF09ER03) Identificar sentidos do viver e do morrer em diferentes tradições religiosas, através do estudo de mitos fundantes. (EF09ER04) Identificar concepções de vida e morte em diferentes tradições religiosas e filosofias de vida, por meio da análise de diferentes ritos fúnebres. (EF09ER05) Analisar as diferentes ideias de imortalidade elaboradas pelas tradições religiosas (ancestralidade, reencarnação, transmigração e ressurreição).
	Princípios e valores éticos	(EF09ER06) Reconhecer a coexistência como uma atitude ética de respeito à vida e à dignidade humana. (EF09ER07) Identificar princípios éticos (familiares, religiosos e culturais) que possam alicerçar a construção de projetos de vida. (EF09ER08) Construir projetos de vida assentados em princípios e valores éticos.

Ideia(s) de divindade(s)

Gustavo Luis Prado Ribeiro[22]

As crenças e a não crença estão alicerçadas em um conjunto de fundamentos que patrocinam o nosso modo de ser e estar no mundo. As divindades são o elemento de uma certa coesão para as matrizes religiosas, uma vez que reúnem, ao seu redor ou em torno de seus poderes, benesses e ordenamentos/ensinamentos. O sagrado manifestado nas divindades dá palpabilidade à fé, uma vez que atribui "rosto" ao inefável. Nem todas as divindades são de ordem transcendente, existem também as divindades ou as manifestações que dizem respeito à imanência. É importante ressaltar que algumas tradições religiosas nem mesmo têm essa distinção. Ou seja, religiões "primais" podem ser compreendidas como religiões de imanência porque não separam o sagrado da materialidade, ou não têm uma cosmovisão que fale de outros mundos que não este.

Nesta sequência, trabalhamos com uma proposta de divisão das tradições religiosas em quatro grandes matrizes religiosas: indígena, africana, oriental e ocidental; além do ateísmo e do agnosticismo. Essa organização ajuda a identificar as semelhanças e as origens comuns ou próximas.

O primeiro roteiro de atividades trata da construção do conceito de divindade e da percepção dos estudantes para a sua própria crença e para a crença que o seu grupo familiar pratica, auxiliando na identifica-

22 Bacharel em Teologia pelo Instituto Santo Tomás de Aquino (Ista), licenciando em Pedagogia pelo Centro Universitário Claretiano e mestrando em Educação pela Pontifícia Universidade Católica de Minas Gerais (PUC Minas), na linha de pesquisa "Conhecimento, Currículo e Tecnologias".

ção das características que ela apresenta e como ela influencia sua vida. O passo seguinte consiste em perceber-se pertencente a um coletivo no qual existem outras crenças que têm características próprias, suas divindades e formas de professar a fé.

No segundo roteiro, é desdobrado o conceito de divindade a partir das matrizes oriental e africana. É importante apresentar aos estudantes alguns conceitos basilares da compreensão dessas expressões, bem como oferecer ferramentas para que eles aprofundem os seus conhecimentos a partir da construção de habilidades de investigação e pesquisa.

No terceiro roteiro, são trabalhadas as matrizes indígena e ocidental. No mesmo ritmo do segundo roteiro, no desenvolvimento deste é necessário oferecer aos estudantes a possibilidade de se aprofundarem no contexto e nas características próprias das tradições religiosas que compõem as matrizes apresentadas, desenvolvendo a habilidade de conhecerem e respeitarem as divindades das diversas formas de crenças.

A seguir, indicamos leituras que podem favorecer o trabalho pedagógico:

SUGESTÕES DE LEITURA

BERKENBROCK,V. J. *O mundo religioso.* Petrópolis: Vozes, 2019.

HELLERN, V.; NOTAKER, H.; GAARDER, J. *O livro das religiões.* São Paulo: Companhia das Letras, 2000.

TEIXEIRA, F.; MENEZES, R. (org.). *Religiões em movimento*: o Censo de 2010. Petrópolis: Vozes, 2013.

ROTEIRO 01

Título/tema	As tradições religiosas e as suas divindades
Unidade temática	Crenças religiosas e filosofias de vida
Objeto de conhecimento	Ideia(s) de divindade(s)
Habilidade(s)	(EF04ER06) Identificar nomes, significados e representações de divindades nos contextos familiar e comunitário.
Previsão de horas/aula(s)	Uma hora/aula
Recursos	· Equipamento para projeção audiovisual com acesso à internet. · Dicionário impresso ou virtual. · Perguntas para a pesquisa dos estudantes. · Quadro comparativo das tradições religiosas monoteístas e politeístas, para apresentar na lousa ou por meio da ferramenta digital Padlet. · Recursos para produzir o "Decálogo do respeito à diversidade" em cartaz (cartolina ou papel kraft, canetinhas coloridas e afins). · Folha de papel A4 para cada estudante. · Revistas para recortes ou recursos para desenho (atividade avaliativa).

OBSERVAÇÃO

Atividade mobilizadora

Apresente aos estudantes o conceito de divindade. Construa com eles o que a palavra "divindade" significa. Pode-se começar utilizando um dicionário. É importante que os estudantes visualizem o conceito que o dicionário traz, por isso, escrever no quadro ou trazer o significado do vocábulo em um *slide* vai ajudá-los a perceber as expressões-chave que auxiliam na elaboração do conceito, tais como: divino, deus, sagrado, objeto de adoração etc. Sugere-se realizar a pesquisa no *site* do *Dicionário Michaelis*[23].

Atividade de sistematização

Em duplas, solicite aos estudantes que componham, em seus cadernos, uma frase que expresse a sua compreensão de divindade a partir da conversa que foi realizada e a partir do significado do vocábulo no dicionário. Após esse momento, convide-os a compartilharem as suas produções, valorizando os pontos em comum e as diferentes formulações. Se perceber que apreenderam bem o conceito, peça que acrescentem um exemplo, para ilustrar o registro.

23 DIVINDADE. *In*: MICHAELIS. *Dicionário Brasileiro da Língua Portuguesa*. São Paulo: Melhoramentos, [c2023]. Disponível em: https://michaelis.uol.com.br/moderno-portugues/busca/portugues-brasileiro/divindade/. Acesso em: 9 fev. 2023.

IDENTIFICAÇÃO E ANÁLISE

Atividade de pesquisa

Oriente os estudantes a pesquisarem previamente com suas famílias ou com alguém que pertença a alguma tradição religiosa:

- Qual a sua crença?
- Qual(is) é(são) a(s) divindade(s) em que acredita?
- Como essa crença influencia seu cotidiano?

Atividade de aprofundamento

Peça que os estudantes comparem as suas pesquisas e se agrupem com base nas semelhanças. Pode acontecer de a maioria se agrupar por ter em comum uma mesma tradição religiosa. Nesse caso, é importante evidenciar essa ocorrência, mas sem deixar de destacar que existem outras tradições religiosas no mundo. Ajude os estudantes a perceberem as diferenças e as semelhanças nos grupos iguais e diferentes.

Quadro comparativo

Oriente os estudantes para anotarem em seus cadernos as semelhanças e as diferenças que encontraram nas pesquisas comparadas.

Apresente um quadro comparativo – na lousa ou utilizando a ferramenta digital Padlet – das tradições religiosas que acreditam em um único Deus, ou seja, monoteístas (judaísmo, cristianismo e islamismo), e das tradições que acreditam em vários deuses e deusas, que têm funções diferentes, sendo, assim, politeístas (crenças egípcias e gregas, candomblé e umbanda, povos indígenas, hinduísmo e xintoísmo, por exemplo). O quadro comparativo pode contribuir para que os estudantes visualizem a diversidade de crenças. Esse quadro deve ser apresentado após a pesquisa e o registro dos estudantes, para favorecer o reconhecimento das informações já elaboradas e possibilitar que complementem os seus registros com novas informações, ampliando o seu conhecimento.

Lembre-se de inserir e/ou frisar no quadro comparativo as crenças e as divindades de tradições religiosas que fazem parte da realidade sociocultural dos estudantes. Isso contribui para que eles reconheçam a diversidade de crenças, nomes de divindades e suas respectivas representações presentes em sua realidade.

APROPRIAÇÃO E RESSIGNIFICAÇÃO

Atividade de organização do saber

Os estudantes perceberão com o exercício de "pesquisa comparada" e com a apresentação do quadro comparativo as diferenças que existem no crer, compreendendo que a ideia de divindade varia e tem contornos próprios em cada tradição religiosa encontrada em sala de aula.

Explore as expressões das pessoas relacionadas à sua crença nas divindades, ressaltando as tradições de crença em um único Deus e as de crença em vários deuses. Ainda, mencione o fato de que cada tradição tem um entendimento sobre a origem da(s) divindade(s).

Destaque que há pessoas que não acreditam na existência de divindades. Explore a importância do respeito diante das opções religiosas das pessoas, inclusive a opção por nenhuma crença. Para isso, proponha a realização de um exercício: formular um "Decálogo do respeito à diversidade" sobre o respeito, explorando as diferenças percebidas e refletindo sobre quais são as posturas/atitudes que devem ser vivenciadas para que todos sejam respeitados em suas crenças ou em sua não crença.

É importante que o "Decálogo do respeito à diversidade" fique sempre visível para os estudantes, por isso recomenda-se que ele seja feito em formato de cartaz para ser afixado na sala de aula, como uma lembrança do estudo. Dessa forma, o registro contribuirá para fazer memória de como os estudantes devem se portar ante a crença dos demais colegas e de outras pessoas com quem convivem ou não.

SUGESTÃO

Tire fotos do resultado das atividades e insira no mural virtual Padlet.

ATIVIDADE AVALIATIVA

Solicite que os estudantes demonstrem, com recortes ou desenhos, a trilha de aprendizagem elaborada a partir do estudo. Distribua folhas de papel A4, revistas para recortes ou recursos para desenhos. Peça que elaborem, também, um parágrafo-síntese explicando a sua produção. Avalie como os estudantes articulam as suas aprendizagens nas produções elaboradas e complemente possíveis lacunas de interpretação.

ROTEIRO 02

Título/tema	Em que o outro crê? As divindades de matrizes oriental e africana
Unidade temática	Crenças religiosas e filosofias de vida
Objeto de conhecimento	Ideia(s) de divindade(s)
Habilidade(s)	(EF04ER07) Reconhecer e respeitar as ideias de divindades de diferentes manifestações e tradições religiosas.
Previsão de horas/aula(s)	Duas horas/aulas
Recursos	· Equipamento para projeção audiovisual com acesso à internet. · Perguntas para orientar os estudantes a responderem. · Acesso à ferramenta digital Padlet. · Gabarito com as informações básicas que os grupos devem encontrar sobre cada tradição religiosa a ser pesquisada. · Quadro comparativo entre as tradições religiosas pesquisadas, para apresentar como gabarito. · Folha A4 para cada estudante. · Recursos para o texto ilustrado. · Celular ou máquina fotográfica para registro das atividades.

OBSERVAÇÃO

Atividade mobilizadora

Retome com os estudantes o que foi realizado no roteiro anterior, quando compartilharam com os colegas algumas características sobre as suas crenças religiosas. Peça que narrem a experiência vivida e o que eles aprenderam com a pesquisa e o estudo, apropriando-se, para isso, do registro sobre a trilha de aprendizagem que lhes foi solicitado elaborar.

Peça que respondam no caderno às seguintes perguntas:

- Qual é a importância de conhecermos as divindades de outras tradições religiosas?
- Qual deve ser a nossa postura diante das pessoas de outras tradições religiosas? Exemplifique.

Analise os elementos semelhantes ou diversos que surgem nos discursos dos estudantes entre o que foi estudado, a partir do roteiro anterior, e o que efetivamente de novo aparece. É relevante despertá-los para refletirem sobre as posturas adotadas diante das diferenças: facilidades e dificuldades.

IDENTIFICAÇÃO E ANÁLISE

Atividade de pesquisa

Divida a turma em seis grupos. Distribua, para cada um deles, as seguintes tradições religiosas: matriz africana (candomblé, umbanda e batuque) e matriz oriental (hinduísmo, budismo e taoísmo).

Oriente os estudantes que pesquisem em livros e na internet as principais características da tradição religiosa destinada a seu grupo. Peça que identifiquem qual é a divindade (se houver alguma) da tradição, a origem dessa divindade e outras informações que considerar importantes. As informações coletadas podem ser adicionadas na plataforma

Padlet, que permite aos estudantes escreverem enquanto organizam as ideias, compartilhando os resultados com os colegas em tempo real.

Após a pesquisa, peça que os três grupos das tradições religiosas de matriz africana se reúnam e comparem os dados encontrados para identificar semelhanças e diferenças. O mesmo deve acontecer com os três grupos que ficaram incumbidos das tradições religiosas de matriz oriental.

Depois, misture os grupos, mesclando as duas matrizes, e solicite que os estudantes comparem as tradições religiosas para encontrar semelhanças e diferenças. Encerre a atividade com uma roda de conversa sobre a importância de se conhecer as tradições religiosas para melhor respeitar as diferenças entre as pessoas. Pergunte e favoreça aos estudantes a percepção de informações que desconheciam antes da pesquisa.

IMPORTANTE

Organize as informações básicas que os grupos devem encontrar sobre cada tradição religiosa a ser pesquisada. Elabore um quadro comparativo entre as tradições, de modo que possa apresentar como síntese e complemento da interpretação dos estudantes.

APROPRIAÇÃO E RESSIGNIFICAÇÃO

Atividade de aprofundamento

Após a pesquisa, oriente os estudantes a se organizarem nos mesmos grupos. Retome com eles o conceito de divindade que registraram na proposta de atividade avaliativa no roteiro anterior. Peça que cada grupo converse e compare o referido conceito com os dados que coletou na pesquisa realizada. Ao compararem suas anotações com as pesquisas, solicite que os grupos de estudantes produzam um texto ilustrado para expressarem a sua compreensão, contendo elementos da tradição religiosa pesquisada. Distribua recursos (folha de papel A4, lápis de cor e canetinhas) para que produzam o texto ilustrado.

Na perspectiva de favorecer as comparações dos estudantes, oriente que esses textos ilustrados sejam afixados junto ao "Decálogo do respeito à diversidade", de modo que se visualize as atitudes eleitas por eles diante da diversidade.

Tire fotos do resultado das atividades e as inclua no mural organizado no Padlet.

ATIVIDADE AVALIATIVA

Solicite que cada estudante elabore um registro resumido das principais informações que o estudo possibilitou. Pode-se orientar que esta atividade seja realizada em forma de gráfico ou mapa conceitual/mental. Para isso, distribua folhas de papel A4.

ROTEIRO 03

Título/tema	Em que o outro crê? As divindades de matriz ocidental, de matriz indígena e o ateísmo/agnosticismo
Unidade temática	Crenças religiosas e filosofias de vida
Objeto de conhecimento	Ideia(s) de divindade(s)
Habilidade(s)	(EF04ER07) Reconhecer e respeitar as ideias de divindades de diferentes manifestações e tradições religiosas.
Previsão de horas/aula(s)	Duas horas/aulas
Recursos	· Equipamento para projeção audiovisual com acesso à internet. · Acesso à ferramenta digital Padlet. · Livros para pesquisa sobre as tradições: animismo, xamanismo, totemismo, cristianismo, judaísmo, islamismo e ateísmo/agnosticismo. · Folhas de papel A4 para cada estudante. · Recursos para desenho. · Celular ou máquina fotográfica para registro das atividades.

OBSERVAÇÃO

Atividade mobilizadora

Peça que alguns estudantes relatem o que aconteceu a partir do estudo dos roteiros anteriores. Se necessário, oriente que consultem o caderno para se lembrarem do que foi feito e de quais foram os conceitos trabalhados. Ainda, a turma poderá contribuir complementando informações, utilizando como base o resumo da atividade avaliativa do estudo anterior.

IDENTIFICAÇÃO E ANÁLISE

Atividade de pesquisa

Divida a turma em sete grupos. Distribua a cada um deles as seguintes tradições religiosas para pesquisa: animismo, xamanismo, totemismo, cristianismo, judaísmo, islamismo e ateísmo/agnosticismo.

Indique para pesquisarem em livros ou na internet as principais características dessas tradições, como fizeram no roteiro anterior. Devem, portanto, identificar a divindade (se houver alguma) de cada tradição, a origem dessa divindade e outras informações consideradas importantes. As informações coletadas devem ser adicionadas no mural digital preparado na ferramenta Padlet.

Após a pesquisa, peça que os grupos das tradições religiosas de matriz indígena se reúnam para comparar semelhanças e diferenças nas pesquisas. Isso também deve acontecer com os três grupos que ficaram incumbidos das tradições religiosas de matriz ocidental e o grupo responsável por pesquisar ateus e agnósticos.

IMPORTANTE

Organize as informações básicas que os grupos devem encontrar sobre cada tradição religiosa a ser pesquisada. Elabore um quadro comparativo entre as tradições, de modo que possa apresentar como síntese e complemento da interpretação dos estudantes.

Oriente, em um terceiro momento, que os grupos se misturem, mesclando as matrizes e o ateísmo/agnosticismo. Solicite que os estudantes comparem as pesquisas e conversem sobre semelhanças e diferenças.

APROPRIAÇÃO E RESSIGNIFICAÇÃO

Para organizar a aprendizagem

Peça aos estudantes que escrevam no caderno a memória de toda a rota de aprendizagem, dos três roteiros de estudo, a partir das perguntas:

- O que muda na minha postura ao conhecer as divindades de outras culturas religiosas?
- Agora que entendo um pouco mais das crenças de outras pessoas, como vivo a minha crença pessoal e/ou como compreendo a crença de algum familiar ou conhecido, principalmente dos meus colegas?

Atividade de aprofundamento

Solicite aos estudantes que produzam um desenho, composto também por palavras-chave, que ilustre a pesquisa realizada, para complementar o painel de "Decálogo do respeito à diversidade". Distribua folhas de papel A4 e recursos para o trabalho (canetinhas, lápis de cor etc.).

Tire fotos do resultado das atividades e as inclua no mural Padlet.

Organize com os estudantes uma exposição virtual, convidando as demais pessoas da comunidade educativa para visitarem o mural digital elaborado na ferramenta Padlet. No mural, organize a exposição das pesquisas, das fotos que registraram o processo e do "Decálogo do respeito à diversidade" afixado em sala de aula.

SUGESTÃO

Realize uma roda de conversa com os estudantes para compartilharem suas impressões a respeito da exposição virtual de seus trabalhos. Torne este momento uma celebração da trilha de aprendizagem percorrida pelos estudantes.

ATIVIDADE AVALIATIVA

Oriente os estudantes para que, com base no estudo, elaborem, em uma folha de papel A4, um quadro indicando:

- O que mais despertou a sua atenção.
- A importância das divindades para os seguidores das diferentes tradições.
- Como o estudo pode ajudar na sua convivência com as diferenças.

Narrativas religiosas

Maria Gisele Canário de Sousa[24]

As narrativas religiosas compõem um conjunto de elementos que estão presentes nas culturas humanas desde os tempos mais remotos. Ao longo da história, essas narrativas foram organizadas, estruturadas e repassadas de geração em geração dentro de uma determinada cultura. Nesse conjunto de tradições há diversas cosmovisões, crenças, compreensões de divindades, literaturas (diversos gêneros literários), mitos etc. Todas essas narrativas passaram a ser transmitidas por meio da oralidade e da escrita.

Neste objeto de conhecimento, "Narrativas religiosas", propomos aos estudantes uma compreensão do impacto que essas narrativas trazem para as culturas humanas ao longo da história. As narrativas religiosas são apropriadas de diferentes formas ao longo dos diversos contextos culturais e políticos, por vezes aderindo ou rejeitando essas realidades.

A seguir, indicamos uma leitura que pode favorecer o trabalho pedagógico:

SUGESTÕES DE LEITURA

SILVEIRA, J. P. de P. S. Narrativas religiosas e a modernidade tardia: entre a adesão e a rejeição do mundo. *Revista de Humanidades*, v. 12, n. 29, 2011. Disponível em: https://periodicos.ufrn.br/mneme/article/view/1020. Acesso em: 11 maio 2023.

24 Mestra em Teologia com especialização em Exegese Bíblica pela Pontifícia Universidade Católica de São Paulo (PUC-SP), graduada em Geografia e Teologia, e graduanda em Filosofia pela Universidade Católica de Brasília (UCB). Autora de livros pela Editora Vozes e de materiais didáticos para a Uniasselvi e para a Estácio de Sá na área de Teologia. É assessora do Centro Bíblico Verbo, no qual colabora com a produção de materiais para estudos bíblicos; integrante de grupos de reflexão bíblica para *site* e redes sociais: Ministério da Palavra na voz das mulheres (Instituto Humanitas Unisinos) e grupo São Jerônimo; e professora de Ensino Religioso, Projeto de Vida e Geografia na Educação Básica.

ROTEIRO 01

Título/tema	Histórias de quem acredita
Unidade temática	Crenças religiosas e filosofias de vida
Objeto de conhecimento	Narrativas religiosas
Habilidade(s)	(EF05ER01) Identificar e respeitar acontecimentos sagrados de diferentes culturas e tradições religiosas como recurso para preservar a memória.
Previsão de horas/aula(s)	Quatro horas/aulas
Recursos	· Equipamento para projeção audiovisual com acesso à internet. · Perguntas para motivar rodas de conversa. · Acesso à plataforma Canva ou a outro recurso digital para apresentação de imagens. · Imagens de livros sagrados de algumas tradições religiosas (exemplos são citados no roteiro). · Imagens de tradições religiosas de matrizes africanas e indígenas, que não têm livros sagrados escritos. · Narrativa indígena da origem do mundo (sugere-se dos indígenas Desana). · Fontes de pesquisa de narrativas de diferentes tradições religiosas para propor aos estudantes. · Gabarito com narrativas das tradições religiosas pesquisadas para realizar complementos à apresentação dos estudantes, se necessário. · Pesquisa de lugares sagrados do bairro ou da cidade onde a escola está localizada para propor uma visita (preparar previamente o que poderá ser identificado na visita).

OBSERVAÇÃO

Atividade mobilizadora 1

Comente com os estudantes sobre as culturas humanas que, desde os seus primórdios, têm a arte de contar história, seja por meio da escrita ou da oralidade. A escrita tece o seu início na antiga civilização mesopotâmica, mais ou menos 4 mil anos a.C. Tudo começou por meio de desenhos feitos em placas de barro, chamados cuneiformes e registrados com o uso de, aproximadamente, dois mil símbolos.

Já a oralidade existe desde antes da escrita, como uma forma de armazenar os conhecimentos humanos e as suas ciências por meio da memória. A oralidade foi o principal recurso antes da escrita de transmissão do conhecimento às futuras gerações. Os mais idosos - anciões - eram considerados sábios por terem acumulado conhecimento ao longo de suas vidas.

Divida os estudantes em grupos e peça que conversem a partir das seguintes questões:

- O que sabemos a respeito da nossa história de vida? E da vida de nossos antepassados?
- O que os nossos familiares nos contaram a respeito do nosso nascimento e desenvolvimento?

Oriente-os a escreverem uma síntese das respostas em seus cadernos. Em seguida, escolha um representante de cada grupo para expor as respostas às perguntas, sobre as quais conversaram. Após a socialização, pergunte se os demais membros de cada grupo desejam complementar algo importante que o representante pode ter esquecido em seu relato.

É interessante esclarecer que, na oralidade, aquele que conta uma narrativa faz as suas próprias seleções. Converse sobre por que isso acontece e sugira duas possibilidades: 1) é impossível guardar todos os detalhes; 2) e quem conta um fato pode destacar os pontos que mais o interessam.

Indague se sabem o que é uma narrativa. Após ouvi-los, ajude-os a perceberem que, se pesquisarmos no dicionário, veremos que a narrativa é a exposição de determinado acontecimento ou, ainda, de uma sucessão de acontecimentos, que podem ser tanto relacionados a questões factuais (reais) como fictícias (imaginárias). A exposição de uma narrativa pode se realizar por meio da palavra escrita ou de desenhos.

Atividade mobilizadora 2

Peça para os estudantes contarem uma história real (relatos jornalísticos, por exemplo) e uma história imaginária (como a história do protagonista de um *game* etc.). Oriente que a atividade deve ser desenvolvida em grupo e apresentada aos colegas por meio de um esquete (peça teatral dramática, geralmente cômica, de menos de dez minutos de duração).

Após as apresentações, promova um diálogo de fechamento destacando que as narrativas fazem parte da história humana e são criadas de acordo com a cultura dos diferentes povos, por isso não existe uma narrativa melhor do que a outra, e sim jeitos diferentes de entender a vida. Explore junto aos estudantes a compreensão sobre o que observaram com relação às histórias reais e imaginárias (semelhanças e diferenças, por exemplo).

IDENTIFICAÇÃO E ANÁLISE

Comente que as religiões têm o seu jeito de contar as suas histórias. Desde o momento em que surgiram, usaram diversas formas de narrativas para explicar aos seus adeptos as suas práticas, os seus saberes e as suas doutrinas. Elas se utilizaram da oralidade e da escrita para contar as suas histórias. As narrativas religiosas possibilitam aos seus adeptos reconhecerem formas de estabelecer a comunicação com as divindades, justificar e compreender a realidade, orientar as maneiras de viver. Por isso, o estudo sobre as narrativas religiosas de algumas tradições oportuniza compreender como cada uma delas orienta os seus adeptos.

Prepare uma apresentação (utilizando Canva ou outra plataforma) com imagens de livros sagrados de algumas tradições religiosas, como: Sunnah ou Hadith (islamismo); Torá (judaísmo); Tripitaka ou Tipitaka (budismo); Vedas (hinduísmo) e Bíblia (cristianismo). Selecione, também, imagens de tradições religiosas de matrizes africanas e indígenas para representá-las, pois são culturas ágrafas e não têm livros escritos.

Ao apresentar as imagens, mencione que, em algumas tradições religiosas, as narrativas fazem parte dos livros sagrados. Neles, geralmente, encontram-se a história de acontecimentos vividos pelos antepassados, as orientações religiosas, a origem do mundo e do ser humano, dentre outras informações. No entanto, há tradições que não conhecem a escrita ou, se conhecem, optam pela transmissão oral de suas experiências, repassando os seus ensinamentos e a sua história.

Na sequência, apresente a narrativa dos indígenas Desana sobre a origem do mundo – pode-se, também, selecionar a narrativa de outro povo indígena. A narrativa sugerida pode ser encontrada na internet.

SUGESTÕES DE LEITURA

MITOS. *Mirim, Povos Indígenas – Brasil.* Disponível em: https://mirim.org/pt-br/como-vivem/mitos. Acesso em: 3 jan. 2023.

SUGESTÃO

Distribua aos estudantes a narrativa para realizar uma leitura em conjunto ou em jogral.

Proponha uma roda de conversa a partir das seguintes questões:

- A narrativa indígena tem a pretensão de contar uma história factual?
- Com essa narrativa, que tipo de ensinamento essa tradição quer transmitir aos seus descendentes?

APROPRIAÇÃO E RESSIGNIFICAÇÃO

Aprofundando as narrativas religiosas

Destaque que, no estudo, foi possível identificar que as narrativas religiosas fazem parte da cultura dos povos desde os seus primórdios. No entanto nem todas são respeitadas em suas singularidades. Esclareça aos estudantes que as culturas religiosas indígenas e de matrizes africanas sofrem preconceitos em culturas que se estabelecem como sendo superiores. Considere importante ajudá-los a entenderem que não existe uma religiosidade ou uma cultura mais importante do que a outra. As sociedades humanas são plurais, por isso devem ser aceitas e respeitadas.

Apresente aos estudantes esclarecimentos sobre as narrativas religiosas indígenas e de matrizes africanas.

- **Narrativas religiosas indígenas**: ressalte que o modo como a cultura indígena entende o sagrado está ligado à manifestação da natureza, humana e social. Cada cultura indígena tem a sua diversidade e, portanto, um modo particular de reverenciar o sagrado. A cultura indígena não tem um livro sagrado, mas a sua sabedoria religiosa e cultural é transmitida de geração em geração pelos mais velhos, pelos anciãos. Duas peculiaridades da cultura religiosa indígena são que o ensino faz parte de suas tradições e que as suas crenças se relacionam aos elementos da natureza, considerada sagrada.
- **Narrativas religiosas de matrizes africanas**: as tradições religiosas afro-brasileiras são diversas a depender do lugar e do modelo de seus ritos. No Nordeste, por exemplo, há o tambor

de minas, xangô e candomblé; no Sudeste, há a umbanda e o candomblé; no Sul, o batuque gaúcho. É importante refletir sobre, lamentavelmente, todas essas expressões religiosas terem sido vistas pelos colonizadores europeus como demoníacas, idólatras e cheias de pecados. Os escravos eram obrigados a aderir à religião do colonizador como uma forma de garantir a salvação de sua alma. Na sociedade atual, essas experiências religiosas sofrem com a intolerância religiosa, que pode ser compreendida como legado desse processo sócio-histórico.

Atividade de pesquisa

Oriente os estudantes a pesquisarem, em grupos de até três pessoas, uma narrativa religiosa. A escolha da tradição religiosa pode ser proposta de duas formas:

- Livre, incentivando os estudantes a pesquisarem narrativas religiosas sobre as quais tenham menos conhecimento.
- Orientada pelo professor, que seleciona e divide entre os grupos a tradição a ser pesquisada.

IMPORTANTE

Prepare fontes de pesquisa a serem propostas aos estudantes e elabore um gabarito com narrativas das tradições religiosas pesquisadas para realizar complementos à apresentação, se necessário.

Organize com os estudantes o formato para a apresentação da pesquisa das narrativas religiosas, usando recursos digitais ou não.

Explore os conhecimentos e os ensinamentos propostos a partir das narrativas e a sua importância para as tradições religiosas, destacando o que aqueles que não pertencem a essas culturas ou tradições religiosas podem aprender com as suas narrativas.

Avaliando o que aprendemos acerca das narrativas religiosas

Após as apresentações, reforce que as narrativas religiosas fazem parte da cultura humana ao longo da história e que há diversidade nas narrativas e no modo de compreender o sagrado. Destaque que as narrativas querem alcançar os limites mais sensíveis dos seres humanos, tentando chegar aonde as Ciências Humanas não chegam, por isso este é um lugar sensível, mas inquieto; aconchegante, mas turbulento.

Estudo do meio

Organize uma visita a lugares sagrados do bairro ou da cidade onde a sua escola está localizada. Caso seja possível, escolha junto aos estudantes o local a ser visitado e prepare, previamente, o que poderá ser identificado na visita, de acordo com os conceitos estudados ao longo do estudo dessa temática.

SUGESTÃO

Aproveite a oportunidade para incentivar a análise de aspectos da liberdade e da diversidade religiosa na realidade local.

ATIVIDADE AVALIATIVA

Oriente a criação de uma narrativa, que pode ser religiosa ou não, cujo tema/conteúdo o estudante acredite fazer sentido para o ambiente em que está inserido. Na produção, solicite que considerem como ouvintes de sua narrativa as pessoas com as quais convivem no ambiente escolar (amigos, professores e demais profissionais) e suas famílias. Incentive-os a serem livres nesse processo de criação, sem se sentirem pressionados a expressarem a religiosidade da qual podem fazer parte.

Considere como parte integrante no processo de criação da narrativa os conceitos abordados durante o estudo.

Essa proposta pode ser desenvolvida de modo interdisciplinar com o componente Língua Portuguesa, explorando as habilidades propostas na BNCC[25]:

- **(EF35LP25)** Criar narrativas ficcionais, com certa autonomia, utilizando detalhes descritivos, sequências de eventos e imagens apropriadas para sustentar o sentido do texto, e marcadores de tempo, espaço e de fala de personagens.
- **(EF35LP29)** Identificar, em narrativas, cenário, personagem central, conflito gerador, resolução e o ponto de vista com base no qual histórias são narradas, diferenciando narrativas em primeira e terceira pessoas.

Organize a socialização das produções identificando semelhanças e diferenças, bem como quais aspectos e conceitos religiosos estão subentendidos ou não.

25 BRASIL, 2018, p. 133-135, grifos do autor.

Mitos nas tradições religiosas

Beatriz de Oliveira Pinheiro[26]

Trabalhar os mitos nas tradições religiosas com turmas do 5º ano do Ensino Fundamental apresenta alguns desafios marcados, sobretudo, pela faixa etária que denuncia um possível desconhecimento de temas de Filosofia que só lhes serão apresentados e discutidos no Ensino Médio. Sendo assim, é necessária uma dedicação introdutória ao tema.

Antes de falarmos sobre as tradições religiosas, é preciso apresentar o mito enquanto narrativas transmitidas, geralmente, de modo oral que carregam uma verdade acerca do Universo. Os mitos, então, têm caráter explicativo e são utilizados como material educativo no decorrer dos séculos. Fazem parte, também, da estrutura religiosa enquanto narrativas que explicam o surgimento do mundo e o que acontece após a morte. Amor, ódio, fogo, água, noite e dia são fenômenos que têm uma diversidade de explicações míticas que, em muitos casos, encontram semelhanças. Não obstante, as religiões carregam outros elementos além dos mitos, como o pertencimento a uma comunidade, as experiências de suas práticas e de suas manifestações, os ritos e a rotina religiosa.

Os roteiros foram divididos em dois momentos: primeiro, trabalharemos a definição de mito, a sua estrutura, as sabedorias, a transmissão e as semelhanças explicativas; depois, partiremos para diferenciações de conceitos. Aqui, reforçaremos outros elementos das tradições religiosas além dos mitos, mostrando que a narrativa é parte essencial

26 Mestra em Ciências da Religião e bacharela em Filosofia pela Pontifícia Universidade Católica de Minas Gerais (PUC Minas). É colunista e membro do corpo editorial da Revista Senso.

das religiões, porém considerando que há também outras complexidades que devem ser levadas em conta.

A seguir, indicamos leituras que podem favorecer o trabalho pedagógico:

REFERÊNCIAS

GRESCHAT, H-J. *O que é Ciência da Religião?* São Paulo: Paulinas, 2005.

PRANDI, R. *Mitologia dos orixás*. São Paulo: Companhia das Letras, 2001.

ROTEIRO 01

Título/tema	**Os mitos e a verdade: como compreender narrativas míticas**
Unidade temática	Crenças religiosas e filosofias de vida
Objeto de conhecimento	Mitos nas tradições religiosas
Habilidade(s)	(EF05ER02) Identificar mitos de criação em diferentes culturas e tradições religiosas. (EF05ER03) Reconhecer funções e mensagens religiosas contidas nos mitos de criação (concepções de mundo, natureza, ser humano, divindades, vida e morte).
Previsão de horas/aula(s)	Quatro horas/aulas
Recursos	· Quadro (lousa). · Equipamento para projeção audiovisual. · Texto "Quem somos? De onde viemos? Para onde vamos?" (presente no roteiro) em formato impresso ou digital para projeção. · Mitos que explicam a origem do Universo – para complementar as pesquisas dos estudantes, se necessário. · Cartolina ou papel kraft e canetinhas para os grupos produzirem os seus quadros comparativos. · Cartolina ou papel kraft, canetinhas e revistas para recorte, para cada grupo confeccionar um mural. · Folha de papel A4 para cada estudante realizar a atividade avaliativa.

OBSERVAÇÃO

Antes de avançarmos na explanação dos mitos de criação e suas influências em diversas sociedades, é preciso delimitar o que a turma sabe sobre mitos fazendo diferenciações da narrativa mítica para a narrativa lógica. Nesse sentido, enfatize a impossibilidade de estabelecermos valor de verdade sobre narrativas mitológicas, assim como de definirmos uma hierarquia entre elas, isto é, não há narrativas mais ou menos evoluídas, e não há religiões melhores ou piores.

Essa explanação é de extrema importância, pois deve-se considerar tanto o conhecimento prévio dos estudantes sobre a temática quanto a possível herança religiosa que trazem consigo para a sala de aula. Tendo em mente a diversidade religiosa brasileira, deve-se pressupor que, em uma mesma turma, pode haver estudantes que pertençam a tradições diferentes. Reforçar uma realidade que não se baseia em hierarquias religiosas é imprescindível para que, no Ensino Religioso, desenvolva-se o respeito às diferenças.

Atividade mobilizadora – Nuvem de palavras

A construção de uma nuvem de palavras, ditadas pelos estudantes e registradas no quadro (na lousa) da sala, pode ilustrar o seu conhecimento primário diante do tema "Mitos nas tradições religiosas". Esse registro antes da apresentação do objeto de conhecimento permite saber de onde partir e quais pontos precisam ser mais bem trabalhados.

Oriente o debate incentivando os estudantes a refletirem sobre a relação entre mito, verdade, religião e diversidade. A nuvem de palavras deve representar o conhecimento do grupo, por isso anote todas as manifestações dos estudantes, mesmo que não pareçam, *a priori*, importantes ao debate.

SUGESTÃO

Ao final de todo estudo destinado ao tema, faça outra nuvem de palavras e compare com a primeira, mostrando a diferença de conhecimento apreendido pela turma dentro de algumas aulas.

IDENTIFICAÇÃO E ANÁLISE

Roda de conversa

Apresente o seguinte texto para a turma, impresso ou digital para projeção.

Quem somos? De onde viemos? Para onde vamos?

Não se sabe exatamente quem foi o primeiro sujeito a fazer essas três conhecidas perguntas, mas podemos dizer que até hoje elas são constantemente revisitadas por filósofos, cientistas, estudiosos e pessoas curiosas, independentemente da idade. Você é uma dessas pessoas?

Apesar de não termos um consenso quanto às respostas definitivas a essas perguntas, hipóteses não faltam. Cientistas trabalham incansavelmente para chegar às respostas sobre a origem e o fim de todas as coisas, mas, antes de existir a ciência, as pessoas já se perguntavam sobre a natureza, o surgimento da vida, o seu sentido e o que acontece quando morremos.

E assim, várias explicações acerca dos mais complexos mistérios da natureza foram surgindo em forma de narrativas que carregavam uma verdade sobre as concepções de mundo, a natureza, o ser humano, as divindades, a vida e a morte. Essas narrativas são conhecidas como mitos e trazem elementos semelhantes em diversas culturas para explicar o mundo. Os mitos são, então, uma parte importante das religiões, assim como um rico material de conhecimento de antigos povos.

Toda tradição religiosa tem um mito de origem, também conhecido como mito de criação. Isto é, uma história carregada de elementos simbólicos que explicam como o mundo surgiu ou foi criado, assim como explicam a origem do ser humano e a sua relação com a natureza.

A transmissão desse conhecimento, geralmente, se fazia de forma oral. Desse modo, por meio das histórias contadas, gerações e gerações aprendiam sobre a origem do sol, da lua, do dia, da noite, do calor, do frio, da chuva, do rio, do mar... Essas histórias também permitiam que compreendessem outras questões, como a vida, a morte, o amor e o ódio.

Depois que aprendiam, essas gerações passavam o conhecimento para os mais jovens, de modo que preservavam as narrativas e as suas sabedorias.

Promova uma roda de conversa sobre o texto, esclarecendo dúvidas iniciais que possam surgir a respeito do conteúdo. Valorize essas dúvidas como demonstrações de curiosidade e incentive-os a conhecerem melhor o tema a partir das atividades seguintes.

Atividade de pesquisa

Em pequenos grupos de número par, peça para que os estudantes pesquisem mitos que explicam a origem do Universo. É importante que os grupos pesquisem tradições diferentes para que se tenha um material de comparação no dia da apresentação dos trabalhos. Dê exemplos de culturas e religiosidades indígenas, afro-brasileiras, ciganas, dentre outras para que os estudantes possam escolher.

Promova um momento de apresentação dos resultados das pesquisas, incentivando a criatividade e o uso de recursos digitais para facilitar a análise dos dados. Oriente que os grupos façam o registro de suas descobertas no caderno, como também das descobertas apresentadas pelos colegas, pois serão utilizadas em outra atividade.

IMPORTANTE

Prepare, previamente, mitos de diferentes tradições religiosas que explicam a origem do Universo para complementar as apresentações, se necessário, ou oferecer exemplos diferentes dos abordados.

Essa pesquisa, que deve ser realizada como atividade para casa, tem como intuito fazer com que os estudantes investiguem culturas diferentes a fim de expandirem o seu conhecimento sobre mitos.

Quadro comparativo com base nas pesquisas

Agora, tendo em mãos as pesquisas apresentadas pela turma, chegou a hora da comparação entre elementos que se repetem nas estruturas mitológicas. Cada grupo se juntará com outro grupo e construirá um quadro comparativo (utilizando cartolinas e canetinhas) para apresentar as semelhanças e as diferenças entre as duas pesquisas. Em seguida, os estudantes tentarão responder à pergunta: por que o [elemento que se repete] aparece nas duas narrativas?

O objetivo da atividade é fazer com que percebam os símbolos da mitologia e a mensagem por trás da narrativa. Por exemplo, por que o ovo se repete em alguns mitos de origem? Qual o significado simbólico do ovo? O que simboliza a sabedoria? E os fenômenos naturais?

As pesquisas devem ser feitas previamente em casa, mas a confecção do quadro comparativo será realizada em sala de aula, garantindo um momento de partilha de curiosidade e aprendizado.

Confecção de mural sobre os mitos pesquisados

Os grupos previamente selecionados, que realizaram a pesquisa juntos, construirão um mural com o tema: o que podemos aprender com os mitos. Nesse mural, escreverão pequenos resumos de ensinamentos transmitidos pela narrativa mítica, como a história dos orixás, a origem da noite segundo tradições indígenas, a origem do fogo, da natureza, do ser humano, do bom, do mau, do corpo, da alma, do amor, dentre outros.

O objetivo da atividade é mostrar que essas narrativas simbólicas trazem ensinamentos que, mesmo quando desvinculados de um contexto religioso, têm muito a nos apresentar sobre as diversas culturas. Para isso, distribua recursos (cartolina, canetinhas, revistas para recorte...) que permitam aos estudantes confeccionarem os seus murais com criatividade.

Além disso, o mural possibilita uma imersão no assunto por parte do estudante que pesquisa o tema, facilitando a transposição didática, permitindo uma explanação conceitual que afeta diretamente os interesses da turma.

SUGESTÃO

Após a realização do mural, pode-se retomar a Atividade mobilizadora – Nuvem de palavras. Destaque o avanço na apropriação de conhecimentos da turma.

ATIVIDADE AVALIATIVA

Oriente que cada estudante sintetize, em um breve texto, as ideias mais importantes do estudo, destacando a contribuição das tradições religiosas no entendimento da vida e do ser humano. Para a atividade, distribua folhas de papel A4 a cada estudante. Analise a articulação dos conceitos apreendidos e ofereça esclarecimentos, se necessário.

ROTEIRO 02

Título/tema	**Aproximações e distanciamentos entre as religiões e os mitos**
Unidade temática	Crenças religiosas e filosofias de vida
Objeto de conhecimento	Mitos nas tradições religiosas
Habilidade(s)	(EF05ER02) Identificar mitos de criação em diferentes culturas e tradições religiosas. (EF05ER03) Reconhecer funções e mensagens religiosas contidas nos mitos de criação (concepções de mundo, natureza, ser humano, divindades, vida e morte).
Previsão de horas/aula(s)	Duas horas/aulas
Recursos	• Quadro (lousa) para registrar a nuvem de palavras sobre as diferenças entre mito e religião. • História da arca de Noé (BÍBLIA, Gênesis 6-9) para apresentar aos estudantes. • Estudo e seleção de um conceito de religião para apresentar aos estudantes – sugere-se o conceito proposto no livro: JUNQUEIRA, S. R. A.; BRANDENBURG, L. E.; KLEIN, R. (org.). *Compêndio do Ensino Religioso*. São Leopoldo: Sinodal; Petrópolis: Vozes, 2017. • Questões impressas para a atividade em grupos – preparar também o gabarito para as correções necessárias. • Folha de papel A4 para cada estudante realizar a produção textual e a atividade avaliativa.

OBSERVAÇÃO

A partir da compreensão sobre a estrutura do mito, a sua função explicativa da realidade e a sabedoria por trás das histórias transmitidas pela oralidade, é hora de delimitar e aprofundar alguns conceitos tendo em mente a possibilidade de aprendizado condizente com a faixa etária dos estudantes.

Atividade mobilizadora – Nuvem de palavras

Novamente, a nuvem de palavras se mostra um bom exercício introdutório ao assunto. Solicite aos estudantes que ditem palavras sobre a seguinte questão: qual é a diferença entre religião e mito?

O objetivo desta atividade é reforçar a impossibilidade de se julgar uma narrativa mítica a partir do conceito lógico de verdade que se contrapõe à falsidade. Sendo assim, deve-se frisar que todo mito traz consigo uma verdade, visto que marca na história as crenças de determinada cultura.

Refletindo sobre uma narrativa mítica

Apresente aos estudantes a história da arca de Noé, presente na Bíblia (Gênesis 6-9), texto sagrado do cristianismo. Comente que, quando nos deparamos, por exemplo, com essa história, a pergunta que deve ser feita não é sobre a verdadeira existência de Noé ou da arca, e sim os significados que se pode encontrar na história tão carregada de elementos da natureza. Destaque, ainda, que a história retrata uma visão sobre os comportamentos dos seres humanos dominados pela maldade e pela violência, assim como o dilúvio como meio de renovação da criação. Nessa narrativa mítica, também há a imagem do homem justo e a ideia de como a Terra será repovoada, renovada. Há todo um conjunto de simbolismos na história que estabelecem uma relação com a vida e com a divindade.

Esse ponto inicial da discussão reformará questões suscitadas anteriormente e dará abertura para que se trabalhe definições estabelecidas de religião e mito. Na sequência, é necessário ter-se em mente uma definição de religião que ajude uma transposição didática adequada. Para isso, sugere-se a leitura de apoio indicada a seguir.

SUGESTÕES DE LEITURA

JUNQUEIRA, S. R. A.; BRANDENBURG, L. E.; KLEIN, R. (org.). *Compêndio do Ensino Religioso.* São Leopoldo: Sinodal; Petrópolis: Vozes, 2017.

Nessa obra, há uma definição de religião que pode ajudá-lo em sua exposição. Lembrando que a obra não deve ser apresentada aos estudantes, e sim o conteúdo da definição.

A religião compreendida como o conjunto de hábitos, crenças, experiências e pertencimento a uma comunidade se difere do mito à medida que traz outras questões além das narrativas, como a prática dos ritos, o hábito de ir ao templo/espaço religioso, a identificação com a doutrina e com a comunidade religiosa. Sendo assim, podemos dizer que, em todas as tradições religiosas, existem mitos, mas eles constituem parte do que é a religião, e não ela por completo.

IDENTIFICAÇÃO E ANÁLISE

Atividade em grupo

Entregue a cada estudante uma folha de papel A4 impressa com as questões propostas na sequência. Oriente para que, em grupos, os estudantes conversem sobre as afirmações que ajudam a compreender o que é o mito.

1. Toda religião tem algum mito.
2. Mito e religião são sinônimos.
3. Religião é um conjunto de mitos sobre o Universo.
4. Mitos são histórias mentirosas acerca dos fenômenos naturais e culturais.
5. Mitos são narrativas transmitidas, em muitas culturas, oralmente.

6. Quando uma narrativa é preservada por meio da escrita, deixa de ser um mito.
7. Toda narrativa mítica aconteceu da forma descrita, por isso serve como exemplo para os mais jovens.
8. Todo mito carrega uma verdade.
9. Alguns mitos são mais verdadeiros do que outros.
10. Existem religiões melhores do que outras.
11. Muitos mitos trazem sabedorias antigas sobre a vida, o amor, a morte e os sentimentos complexos do ser humano.
12. Muitos mitos apresentam características semelhantes.
13. Todo mito é igual.

APROPRIAÇÃO E RESSIGNIFICAÇÃO

Roda de conversa sobre a atividade em grupo

Promova a partilha das respostas dos grupos e realize as correções necessárias. Reescreva as alternativas falsas, explicando o porquê de estarem erradas.

Peça aos estudantes para, individualmente, escreverem um texto breve, de, no máximo, dez linhas, diferenciando mito e religião. Recolha os trabalhos e, após as correções necessárias, organize uma mostra para que todos tenham acesso às produções uns dos outros.

ATIVIDADE AVALIATIVA

Distribua folhas de papel A4 para os estudantes e oriente-os a elaborarem, individualmente, um mito contemplando o que aprenderam. Peça que apresentem, por meio da narrativa criada, um ensinamento que envolva o cuidado com a vida e o respeito às diferenças religiosas.

SUGESTÃO

Após as correções conceituais necessárias, promova a socialização dos mitos nas redes sociais da escola.

Ancestralidade e tradição oral

Maria Gisele Canário de Sousa[27]

Quando falamos em ancestralidade, logo nos recordamos de pessoas que fazem parte da nossa linhagem genética. Inclusive, muito se tem falado de testes genéticos, com os quais é possível descobrir, no laboratório, as origens de nossos antepassados.

A ideia da ancestralidade nas religiões existe há milhares de anos e está vinculada à crença de que um antepassado se torna um ser espiritual após a morte e passa a proteger os seus parentes que continuam vivos. Por isso, é comum que esses ancestrais sejam celebrados por meio de cerimônias religiosas. Essa prática está presente, por exemplo, em religiões de países africanos, no Japão, na China e em países indo-europeus.

As religiões que cultivam a crença nos ancestrais têm como prática o cultivo de valores ligados à família, uma espécie de lealdade e continuidade de sua linhagem. Esse tipo de prática ocorre em sociedades dos mais diversos graus de vida social, política e desenvolvimento tecnológico. Cultuar um ancestral não é o mesmo que adorar uma divindade, tampouco pedir um favor, e sim a prática de um dever filial. Entende-se que o ancestral necessita ser abastecido pelos seus descendentes, e, para alguns, a piedade filial é importante. A ancestralidade está ligada à ideia de imortalidade, vista também como norteadora do sentido da vida.

---

27 Mestra em Teologia com especialização em Exegese Bíblica pela Pontifícia Universidade Católica de São Paulo (PUC-SP), graduada em Geografia e Teologia, e graduanda em Filosofia pela Universidade Católica de Brasília (UCB). Autora de livros pela Editora Vozes e de materiais didáticos para a Uniasselvi e para a Estácio de Sá na área de Teologia. É assessora do Centro Bíblico Verbo, no qual colabora com a produção de materiais para estudos bíblicos; integrante de grupos de reflexão bíblica para *site* e redes sociais: Ministério da Palavra na voz das mulheres (Instituto Humanitas Unisinos) e grupo São Jerônimo; e professora de Ensino Religioso, Projeto de Vida e Geografia na Educação Básica.

A oralidade, bastante presente em culturas afro-brasileiras e indígenas, tem um papel importante no culto aos ancestrais. No entanto a sua importância é ameaçada diante do fato de que, no Brasil, os mais de duzentos idiomas indígenas que mantêm a tradição oral estão, infelizmente, sendo pouco a pouco substituídos pela língua portuguesa. Com isso, as novas gerações indígenas e afro-brasileiras perdem cada vez mais o contato com os seus ancestrais, ou seja, algumas dessas culturas estão em extinção para os mais jovens.

A seguir, indicamos recursos que podem favorecer o trabalho pedagógico:

VÍDEO

CAVALCANTE, A. C. L.; XAVIER, A. R. História oral e tradição oral africana: a construção de saberes. *In*: ENCONTRO REGIONAL NORDESTE DE HISTÓRIA ORAL, 11., 2017, Fortaleza. *Anais eletrônicos* [...]. Fortaleza, 2017.

FÉLIX, R. Da voz à letra: oralidade, ancestralidade e resistência. *In*: FÉLIX, R. *Volta miúda*: quilombo, memória e emancipação. Ilhéus: Editus, 2020, p. 147-162.

Entrevista com a autora moçambicana de literatura Paulina Chiziane, premiada internacionalmente. Ela faz um comentário sobre a oralidade como primeiro lugar de qualquer ser humano e destaca que os primeiros ensinamentos acontecem pela oralidade. Ainda, a pontua como forma de aproximação entre as crianças e menciona, também, a oralidade como lugar de valorização da inteligência, e não da força bruta. Sugere-se apresentar o vídeo para os estudantes assistirem à própria autora tratando sobre o tema e comentando a relação da literatura com a cultura e as situações vividas pela mulher africana e a herança ancestral. O vídeo, intitulado "Oralidade e ancestralidade", está disponível no YouTube: PAULINA Chiziane – Oralidade e ancestralidade. 1 vídeo (28 min.), 2019. Publicado pelo canal Café Filosófico UFRN.

ROTEIRO 01

Título/tema	Os antepassados como parte viva da nossa história
Unidade temática	Crenças religiosas e filosofias de vida
Objeto de conhecimento	Ancestralidade e tradição oral
Habilidade(s)	(EF05ER04) Reconhecer a importância da tradição oral para preservar memórias e acontecimentos religiosos. (EF05ER05) Identificar elementos da tradição oral nas culturas e religiosidades indígenas, afro-brasileiras, ciganas, dentre outras.
Previsão de horas/aula(s)	Quatro horas/aulas
Recursos	· Folha de papel kraft ou plataforma *on-line* interativa para que os grupos de estudantes apresentem a sua linha do tempo. · Folhas de papel A4 para cada estudante escrever uma história que ouviu de seus pais ou avós. · Se possível, recursos lúdicos para os estudantes contarem as suas histórias. · Pergunta a ser feita pelos estudantes ao entrevistarem um colaborador da escola. · Informações sobre a importância da tradição oral para a religiosidade indígena, afro-brasileira e cigana para explorar os resultados das pesquisas dos estudantes (o roteiro apresenta algumas propostas). · Folhas de papel A4 para cada estudante escrever um texto como se fosse um idoso de oitenta anos transmitindo uma sabedoria de gerações anteriores. · Cartolinas, canetinhas e afins para a produção de um quadro-síntese na atividade avaliativa.

OBSERVAÇÃO

Atividade mobilizadora 1 – Aqueles que fizeram parte da nossa história

Inicie o estudo comentando que, quando chegamos a este mundo, ele já tinha a maioria das coisas que existem e fazem parte da nossa vida, como as pesquisas científicas, os nossos pais e avós, as cidades e as suas tecnologias, as várias espécies de animais e um planeta com mais de quinze bilhões de anos. Solicite aos estudantes que pensem sobre o que mais identificam que existia quando eles nasceram e comentem.

Divida-os em grupos de até cinco integrantes e oriente-os a elaborarem uma linha do tempo com os principais momentos da história que eles consideram fundamentais para o modelo de sociedade ao qual chegamos na atualidade. Para realizarem a atividade, auxilie-os a escolherem o recurso que permita uma apresentação criativa aos colegas, podendo ser uma folha de papel kraft ou uma plataforma *on-line* interativa, como Mentimeter, Minecraft, Canva, dentre outras que conheçam.

> **IMPORTANTE**
> Elabore uma linha do tempo para apresentá-la como possibilidade de ampliação, após os trabalhos dos grupos serem expostos à turma.

Promova a socialização da linha do tempo, motivando os grupos a apresentarem os momentos históricos escolhidos oralmente. Motive todos a observarem o que os grupos selecionaram, destacando semelhanças e diferenças. Em seguida, apresente a sua linha do tempo aos estudantes comparando quais momentos históricos ali elencados não foram abordados pelos grupos, mas são também importantes.

Essa atividade também pode ser desenvolvida em interdisciplinaridade com outros componentes curriculares, indicados a seguir com base nas habilidades propostas na BNCC[28], tais como:

Língua Portuguesa:

- **(EF15LP07)** Editar a versão final do texto, em colaboração com os colegas e com a ajuda do professor, ilustrando, quando for o caso, em suporte adequado, manual ou digital.

28 BRASIL, 2018, p. 95-415, grifos do autor.

- **(EF15LP13)** Identificar finalidades da interação oral em diferentes contextos comunicativos (solicitar informações, apresentar opiniões, informar, relatar experiências etc.).

História:

- **(EF05HI03)** Analisar o papel das culturas e das religiões na composição identitária dos povos antigos.
- **(EF05HI08)** Identificar formas de marcação da passagem do tempo em distintas sociedades, incluindo os povos indígenas originários e os povos africanos.

IDENTIFICAÇÃO E ANÁLISE

Atividade mobilizadora 2 – Contando e recontando histórias por meio da tradição oral

Pergunte aos estudantes: o que é tradição? Ouça as respostas e mencione que, se fizermos uma pesquisa rápida, veremos que tradição tem a ver com o ato de continuar uma história, um jeito de viver assimilado e compreendido por uma determinada cultura e a sua visão de mundo.

Proponha uma nova pergunta: em que consiste a tradição oral? Após ouvir as respostas, explique que podemos afirmar que a tradição oral corresponde ao período em que as histórias narradas oralmente transmitiam ensinamentos sobre as formas de se comportar e os valores próprios de uma família ou uma tradição religiosa. Esclareça que a tradição oral significa que essas histórias eram narradas de maneira falada, e não escrita ou em outros formatos. Comente que a tradição oral ainda faz parte de algumas culturas e tradições religiosas.

Convide os estudantes a participarem de um momento de contação de histórias. Para isso, distribua folhas de papel A4 e solicite que cada estudante escolha uma história familiar, religiosa ou não, que lhe foi contada oralmente por seus pais ou avós. Peça que a história em questão transmita algum ensinamento.

Promova o momento de contação de histórias e, após as apresentações, explore com os estudantes: quais ensinamentos podem ser identificados nas histórias; o tempo aproximado que essas histórias estão presentes na história de suas famílias; e os motivos pelos quais não foram escritas. Mencione que a tradição oral é um meio para se transmitir às gerações futuras ensinamentos e acontecimentos importantes relacionados a experiências familiares, religiosas ou culturais. Esses acontecimentos e ensinamentos são transmitidos, geralmente, pelos idosos, que os preservam e os tornam atuais, principalmente quando favorecem reflexões sobre o que acontece no presente.

SUGESTÃO

Ofereça recursos lúdicos para que a contação de histórias aconteça de modo criativo, como fantoches, perucas e outros materiais de dramatização.

Atividade de entrevista

Se possível, organize os estudantes para que saiam em grupos pela escola e entrevistem um colaborador. Nessa entrevista, solicitarão que o(a) entrevistado(a) conte uma história que aprendeu de maneira oral com algum familiar. Antes de saírem para a entrevista, é necessário que planejem a pergunta a ser feita e quem entrevistarão, para evitar repetições entre os colaboradores convidados a participar. Ao realizar essa proposta, é importante garantir espaço de socialização e conversa sobre os aprendizados transmitidos pelas histórias compartilhadas.

Como encerramento, a partir do que foi refletido sobre a oralidade, mencione que cada um carrega uma história, um legado, que faz parte de sua cultura familiar, social e/ou religiosa. Destaque a importância das pessoas da família na história de vida dos estudantes. Solicite que identifiquem quem são os seus ancestrais (bisavós, avós, pais...) e conduza-os a pensarem sobre características físicas ou comportamentais que tenham em comum com eles – por exemplo: "mexe a cabeça igual ao seu avô" ou "tem o cabelo da sua tia". Esclareça que isso também configura a ancestralidade, ou seja, o que herdaram de seus antepassados, das gerações que os antecederam.

APROPRIAÇÃO E RESSIGNIFICAÇÃO

Atividade de pesquisa

Para iniciar o estudo, mencione que as culturas de tradições orais são muito diferentes das tradições escritas. E isso acontece porque, nas tradições orais, ao narrarem uma história, há uma técnica toda especial na forma como transmitem as suas narrativas aos seus descendentes. O contador de histórias necessita de uma plateia e interage com ela. Essas histórias vão ganhando um novo formato ao longo dos anos em que são reelaboradas e retransmitidas.

Solicite que os estudantes, individualmente, façam uma pesquisa sobre a importância da tradição oral para a religiosidade indígena, afro-brasileira e cigana. Defina os elementos a serem pesquisados, o tempo para a realização da pesquisa e o formato a ser compartilhado com a turma. Após as apresentações, é importante explorar os resultados.

SUGESTÃO

Pode-se levar materiais aos estudantes para que a pesquisa seja realizada em sala. Para isso, sugere-se que a atividade seja realizada em grupos, de modo que cada grupo pode receber um material específico.

Ao abordar os resultados da pesquisa, pode-se apresentar por meio do Canva ou outra plataforma digital as seguintes ideias: culturas e tradições indígenas e afro-brasileiras têm a tradição oral como característica principal para preservar a cultura e a sua identidade, a fim de garantir às novas gerações (indígenas e/ou afro-brasileiras) a sabedoria de seus antepassados. A oralidade para essas culturas foi, por muito tempo, o único meio de preservar a história e os ensinamentos de seus ancestrais.

Apresente e converse com os estudantes sobre costumes e cultura indígenas que são transmitidos oralmente entre gerações para garantir a assimilação da cultura, ao longo dos tempos, e não deixar morrer aquilo que constitui a história de um povo. Para ilustrar a exposição, pode-se expor o vídeo "Conheça os segredos que mantêm a tradição indígena forte", disponível no YouTube.

Há também um conto que retrata a vida de Olukwê, homem que trabalhava demais porque, segundo o que diziam, ele teria nascido na roça enquanto a sua mãe trabalhava. Certo dia, caiu um temporal e um relâmpago o atingiu enquanto cortava lenha, transportando-o para a lua. Apresente o vídeo "Olukwê: um conto da tradição oral africana", disponível no YouTube.

Explique que a cultura cigana, assim como as culturas indígenas e afro-brasileiras, é muito diversa. O corpo é uma expressão muito forte para a cultura cigana, e os seus costumes e as suas tradições são transmitidos aos mais novos por meio da oralidade. Para ajudar a compreender essa cultura, é importante destacar os aspectos que caracterizam o seu modo de vida, os costumes, as tradições e as crenças. Apresente o vídeo "Ciganos – A roda: vida, tradição, transformação, fé!", também disponível no YouTube.

VÍDEO

CONHEÇA os segredos que mantêm a tradição indígena forte. 1 vídeo (3 min.), 2012. Publicado pelo canal Secretaria da Educação do Estado de São Paulo.

VÍDEO

OLUKWÊ: um conto da tradição oral africana. 1 vídeo (3 min.), 2020. Publicado pelo Canal dos Doutores da Alegria.

VÍDEO

CIGANOS – A roda: vida, tradição, transformação, fé! 1 vídeo (19 min.), 2016. Publicado pelo canal Secretaria de Cultura e Economia Criativa SP.

Atividade de produção escrita

Retome os conceitos explorados acerca da ancestralidade e da tradição oral destacando que cada tradição religiosa possui o seu jeito de transmitir aos descendentes o que foi vivido por seus ancestrais. Algumas tradições religiosas de matriz africana, como o candomblé, não possuem livros sagrados escritos, de modo que os mais novos recebem as instruções religiosas por meio da oralidade.

Oriente os estudantes a se imaginarem com oitenta anos, com filhos e netos, desejando contarem uma história que aprenderam com os seus avós para os seus familiares. Distribua folhas de papel A4 e peça que escrevam um texto de, no mínimo, vinte linhas contando essa história.

Organize com os estudantes um momento para realizar a apresentação das histórias. Proponha que identifiquem os valores e os ensinamentos religiosos que podem estar presentes nas histórias.

ATIVIDADE AVALIATIVA

Solicite aos estudantes que produzam um quadro de frases-síntese sobre o estudo realizado. Divida-os em grupos e distribua cartolinas, canetinhas e afins para o trabalho. Esse quadro pode ser exposto na sala de aula e utilizado como elemento de apoio a reflexões futuras sobre a tradição oral.

SUGESTÃO

Esta atividade poderá ser realizada individualmente e socializada entre os estudantes.

Tradição escrita: registro dos ensinamentos sagrados

Renata Fernandes Maia de Andrade[29]

Ao longo da história, as tradições religiosas foram organizando a sua concepção de transcendente, do sentido da vida, da morte, do modo de ser e agir de seus seguidores. Essa organização se apresenta em textos sagrados orais ou escritos, sendo que, quando escritos, são também denominados livros sagrados. Neles encontram-se as concepções e o conhecimento sobre a presença do transcendente na vida das pessoas e na história das tradições religiosas. Muitos desses registros são compreendidos como revelados pelas divindades.

A organização dos saberes que orientam os diversos grupos religiosos é encontrada em forma de narrativas, regras e/ou orientações, poemas e outras estruturas textuais produzidas em um contexto histórico e cultural. O registro dos fatos e acontecimentos ocorridos ao longo da história das tradições religiosas, presente em seus livros sagrados, possibilita desenvolver a memória coletiva sobre tudo o que é próprio de cada tradição e/ou comunidade. Essa memória, também registrada nos livros sagrados, influencia a compreensão das doutrinas e, com certeza, a convivência entre os membros de uma comunidade.

29 Doutoranda do Programa de Pós-graduação em Ciências da Religião da Pontifícia Universidade Católica de Minas Gerais (PUC Minas), mestra em Educação pela Universidade Federal de Uberlândia, graduada em História pelo Centro Universitário de Belo Horizonte. Atuou no Ensino Médio no Centro Federal de Educação Tecnológica de Minas Gerais (Cefet-MG) e, atualmente, é docente na disciplina de História no Ensino Médio no Colégio Santo Agostinho (Belo Horizonte). É colunista da Revista Senso, participante do *podcast* Senso Cast e articulista do Projeto Pensar a Educação, Pensar o Brasil – 1822-2022 (Universidade Federal de Minas Gerais – UFMG).

Os registros religiosos produzidos a partir da escrita e organizados em textos reconhecidos como sagrados, independentemente da forma e por quem são lidos ou transmitidos, constituem e conservam a memória da experiência religiosa das tradições. Dentre os livros sagrados mais conhecidos, podemos citar, por exemplo, a Torá, do judaísmo; a Bíblia, dos cristãos; o Alcorão, do islamismo; e os Vedas, do hinduísmo.

Os textos escritos reúnem registros da experiência religiosa de cada cultura e povo, assim como mitos, ritos e as mais variadas visões de ser humano e de mundo. A partir desses registros, os seguidores de cada tradição religiosa orientam e significam o sentido de suas vidas, mudando as suas atitudes e os seus comportamentos. Assim, a leitura dos textos sagrados objetiva conduzir o cotidiano individual e coletivo dos membros de um grupo religioso, apresentando ensinamentos de como estar com os outros, diante do divino, da natureza e das sociedades.

Os textos sagrados escritos são utilizados em celebrações nos templos e em rituais coletivos e domésticos como instrumento de estudo e formação de grupos. Sua leitura também é possível a pessoas que não pertençam a uma tradição religiosa, visto que sua fácil disponibilidade favorece o seu acesso pelo público em geral. Para as tradições religiosas, contudo, são fonte para ajudar na comunicação com o transcendente, para oferecer respostas aos seus seguidores sobre como lidar com as adversidades da vida e conviver adequadamente.

A seguir, indicamos leituras que podem favorecer o trabalho pedagógico:

REFERÊNCIAS

ANDRADE, J. P. *Aprendizagens visíveis*: experiências teórico-práticas em sala de aula. São Paulo: Panda Educação, 2021.

BENDER, W. N. *Aprendizagem baseada em projetos:* a educação diferenciada para o século XXI. Porto Alegre: Penso, 2014.

BIACA, V. *et al. O sagrado no Ensino Religioso*. V. 8. Curitiba: SEED/PR, 2006. (Cadernos Pedagógicos do Ensino Fundamental). Disponível em: http://www.educadores.diaadia.pr.gov.br/arquivos/File/cadernos_pedagogicos/caderno_er.pdf. Acesso em: 4 fev. 2023.

CAMARGO, F.; DAROS, T. *A sala de aula inovadora*: estratégias pedagógicas para fomentar o aprendizado ativo. Porto Alegre: Penso, 2018.

DUARTE, P. A primeira manifestação pré-histórica do universo religioso. *Último Andar*, v. 21, mar. 2013.

LEAL, E. A. *et al. Revolucionando a sala de aula*: como envolver o estudante aplicando técnicas de metodologias ativas de aprendizagem. São Paulo: Atlas, 2019.

LE GOFF, J. *História e memória*. Campinas: Unicamp, 1990.

ROTEIRO 01

Título/tema	Tradição escrita: registro dos ensinamentos sagrados
Unidade temática	Crenças religiosas e filosofias de vida
Objeto de conhecimento	Tradição escrita: registro dos ensinamentos sagrados
Habilidade(s)	(EF06ER01) Reconhecer o papel da tradição escrita na preservação de memórias, acontecimentos e ensinamentos religiosos. (EF06ER02) Reconhecer e valorizar a diversidade de textos religiosos escritos (textos do budismo, cristianismo, espiritismo, hinduísmo, islamismo, judaísmo, dentre outros).
Previsão de horas/aula(s)	Cinco horas/aulas
Recursos	· Equipamento para projeção audiovisual com acesso à internet. · Fotografia do indígena Tawy Zoé, em 2021, carregando o pai Wahu Zoé para a primeira vacina contra a covid-19 (disponível na internet). · Quadro (lousa) ou formulário *on-line* para organizar as respostas dos estudantes em uma nuvem de palavras. · Papel kraft com as palavras "Tradições religiosas orais" e "Tradições religiosas escritas" na lateral. · *Post-it* ou tarjetas de papel para cada estudante. · Canetinhas e cola para a confecção do mural. · Folhas de papel A4 com a frase "Tradições religiosas orais e escritas" na vertical e em caixa-alta para a produção de um acróstico como atividade avaliativa.

OBSERVAÇÃO

Atividade mobilizadora 1

Nesta atividade, propõe-se o uso da estratégia ZoomIt, para apresentar a fotografia que registrou o indígena Tawy Zoé, em 2021, carregando nas costas o seu pai Wahu Zoé para a primeira vacina contra a covid-19. A fotografia pode ser encontrada acessando o *QR Code*.

SUGESTÃO DE LEITURA

LEMOS, V. A história por trás de imagem de indígena carregando pai para se vacinar contra covid. *BBC News*, 2022.

A fotografia deve ser apresentada aos estudantes em partes, sem explicá-la, procedendo da seguinte forma:

- Parte 1: apresente somente o rosto do filho, Tawy Zoé.
- Parte 2: amplie um pouco a cena, mostrando somente o rosto do pai e do filho.
- Parte 3: amplie um pouco mais a cena para mostrar o rosto do pai e do filho, e uma parte do corpo.
- Parte 4: ao final, apresente a fotografia completa.

À medida que disponibilizar cada parte da fotografia, faça as seguintes perguntas aos estudantes:

- O que vocês veem?
- O que vocês pensam?
- Que perguntas ocorrem a vocês?

Para registrar as respostas dos estudantes às perguntas realizadas a cada parte da fotografia apresentada, sugerem-se duas possibilidades:

- **Analógica**: no quadro, escreva uma síntese das respostas dos estudantes sobre as partes da fotografia, formando uma nuvem de palavras e ideias.
- **Digital**: elabore um formulário *on-line* para que os estudantes acessem e respondam às perguntas (pode ser Google Forms, Microsoft Forms ou QRCode), facilitando a apresentação das respostas.

Depois de os estudantes observarem todas as partes da fotografia, vendo-a inteira, explique o contexto no qual foi registrada: momento marcante de 2021. O fotógrafo Erik Jennings registrou Tawy Zoé carregando o pai Wahu Zoé para a primeira vacina contra a covid-19. Tawy carregou o pai por seis horas dentro de uma floresta com morros, igarapés e obstáculos até o local de vacinação. Após a dose da vacina ser aplicada, carregou o pai nas costas novamente por mais seis horas até a sua aldeia. Chegou o ano de 2022, e não se registrou nenhum caso de covid-19 na população Zoé.

Apresente a frase expressada por Amadou Hampâté Bâ[30], escritor malinês: "Quando morre um africano idoso, é como se queimasse uma biblioteca".

Promova uma roda de conversa sobre a relação da frase com a fotografia completa. Espera-se que os estudantes, a partir dos seus conhecimentos prévios, afirmem a importância que as pessoas idosas têm nas sociedades, de maneira especial naquelas de tradição oral, por serem responsáveis pela memória e pela história da comunidade.

---

30 Citado por: BRITO, Ê. J. da C. Tradições religiosas entre a oralidade e o conhecimento do letramento. *In*: PASSOS, J. D.; USARSKI, F. (org.). *Compêndio de Ciência da Religião*. São Paulo: Paulinas; Paulus, 2013, p. 486.

Dialogue com os estudantes sobre as sociedades de tradição oral e as que estruturaram os seus conhecimentos principalmente de modo escrito. Destaque o papel da tradição escrita na preservação de memórias, acontecimentos e ensinamentos religiosos. Sobre isso, proponha outra reflexão importante: não hierarquizar a cultura oral e a cultura escrita, compreendendo que cada povo tem a sua trajetória histórica. Por isso, em algumas culturas, a oralidade é mais presente, havendo maior valorização dos idosos, tal como a fotografia demonstra, enquanto, em outras culturas, a escrita se tornou a estratégia de preservação da memória, da língua e do passado, sendo utilizada também nas tradições religiosas.

IDENTIFICAÇÃO E ANÁLISE

Atividade mobilizadora 2

Apresente o texto a seguir em formato impresso ou digital (projetado).

Os povos que possuem uma cultura escrita registraram, organizaram e guardaram os elementos que compõem suas crenças, criando, inclusive, formas de preservar a fidelidade ao texto original. Os textos sagrados escritos tornaram-se um mecanismo para registrar, expressar e divulgar os valores e os ensinamentos de inúmeras manifestações religiosas. Esse registro dá sentido e valor à vida dos seguidores de uma tradição religiosa, tornando-se a base de suas crenças. Por meio desses escritos, estruturam-se elementos da identidade de um grupo que compartilha a mesma crença, além de possibilitar a transmissão do que é próprio da tradição religiosa a outros grupos e pessoas.

Os textos sagrados podem ser transcendentes ou imanentes, ou seja, podem representar aquilo que está para além do mundo material, e se conecta ao mundo espiritual, ou aquilo que representa a realidade material. De qualquer forma, sempre estão conectados com a sensibilidade e a subjetividade humana.

O livro sagrado pode ser utilizado de modo coletivo ou individual, orientando as pessoas que pertencem a uma tradição religiosa sobre o seu dia a dia quando buscam explicações e orientações para sua realidade. Os registros dos ensinamentos sagrados contribuem para o desenvolvimento da vida em comunidade e colocam as pessoas em contato com o sagrado, de modo que o grupo incorpora esses registros na dinâmica social. Assim, esses registros orientam as tradições religiosas sobre comportamentos, interpretações da vida e da morte, origens da vida, dentre outras necessidades humanas e espirituais diárias.

Dessa forma, o registro dos ensinamentos sagrados delimita os fatos mais relevantes, as orientações práticas, as orações, a doutrina, a história, os valores, dentre outros. Os textos sagrados do budismo, do cristianismo, do espiritismo, do hinduísmo, do islamismo, do judaísmo e de tantas outras tradições religiosas são exemplos de que, após a invenção da escrita, algumas delas optam opção pelo registro.

Com base no texto, faça aos estudantes a seguinte pergunta: imagine se as tradições religiosas – como budismo, cristianismo, espiritismo, hinduísmo, islamismo e judaísmo, por exemplo – não possuíssem os seus ensinamentos e a sua doutrina registrados em seus livros sagrados. Como seria possível preservar essa memória?

Sugere-se provocá-los para que as respostas não envolvam apenas os anciãos dessas comunidades, mas se ampliem e considerem outras formas de registro, como pintura, arquitetura ou escultura.

APROPRIAÇÃO E RESSIGNIFICAÇÃO

Atividade de produção de um mural

Escolha um conceito significativo para iniciar uma reflexão. Um conceito significativo é aquele ligado ao que você pretende aprofundar com os estudantes, permitindo complexidade e múltiplos significados. Sugere-se desenvolver dois conceitos que se relacionam com essa proposta: tradições religiosas orais e tradições religiosas escritas.

Escreva na lateral de um grande papel kraft: "Tradições religiosas orais" e "Tradições religiosas escritas". A ideia é que o resultado da atividade fique registrado, de modo visível, na sala de aula ou em algum espaço da escola. Peça aos estudantes para que leiam o que está escrito e explique que existem muitas ideias associadas a essas palavras, por isso você, professor, está curioso para descobrir como eles entendem o significado delas. Oriente-os a compartilharem palavras, frases, inferências e histórias que vêm à mente ao ouvirem essas palavras. Motive-os a considerarem como base de suas impressões iniciais sobre essas palavras as experiências e os conhecimentos adquiridos na escola, na família ou na comunidade religiosa.

Após essa reflexão inicial, solicite que selecionem juntos as palavras que desejam registrar para conceituar, no papel kraft, o que são tradições religiosas orais e escritas.

> **DICA**
>
> Deixe espaço no papel kraft para a atividade a seguir.

Depois do registro das manifestações dos estudantes, convide-os a analisarem o que foi dito propondo perguntas como: que conexões ou semelhanças é possível identificar? O que os surpreendeu? Que descobertas fizeram?

Após a conversa, distribua *post-its* ou tarjetas de papel e peça aos estudantes para registrarem as suas respostas por escrito. No espaço preservado no papel kraft, reúna as respostas dos estudantes e escreva com eles uma frase central para resumir a reflexão. Lembre-se de fixar o trabalho final no papel kraft em lugar visível na sala de aula ou em algum espaço da escola.

Comente que os conceitos funcionam como rótulos para o que aprendemos e carregam histórias, memórias, sentimentos, ideias e interpretações variadas. Quando associamos essa experiência ao prazer da descoberta, podemos entender que significados diferentes são parte do desenvolvimento do vocabulário que, por vezes, é próprio e específico de uma cultura ou uma tradição religiosa.

ATIVIDADE AVALIATIVA

Oriente os estudantes a organizarem um acróstico com a frase: TRADIÇÕES ORAIS E ESCRITAS. Distribua folhas de papel A4 com a frase para que o acróstico seja elaborado. O objetivo é resumir a aprendizagem realizada neste estudo.

ROTEIRO 02

Título/tema	Pense, sinta e se importe
Unidade temática	Crenças religiosas e filosofias de vida
Objeto de conhecimento	Ensinamentos da tradição escrita
Habilidade(s)	(EF06ER03) Reconhecer, em textos escritos, ensinamentos relacionados a modos de ser e viver. (EF06ER04) Reconhecer que os textos escritos são utilizados pelas tradições religiosas de maneiras diversas. (EF06ER05) Discutir como o estudo e a interpretação dos textos religiosos influenciam os adeptos a vivenciarem os ensinamentos das tradições religiosas.
Previsão de horas/aula(s)	Duas horas/aulas
Recursos	· Equipamento para projeção audiovisual com acesso à internet. · Oito ensinamentos religiosos de diferentes tradições (hinduísmo, budismo, judaísmo, taoísmo, cristianismo, islamismo, espiritismo...), presentes nos textos sagrados escritos, para distribuir entre grupos de estudantes. · Acesso dos estudantes à ferramenta digital Padlet. · Folha de papel A4 para cada estudante produzir um texto na atividade avaliativa.

OBSERVAÇÃO

Atividade mobilizadora 1

Nesta atividade, usaremos a técnica de "Rotina de pensamento" e a estratégia "Pensar-Sentir-Importar-se".

Divida os estudantes em oito grupos. Distribua ou projete para cada grupo um ensinamento religioso presente no livro de uma tradição religiosa específica. Esses ensinamentos devem contemplar orientações sobre como os adeptos da tradição devem viver, sobre como devem se relacionar com a divindade, sobre como devem se relacionar com as pessoas e/ou a natureza, sobre como devem cuidar de suas famílias; dentre outras possibilidades consideradas relevantes para a realidade da turma.

Peça que, inicialmente, os grupos discutam a frase que receberam pensando em quais ensinamentos esse texto sagrado escrito oferece. Oriente-os a identificarem como a interpretação do texto sagrado em questão pode influenciar os adeptos da tradição religiosa à qual pertence. Incentive-os a conversarem sobre como uma pessoa pode vivenciar esse ensinamento nas suas relações na escola, no trabalho, no grupo de amigos, na família e com a própria comunidade religiosa.

Após essa atividade, solicite que cada grupo apresente as suas conclusões para a turma e realize os complementos necessários.

IDENTIFICAÇÃO E ANÁLISE

Atividade em grupo

Peça aos estudantes para selecionarem um ensinamento religioso apresentado por um grupo que não seja o seu. Explique que devem ler esse ensinamento procurando compreendê-lo do ponto de vista de uma pessoa adepta a essa tradição religiosa. Para isso, devem identificar como essa pessoa pensa, sente e se importa com o ensinamento em questão. Descreva aos estudantes cada item dessa orientação:

1. **Pensar**: como essa pessoa entende o ensinamento dessa tradição religiosa?
2. **Sentir**: qual é a provável resposta emocional dessa pessoa com relação a esse ensinamento?
3. **Importar-se**: quais são os valores, as prioridades ou as motivações dessa pessoa com relação ao sistema religioso do qual ela faz parte? O que é importante para ela a partir desse ensinamento?

Após refletirem coletivamente, orientados pelas perguntas descritas, espera-se que os estudantes sejam capazes de identificar as diversas perspectivas que alguém pode ter a respeito do texto sagrado de sua tradição religiosa. O objetivo dessa atividade é ajudar os estudantes a entenderem como as pessoas que participam de diferentes tradições religiosas pensam, sentem e se importam de uma forma particular com as orientações apresentadas pelos textos sagrados nos quais creem.

APROPRIAÇÃO E RESSIGNIFICAÇÃO

A atividade anterior explora os aspectos que evidenciam o fato de que não há uma única perspectiva religiosa, e sim uma variedade de pontos de vista que pessoas diferentes e únicas podem ter. Os estudantes devem ser incentivados a considerar que o modo como as pessoas pensam, sentem e com o que se importam pode estar alinhado, ou não, com sistemas religiosos diferentes.

Em complemento a essa reflexão, solicite aos estudantes que apontem situações em que as crenças das pessoas causam impactos na dinâmica sociocultural. O objetivo é levá-los a se colocarem no lugar do outro, imaginando seus pensamentos, sentimentos e valores a partir de determinado ponto de vista. É importante lembrá-los de que nunca conhecemos e entendemos por completo a perspectiva de outra pessoa. Ao se envolverem nesse exercício, incentiva-se os estudantes a irem além dos estereótipos e tentarem imaginar as experiências vividas por pessoas em particular.

Atividade de pesquisa

Oriente os estudantes a se reunirem em duplas para fazerem uma pesquisa coletando reportagens sobre iniciativas de solidariedade desenvolvidas pelas tradições religiosas, que mobilizaram a sociedade. Solicite que produzam um mural digital usando a ferramenta Padlet para apresentarem os seus resultados à turma. É importante que apresentem a fonte pesquisada, o fato, as imagens sobre ele e as frases que identificam a participação da sociedade em geral na ação beneficente, solidária, desenvolvida pela tradição religiosa pesquisada.

Ofereça aos estudantes sugestões de fontes de pesquisa, como jornais e revistas digitais, além de *sites* oficiais das tradições religiosas. Se a atividade for realizada em casa, é importante oferecer as orientações impressas para favorecer o processo.

A partir da exposição das pesquisas, destaque as atitudes de solidariedade, perdão, justiça, fraternidade, dentre outras assumidas pelas propostas atualizadas dos textos sagrados escritos que propiciam às tradições religiosas oferecerem aos seus seguidores e à sociedade propostas de mudanças sociotransformadoras, impactando o modo de proceder de todas as pessoas, as que participam das tradições e as que não pertencem ao mesmo sistema religioso.

SUGESTÃO

Na ocasião da orientação aos estudantes, pode-se distribuir as tradições religiosas entre as duplas para garantir a diversidade.

ATIVIDADE AVALIATIVA

Distribua folhas de papel A4 e oriente os estudantes a produzirem um texto explicativo sobre como os livros sagrados escritos podem contribuir no desenvolvimento humano e inspirar atitudes de bem viver na sociedade em geral. Sugere-se destacar frases marcantes dos estudantes para expor digitalmente à turma, como uma mostra de síntese do conteúdo estudado.

Símbolos, ritos e mitos religiosos

Gabriela Torres da Fonseca[31]

A linguagem religiosa diferencia-se de outras linguagens científicas porque aborda o conhecimento a partir da experiência religiosa, e tal experiência não é exata, não pode ser medida ou analisada com a mesma racionalidade que outros conhecimentos. Portanto, para que o conhecimento religioso possa ser compreendido pelos estudantes, é essencial que a linguagem religiosa seja entendida a partir dos símbolos, dos ritos e dos mitos religiosos. Em primeiro lugar, esses conceitos devem ser assimilados em sua generalidade, para, depois, aprofundar-se na especificidade do fenômeno religioso.

A palavra "símbolo" apresenta vários significados, mas uma definição que nos interessa é "aquilo que, por um princípio de analogia formal ou de outra natureza, substitui ou sugere algo"[32]. Ou seja, quando atribuímos a algo um significado ou valor, que vai além desse algo, criamos um símbolo. Pessoas, objetos, desenhos, por exemplo, podem se tornar símbolos quando recebem outro significado ou sentido para uma pessoa ou para um grupo. Nas tradições religiosas, os símbolos aproximam o ser humano do sagrado, trazendo para o presente uma memória, um fato ou alguns valores importantes para as pessoas de determinada crença. Os símbolos religiosos podem ser encontrados nos templos, nas casas dos fiéis e nos ritos religiosos. Constituem-se de desenhos, objetos

31 Mestra em Teologia pela Universidade de Londres, graduada em Pedagogia pela Universidade do Estado de Minas Gerais (UEMG) e em Terapia Ocupacional pela Universidade Federal de Minas Gerais (UFMG), especialista em Ensino Religioso Escolar pelo Claretiano, em Gestão Educacional pelo Serviço Nacional de Aprendizagem Comercial de Minas Gerais (Senac-MG) e pós-graduanda em Neurociência e Educação pela Pontifícia Universidade Católica de Minas Gerais (PUC Minas). É professora da Educação Básica em Belo Horizonte.

32 HOUAISS, A.; VILLAS, M. S. *Dicionário Houaiss da Língua Portuguesa*. Rio de Janeiro: Objetiva, 2001, p. 2573.

e, até mesmo, gestos simbólicos (como o sinal da cruz, a reverência ou o jejum). Possuem significados que precisam ser compreendidos no contexto específico da tradição religiosa, e essa compreensão é essencial para o respeito mútuo.

Dentro desse universo simbólico das tradições religiosas, encontramos, também, os ritos e os rituais religiosos. Ritos e rituais costumam ser considerados sinônimos, mas há uma pequena diferença entre os dois conceitos. Os ritos são os gestos simbólicos e repetitivos que expressam uma crença, uma intenção, e compõem os rituais, que são as cerimônias, como missas ou cultos, elaboradas pelas tradições religiosas e que têm diferentes objetivos e funções, como veremos adiante.

Existem diferentes formas de se classificar os tipos de ritos religiosos, mas podemos elencar cinco, para fins didáticos e mais adequados ao público do 6º ano do Ensino Fundamental: ritos litúrgicos, ritos de passagem, ritos comemorativos ou festivos, ritos mortuários e ritos propiciatórios.

É muito importante, ao se trabalhar os ritos religiosos, auxiliar na percepção de que eles fazem parte do nosso cotidiano, para que os estudantes possam compreender o sentido dos ritos.

A seguir, indicamos leituras que podem favorecer o trabalho pedagógico:

SUGESTÕES DE LEITURA

BIACA, V. *et al.* O sagrado no Ensino Religioso. V. 8 Curitiba: SEED/PR, 2006. (Cadernos Pedagógicos do Ensino Fundamental). Disponível em: http://www.educadores.diaadia.pr.gov.br/arquivos/File/cadernos_pedagogicos/caderno_er.pdf. Acesso em: 4 fev. 2023.

CARVALHO, H. S. *Diálogo inter-religioso.* V. 6. São Paulo: FTD, 2018, p. 18-23.

CASAGRANDE, G. Rituais dentro das diferentes religiões. *Medium*, 2017. Disponível em: https://medium.com/@gabrielcasao/rituais-dentro-das-diferentes-religi%C3%B5es-bdf4f734a2fa. Acesso em: 11 maio 2023.

FACHIN, P. Assis, um acontecimento do Espírito. Entrevista especial com Faustino Teixeira. *Instituto Humanitas Unisinos*, 2016. Disponível em: https://www.ihu.unisinos.br/159-noticias/entrevistas/560160-em-construcao-assis-um-acontecimento-do-espirito-entrevista-especial-com-faustino-teixeira. Acesso em: 4 fev. 2023.

HELLERN, V.; NOTAKER, H.; GAARDER, J. *O livro das religiões.* São Paulo: Companhia das Letras, 2005.

ROSSI, L. A. S.; PERONDI, I. *Rito, mito e símbolo como fenômenos religiosos e sociológicos.* Curitiba: Intersaberes, 2020.

ROTEIRO 01

Título/tema	Símbolos e ritos: o que são e onde estão presentes?
Unidade temática	Crenças religiosas e filosofias de vida
Objeto de conhecimento	Símbolos, ritos e mitos religiosos
Habilidade(s)	(EF06ER06) Reconhecer a importância de mitos, ritos, símbolos e textos na estruturação das diferentes crenças, tradições e movimentos religiosos. (EF06ER07) Exemplificar a relação entre mito, rito e símbolo nas práticas celebrativas de diferentes tradições religiosas.
Previsão de horas/aula(s)	Quatro horas/aulas
Recursos	· Equipamento para projeção audiovisual com acesso à internet. · Imagens e fotos de símbolos e ritos, religiosos ou não, para projetar. · Quadro ou lousa para registro das manifestações dos estudantes. · Folha de papel A4 para cada estudante ou formulário *on-line* acessível individualmente durante a aula. · Projeção audiovisual dos vídeos disponíveis na internet (*links* indicados no roteiro): "Five – Cinco crianças, cinco religiões" e "Papa – Diálogo inter-religioso". · Texto com definição de símbolos e ritos para apresentar aos estudantes. · Seleção de símbolos, gestos e ritos religiosos como opções para a pesquisa dos estudantes (a ser realizada em grupos), elaborando um gabarito sobre os significados. · Folha de papel A4 para cada estudante. · Lápis de cor, canetinhas coloridas e outros recursos para confecção de cartão/*lettering*. · Plataforma digital para a produção de dois mapas mentais coletivos, propostos na atividade avaliativa.

OBSERVAÇÃO

Atividade mobilizadora 1

Oriente os estudantes a observarem os símbolos presentes na sala de aula, questionando quais são os símbolos que eles identificam. Espera-se que eles sejam capazes de identificar letras, números, logomarcas (como o da própria escola, por exemplo), adereços usados pelos colegas e, se houver, símbolos religiosos.

Atividade mobilizadora 2 – Tempestade de ideias sobre símbolos e ritos a partir de imagens

Mostre ou projete imagens de símbolos e ritos diversos, que façam parte da realidade dos estudantes. Por exemplo: *emojis*, diferentes alfabetos, logomarcas de redes sociais, fotos de batismo e primeira eucaristia, festa de aniversário, formatura, dentre outros. A partir das imagens, promova uma tempestade de ideias sobre ritos e símbolos, procedendo da seguinte forma: escreva as palavras "ritos" e "símbolos" no quadro e peça aos estudantes que digam tudo o que lhes vêm à mente quando pensam nessas palavras. Escreva as manifestações dos estudantes e, em seguida, realize uma roda de conversa pontuando o que realmente diz respeito ao conceito e o que é do senso comum.

Atividade de *minute paper*

Após a tempestade de ideias, peça aos estudantes que escrevam em seu caderno uma definição de símbolo e de rito. Para isso, sugere-se usar a técnica do *minute paper*. Essa técnica configura-se como uma metodologia ativa que consiste em pedir aos estudantes que escrevam, em um minuto, a resposta para uma pergunta relacionada ao tema da aula. Pode ser uma pergunta para colher conhecimento prévio ou para verificar a compreensão de um tema discutido durante uma aula. Recolha as respostas, se forem escritas em folhas de papel avulsas, ou faça em um formulário *on-line* para verificar o aprendizado de cada estudante. Pode-se, também, pedir para os estudantes compartilharem a resposta para uma discussão, na qual se deve observar as semelhanças e as diferenças destacadas.

Na continuidade do estudo, promova uma reflexão sobre o que os estudantes escreveram. Depois, compare com uma definição de símbolos e ritos previamente preparada para apresentar aos estudantes.

IDENTIFICAÇÃO E ANÁLISE

Atividade de pesquisa

Organize os estudantes em pequenos grupos de três ou quatro membros. Solicite que pesquisem (na internet ou em material preparado e distribuído) cinco símbolos ou gestos simbólicos religiosos e um rito religioso, entre as opções apresentadas.

Oriente os grupos a registrarem o significado de cada símbolo e do rito escolhido. Nessa atividade, espera-se que os estudantes identifiquem não apenas os símbolos das diferentes tradições religiosas (cruz, estrela de Davi, roda da lei, hilal, torii etc.), mas também os gestos simbólicos (ajoelhar-se, sentar-se, sinal da cruz, inclinar o corpo).

IMPORTANTE

Selecionar símbolos, gestos e ritos religiosos como opções para a pesquisa dos estudantes, reunindo informações para complementar as pesquisas realizadas na ocasião da socialização.

Pode-se solicitar que elaborem uma postagem para socializar as pesquisas em um ambiente virtual compartilhado, como o JamBoard ou o Padlet. É importante promover um momento de socialização para complementações conceituais necessárias.

Atividade com vídeo

A partir das pesquisas, promova uma discussão sobre os símbolos e os ritos apresentados. Exiba o vídeo "Five – Cinco crianças, cinco religiões, (quase) cinco minutos", disponível no Vimeo. Esse vídeo mostra cinco crianças de diferentes religiões preparando-se para participar de um rito religioso, sendo excelente para identificar o uso de objetos, vestimentas/indumentárias e gestos.

VÍDEO

FIVE – Cinco crianças, cinco religiões, (quase) cinco minutos. 1 vídeo (5 min.), 2015.

Sistematize a discussão com atividades para registro no caderno, a partir do vídeo, solicitando aos estudantes para:

1. Citarem símbolos ou gestos religiosos utilizados/realizados por todas as cinco crianças do vídeo.
2. Descreverem quais ações as crianças realizam em comum.
3. Escreverem o que compreenderam sobre os ritos religiosos.

Atividade de quebra-cabeça

Proponha aos estudantes trabalharem os diferentes tipos de ritos, utilizando a metodologia Jigsaw (ou quebra-cabeça). Para isso, organize os estudantes em grupos de especialistas e grupos mistos.

Para saber mais sobre essa metodologia, assista ao vídeo "Aprendizagem colaborativa – Método Jigsaw Classroom", disponível no YouTube.

VÍDEO

APRENDIZAGEM colaborativa – Método Jigsaw Classroom. 1 vídeo (6 min.), 2020. Publicado pelo canal Prof. Jeciane Ensino Inteligente.

Para desenvolver essa metodologia, siga os passos:

- **Passo 1**: divida a turma em grupos. O ideal é que seja o mesmo número de grupos e de estudantes (cinco grupos com cinco estudantes, por exemplo). Esses serão os "grupos de especialistas", em que cada grupo estudará um tema - neste caso, um tipo de rito religioso. Defina um tempo para essa etapa, de dez a quinze minutos.
- **Passo 2**: forme cinco grupos com um integrante de cada grupo especialista, de modo que haja um representante de cada tema estudado. Neste segundo momento, cada estudante terá a responsabilidade de explicar para os demais o que aprendeu. Defina, também, um tempo para esta etapa, de quinze a vinte minutos. Peça aos estudantes que registrem um breve resumo no caderno.
- **Passo 3**: com a turma toda reunida, organize, no quadro, um esquema com as principais informações e exemplos de cada tipo de rito. Caso não dê tempo de fazer a parte de sistematização da aprendizagem na mesma aula dos passos 1 e 2, comece a aula seguinte com esta etapa.

SUGESTÃO DE LEITURA

Como sugestão de material para esta atividade, acesse o texto: "Estações de estudo: Estação 1 - Rituais de iniciação ou passagem". Esse texto possui a descrição de rituais de iniciação ou passagem, celebrativos ou festivos, litúrgicos, de cura, mortuários ou fúnebres, de diferentes tradições religiosas.

APROPRIAÇÃO E RESSIGNIFICAÇÃO

Atividade com vídeo

Inicie o estudo apresentando o vídeo "Papa – Diálogo inter-religioso", disponível no YouTube. Nele, o Papa Francisco discorre sobre as pessoas e os seus diferentes modos de crer, destacando a necessidade de diálogo entre as religiões. Ele destaca que não se deve deixar de rezar pelas pessoas e colaborar com quem pensa diferente, isto é, apoiar a sua liberdade de crença. O Papa menciona, também, o fato de haver pessoas que pensam e sentem diferente, que buscam Deus, a divindade, de diversas maneiras, por isso é importante o diálogo entre as diferentes religiões para produzir frutos de justiça e de paz.

VÍDEO

PAPA – Diálogo inter-religioso. 1 vídeo (2 min.), 2017. Publicado pelo canal O Vídeo do Papa.

A partir do vídeo, peça que os estudantes conversem brevemente, em duplas, se pensam ser possível rezar junto a pessoas de diferentes religiões. Em um segundo momento, ouça aqueles que quiserem partilhar o que foi conversado.

Retome com os estudantes o vídeo "Five – Cinco crianças, cinco religiões, (quase) cinco minutos", relembrando que muitos gestos e símbolos são utilizados de modo semelhante nas diferentes religiões, e que todas têm o mesmo objetivo: aproximar o ser humano do sagrado/transcendente e tornar as pessoas melhores para si, para o outro e para o mundo.

Exemplifique experiências do "rezar junto". Oferecemos algumas sugestões para favorecer os seus comentários:

- Comente que na Comunidade Taizé são acolhidas pessoas de diferentes tradições religiosas, como judeus e muçulmanos, que possuem o desejo comum de se colocarem a caminho, em unidade, porque compreendem que o que as une é mais forte do que aquilo que as divide. Para saber mais, assista ao vídeo "Conheça a Comunidade de Taizé, que atua com jovens na Terra Santa", disponível no YouTube.

VÍDEO

CONHEÇA a Comunidade de Taizé, que atua com jovens na Terra Santa. 1 vídeo (3 min.), 2019. Publicado pelo canal TV Canção Nova.

- O texto "Papa Francisco e o diálogo inter-religioso", de Frei Volney J. Berkenbrock (2019), discorre sobre o diálogo inter-religioso ser parte da missão da Igreja Católica, e não mais um elemento a ser praticado à margem da Igreja. Por meio desse texto, pode-se ressaltar o papel do Papa Francisco no incentivo de encontros entre diferentes tradições religiosas a um nível que vai além de um encontro de oração.

  Comente que o Papa Francisco orienta que a ação da Igreja Católica deve ser em favor da humanidade e de seu bem-estar, de modo que dialogar com as diferentes tradições religiosas em encontros inter-religiosos favorece ações em conjunto nesse sentido.

SUGESTÃO DE LEITURA

BERKENBROCK, V. J. (Frei). Papa Francisco e o diálogo inter-religioso. Franciscanos, 2019.

- O texto "Papa Francisco quer 'religiões irmãs' sem fundamentalismo pela paz" apresenta a solicitação do Papa Francisco aos líderes das tradições religiosas mundiais para resistirem ao fundamentalismo, motivando para que as religiões e as culturas se posicionem em diálogo com irmãs, tendo os povos como irmãos vivendo em paz e reconciliados com a criação.

SUGESTÃO DE LEITURA

MARES, C. Papa Francisco quer "religiões irmãs" sem fundamentalismo pela paz. *Acidigital*, [c2015].

Atividade de confecção de cartão/*lettering*

Para sistematizar o processo de ensino-aprendizagem, liste com os estudantes palavras que ajudem no respeito à diversidade. Esse processo pode ser realizado no quadro ou utilizando um recurso digital. Em seguida, solicite a cada estudante a confecção de um cartão/*lettering* com uma frase que incentive o respeito à diversidade religiosa, utilizando algumas das palavras listadas. Distribua folhas de papel A4 e recursos para essa produção artística (canetinhas, lápis de cor etc.).

ATIVIDADE AVALIATIVA

Oriente a elaboração de dois esquemas/mapas mentais para que cada estudante possa expressar a aprendizagem desenvolvida com o estudo: um sobre símbolos e outro sobre ritos. Se possível, peça que os estudantes adicionem imagens. O ideal é que esses esquemas/mapas mentais sejam elaborados digitalmente, e sugere-se que sejam compartilhados na turma e complementados, se necessário, com informações faltantes.

Mitos religiosos

Gabriela Torres da Fonseca[33]

Os ritos religiosos, em geral, reforçam um ato em que um mito religioso se baseia. Assim, o mito religioso tem um significado mais profundo do que lendas ou contos folclóricos, pois busca oferecer às pessoas uma explicação geral da existência. Podemos listar algumas características comuns aos mitos: foram elaborados a partir da tradição oral e cantada; apresentam linguagem simbólica e poética; buscam compreender a realidade, respondendo às questões existenciais e explicando fenômenos da natureza; servem como base para construções culturais, concedendo diretrizes para a ação do ser humano; são construções coletivas, presentes entre os povos; e ligam o homem ao transcendente. O mito diferencia-se das fábulas e das lendas por ser uma construção da verdade, de modo poético, para o povo ao qual pertence.

O mito se diferencia de outras linguagens - tais como lendas e contos - porque está estritamente vinculado às explicações primeiras, e, nelas, apresenta um caráter religioso. Instaurador de explicações satisfatórias para determinada cultura ou tradição religiosa com relação à origem do mundo, do ser humano, do bem, do mal, dentre outras[34].

A linguagem mítica serve de base para as religiões, pois ela dá nome às forças e aos princípios que criam e geram o mundo. O mito, como

33 Mestra em Teologia pela Universidade de Londres, graduada em Pedagogia pela Universidade do Estado de Minas Gerais (UEMG) e em Terapia Ocupacional pela Universidade Federal de Minas Gerais (UFMG), especialista em Ensino Religioso Escolar pelo Claretiano, em Gestão Educacional pelo Serviço Nacional de Aprendizagem Comercial de Minas Gerais (Senac-MG) e pós-graduanda em Neurociência e Educação pela Pontifícia Universidade Católica de Minas Gerais (PUC Minas). É professora da Educação Básica em Belo Horizonte.

34 OZZER, A. *Redescobrindo o universo religioso*: 9º ano do Ensino Fundamental. Petrópolis: Vozes, 2015.

chave de compreensão de outros mundos, explica as religiões de uma maneira diferente dos dogmas e das convicções[35]. Além disso, praticamente toda religião apresenta, em seus textos sagrados, uma linguagem mítica.

A seguir, indicamos leituras que podem favorecer o trabalho pedagógico:

SUGESTÕES DE LEITURA

ASSINTEC. Rituais nas tradições religiosas. *Informativo da ASSINTEC*, n. 28, 2010. Disponível em: http://ensinoreligiosonreapucarana.pbworks.com/w/file/fetch/109765948/Rituais%20nas%20Tradi%C3%A7%C3%B5es%20Religiosas%20-%20Inf.%2028.pdf. Acesso em: 03 fev. 2023.

BOEING, A. *Antropologia da religião*. Batatais: Claretiano, 2007.

MINDLIN, B. *O primeiro homem e outros mitos dos índios brasileiros*. São Paulo: Cosac Naify, 2001.

POZZER, A. *Redescobrindo o universo religioso*: 9º ano do Ensino Fundamental. Petrópolis: Editora Vozes, 2015.

35 BOEING, A. *Antropologia da religião*. Batatais: Claretiano, 2007.

Título/tema	Mitos religiosos
Unidade temática	Crenças religiosas e filosofias de vida
Objeto de conhecimento	Símbolos, ritos e mitos religiosos
Habilidade(s)	(EF06ER06) Reconhecer a importância de mitos, ritos, símbolos e textos na estruturação das diferentes crenças, tradições e movimentos religiosos. (EF06ER07) Exemplificar a relação entre mito, rito e símbolo nas práticas celebrativas de diferentes tradições religiosas.
Previsão de horas/aula(s)	Quatro horas/aulas
Recursos	· Equipamento para projeção audiovisual com acesso à internet. · Quadro para anotações da tempestade de ideias. · Apresentação aos estudantes de: conceito de questões existenciais e sua relação com os mitos; diferenças entre mitos e lendas; características gerais dos mitos; e tipos de mito. · Mito indígena ou africano para apresentar em forma de contação de história. · Vídeos de diferentes tipos de mito para atividade de vídeo-debate (no roteiro, são oferecidas sugestões) – importante preparar as características dos mitos selecionados para a conversa. · Uma narrativa mítica diferente, sobre a criação do mundo e/ou do ser humano, para cada grupo de quatro a cinco integrantes – importante preparar a relação entre cada mito e as práticas religiosas das tradições às quais pertencem para a conversa. · Recursos diversos para as apresentações dos estudantes, como objetos que podem ser usados em uma encenação e itens para a confecção de um cartaz, por exemplo. · Folhas de papel A4 e lápis de cor, caso a atividade avaliativa seja realizada em sala.

OBSERVAÇÃO

Atividade mobilizadora 1

Peça aos estudantes que respondam às perguntas a seguir no caderno:

- O que acontece após a morte?
- Qual é o sentido da vida?

Promova um momento livre de socialização e valorize a diversidade de respostas. Aproveite as respostas para introduzir o conceito de questões existenciais e fazer a conexão com os mitos, que buscam respondê-las.

Atividade mobilizadora 2

Realize uma tempestade de ideias escrevendo a palavra "mitos" no quadro/lousa e pedindo aos estudantes para falarem tudo o que lhes vêm à mente sobre o assunto. Anote as manifestações deles no quadro, ao redor da palavra. Em um segundo momento, observe as respostas e converse com os estudantes o que realmente diz respeito a mito e o que se entende por lenda, fábula etc. Explique as diferenças entre mitos e lendas: enquanto mitos buscam dar uma resposta às questões existenciais e ajudam na construção de sentidos para diferentes povos, as lendas se configuram em narrativas fantasiosas e fictícias que se associam a fatos reais/históricos ou imaginários, com o objetivo de explicar situações que são inexplicáveis, envolvendo mistério, a origem das coisas e diferentes comportamentos.

Atividade de contação de história

Após a tempestade de ideias, promova um momento de contação de história para apresentar aos estudantes um mito. Sugere-se selecionar um mito africano, como o da criação do povo Macua, da etnia Massai, ou indígena, como o mito da criação do povo Tupi-Guarani ou dos Karajás, para incentivá-los a conhecer mitos que podem não ser facilmente acessados pela cultura popular. Após a apresentação, realize uma roda de conversa, esclareça dúvidas e liste as características gerais dos mitos, relacionando-as com o mito contado. Oriente os estudantes a fazerem o registro das informações no caderno.

IDENTIFICAÇÃO E ANÁLISE

Atividade de pesquisa

Previamente, peça para que os estudantes tragam de casa uma narrativa mítica.

Explore junto aos estudantes a conceituação e as principais características dos mitos, apropriando-se do estudo realizado e ampliando-o. Utilize a metodologia ativa *think-pair-share* (pensar, reunir e compartilhar), solicitando que cada um tente encontrar, no mito que trouxe de casa, no mínimo, três das características apresentadas (*think*). Na sequência, oriente os estudantes a se reunirem em duplas (*pair*). Solicite que apresentem um ao outro qual mito trouxeram de casa e, então, tentem identificar quais características encontraram no mito do colega. Por fim, segue-se o momento de partilhar o que foi discutido em dupla com o restante da turma (*share*).

SUGESTÃO

Para que esta atividade se realize da melhor forma, é importante orientar os estudantes com muita calma. Se possível, projete uma narrativa mítica e ajude-os a identificar as partes que correspondem às características dos mitos.

SUGESTÃO

Pode-se, também, apresentar um mapa mental para ampliar a compreensão dos estudantes sobre as características dos mitos. Para conhecer acesse o *QR Code*.

Atividade de vídeo-debate

Apresente aos estudantes diferentes mitos em vídeo e peça que registrem no caderno as características percebidas neles. Para favorecer esse processo, divida a turma em grupos (por fileiras, por exemplo) e solicite que cada fileira observe duas ou três das características já discutidas, identificando qual mito apresenta as características em questão. Atribuir uma tarefa específica aos estudantes contribui para focarem a atenção na atividade.

Sugestão de ampliação: entre as características a serem identificadas, pode-se solicitar que classifiquem os mitos. Para isso, é importante, antes da exibição dos vídeos, apresentar, de modo impresso ou projetado audiovisualmente, os diferentes tipos de mitos: mito heroico, mito criacional, mitos de fim de mundo, mitos de divindades que cuidam do Universo, dentre outros.

Sugestões de vídeos para serem apresentados aos estudantes:

VÍDEOS

CAIXA de Pandora | Mitopédia. 1 vídeo (2 min.), 2016. Publicado pelo Canal Futura.

CINCO mitos (inacreditáveis) da criação do mundo. 1 vídeo (5 min.), 2016. Publicado pelo canal Fatos Desconhecidos.

MITOS de criação: a mitologia iorubá. 1 vídeo (4 min.), 2020. Publicado pelo canal História Maestro.

APROPRIAÇÃO E RESSIGNIFICAÇÃO

Atividade em grupo

Divida a turma em grupos de quatro ou cinco estudantes e entregue, para cada grupo, uma narrativa mítica diferente, todas sobre a criação do mundo e/ou do ser humano. Cada grupo deverá pensar em uma forma de apresentação do mito – encenação, desenho no quadro, esquema, dentre outras possibilidades. Após o tempo determinado (de dez a quinze minutos), cada grupo fará a apresentação do seu mito.

Durante as apresentações, é importante ajudá-los a estabelecer as relações entre os mitos e as práticas religiosas das tradições representadas na atividade.

O objetivo da atividade é fazer com que os estudantes percebam que, mesmo em diferentes tradições religiosas, o ser humano está sempre em busca de respostas para as questões existenciais, sendo o mito uma forma de as tradições religiosas responderem a essas questões.

IMPORTANTE

No mito entregue a cada grupo, inclua a informação da tradição religiosa à qual pertence.

SUGESTÃO

Distribua recursos diversos para as apresentações, como objetos que podem ser usados em uma encenação e itens para a confecção de um cartaz, caso prefiram.

ATIVIDADE AVALIATIVA

Oriente a elaboração de uma história em quadrinhos baseada em um mito escolhido pelos estudantes, contemplando os elementos que o caracterizam. A atividade pode ser individual ou em pequenos grupos. Distribua recursos, como folhas de papel A4 e lápis de cor, caso a atividade seja realizada em sala.

Lideranças e Direitos Humanos

Ana Carolina Kerr Neppel Mariano[36]

Jonathan Félix de Souza[37]

O diálogo sobre religião e Direitos Humanos nem sempre é pacífico. Mesmo estando garantido em leis nacionais e acordos internacionais, a liberdade para crer ou não crer não tem sido algo garantido para todas as pessoas. Infelizmente, existem inúmeras violências cotidianas que podemos ver em escolas, empresas, espaços públicos, jornais, mensagens em aplicativos de relacionamento e comentários nas redes sociais.

Por mais que se afirme que a religião e as suas práticas são do foro individual e íntimo, ela perpassa as nossas relações sociais e políticas. Vivemos em um Estado em que a pauta moral das religiões tem se posto como critério estético, político, educativo. Em nome de seus dogmas morais, pessoas religiosas, vociferando em redes sociais ou em protestos, querem definir quais obras de arte podem ou não ser vistas; quais políticas sociais e de Direitos Humanos o Estado (diga-se, laico) pode ou não implementar.

---

36 Doutoranda e mestra em Ciências da Religião (PUC Minas), bacharela e licenciada em Filosofia (PUC Minas). Atualmente, é professora de Ensino Religioso no Colégio Santo Agostinho, membro do corpo editorial das revistas de Ciências da Religião "Horizonte" e "Interações", colunista membro do conselho editorial da Revista Senso, membro do grupo de pesquisa Religião, Pluralismo e Diálogo (Repludi). É pesquisadora nas áreas de mente, cérebro e religião; consciência na mística de tradições orientais como islã e hinduísmo; e de práticas religiosas como yoga e meditação.

37 Doutorando e mestre em Ciências da Religião, bacharel em Administração e licenciado em Pedagogia pela Pontifícia Universidade Católica de Minas Gerais (PUC Minas). Atualmente, é coordenador institucional de Pastoralidade dos Colégios Santo Agostinho, sendo o responsável pelas áreas de Ensino Religioso e Projetos de Vida. É fundador e editor-chefe da Revista Senso e diretor de Espiritualidade, Inovação e Bem-viver na Gaudium Educação. Foi membro do Comitê Estadual de Respeito à Diversidade Religiosa (CDR/MG) e presidente do Conselho Estadual das Juventudes (Cejuve/MG). Atua como pesquisador, consultor e palestrante.

O argumento, não poucas vezes usado por essas pessoas, é um argumento de maioria. Se a maioria da população é religiosa, é essa maioria que deve ditar o certo e o errado, cabendo às minorias se adequar. Pensamentos como esses, supremacistas, produziram dores imensas na humanidade. Pensamentos como esses legitimaram o horror do nazismo, o horror da escravidão, o horror da inquisição cristã. Há tempos a religião apresenta-se como um impeditivo do reconhecimento da dignidade e dos Direitos Humanos de muitas pessoas.

Nesse cenário, as lideranças religiosas possuem um papel fundamental, tanto para conscientizar os seus liderados quanto para promover, a partir do seu lugar de fala, diálogos com tradições diferentes, demonstrando com atos a importância da promoção da liberdade de concepções, do pluralismo de ideias, conforme prevê a Constituição Federal.

Pessoas profundamente religiosas, a partir de suas experiências de fé, cerram as fileiras dos que trabalham pela efetivação dos Direitos Humanos. Nesse processo, é possível reconhecer, em diferentes países, o empenho das lideranças religiosas, como Luther King, Mãe Beata de Yemanjá e tantas outras que moveram todas as suas forças para que se respeitasse a dignidade humana.

A seguir, indicamos recursos que podem favorecer o trabalho pedagógico:

REFERÊNCIAS

ESTADO laico: é a gente que faz. 1 vídeo (7 min.), 2015. Publicado pelo canal Rede Ecumênica da Juventude. Disponível em: https://www.youtube.com/watch?v=lZmJFep-ytA. Acesso em: 15 fev. 2023.

O vídeo apresenta pessoas de diversas tradições religiosas manifestando a afirmação da diversidade e o respeito aos direitos dos sujeitos em sua pluralidade.

ROTTERDAN, S.; SOUZA, J. F. Religiões*:* entre a negação e a afirmação dos Direitos Humanos. *Revista Senso*, 2017. Disponível em: https://revistasenso.com.br/edicao-05-religioes-entre-negacao-e-afirmacao-dos-direitos-humanos/. Acesso em: 15 fev. 2023.

ROTEIRO 01

Título/tema	Um compromisso com a defesa da liberdade de crer e não crer
Unidade temática	Crenças religiosas e filosofias de vida
Objeto de conhecimento	Lideranças e Direitos Humanos
Habilidade(s)	(EF07ER07) Identificar e discutir o papel das lideranças religiosas e seculares na defesa e na promoção dos Direitos Humanos.
Previsão de horas/aula(s)	Três horas/aulas
Recursos	· Equipamento para projeção audiovisual. · Folha de papel A4 impressa com o preâmbulo e os artigos 1 a 4 da Declaração Universal dos Direitos Humanos para cada estudante. · Situações em que a religião viola e/ou promove os Direitos Humanos para exemplificar aos estudantes. · Exemplos para a resposta à pergunta que os estudantes responderão: "Qual é o papel da liderança religiosa na defesa e na garantia dos Direitos Humanos?" · Vídeos disponíveis na internet sobre a liberdade religiosa e o Estado laico para vídeo-debate (são sugeridas opções no roteiro). · Apresentação de três possíveis papéis de uma liderança religiosa e secular na defesa e na promoção dos Direitos Humanos, para complementar as respostas dos estudantes, se necessário. · Informações sobre o papel das lideranças religiosas associado aos seguintes conceitos: Direitos Humanos, liberdade religiosa, liberdade de crer e não crer e Estado laico, para complementar as respostas dos estudantes, se necessário. · Acesso dos estudantes a recursos digitais, como a plataforma Canva, para a produção de um *post* para compartilhamento em rede social.

OBSERVAÇÃO

Atividade mobilizadora

Inicie o estudo perguntando aos estudantes o que eles sabem sobre Direitos Humanos. Em seguida, apresente a Declaração Universal dos Direitos Humanos e esclareça que o Brasil é signatário. Leia com a turma o preâmbulo:

> [...] a Assembleia Geral proclama a presente Declaração Universal dos Direitos Humanos como o ideal comum a ser atingido por todos os povos e todas as nações, com o objetivo de que cada indivíduo e cada órgão da sociedade, tendo sempre em mente esta Declaração, se esforce, através do ensino e da educação, por promover o respeito a esses direitos e liberdades, e, pela adoção de medidas progressivas de caráter nacional e internacional, por assegurar o seu reconhecimento e a sua observância universal e efetiva, tanto entre os povos dos próprios Estados-membros, quanto entre os povos dos territórios sob sua jurisdição.[38]

Explique o preâmbulo esclarecendo possíveis dúvidas. Depois, convide a turma para uma leitura coletiva dos seguintes artigos da Declaração Universal dos Direitos Humanos:

> **Artigo 1**
> Todos os seres humanos nascem livres e iguais em dignidade e direitos. São dotados de razão e consciência e devem agir em relação uns aos outros com espírito de fraternidade.
> **Artigo 2**
> 1. Todo ser humano tem capacidade para gozar os direitos e as liberdades estabelecidos nesta Declaração, sem distinção de qualquer espécie, seja de raça, cor, sexo, língua, religião, opinião política ou de outra natureza, origem nacional ou social, riqueza, nascimento, ou qualquer outra condição.

38 ORGANIZAÇÃO DAS NAÇÕES UNIDAS. *Declaração Universal dos Direitos Humanos*, 1948. Disponível em: https://www.unicef.org/brazil/declaracao-universal-dos-direitos-humanos. Acesso em: 5 mar. 2023.

2. Não será também feita nenhuma distinção fundada na condição política, jurídica ou internacional do país ou território a que pertença uma pessoa, quer se trate de um território independente, sob tutela, sem governo próprio, quer sujeito a qualquer outra limitação de soberania.

Artigo 3

Todo ser humano tem direito à vida, à liberdade e à segurança pessoal.

Artigo 4

Ninguém será mantido em escravidão ou servidão; a escravidão e o tráfico de escravos serão proibidos em todas as suas formas.[39]

Instigue os estudantes a compartilharem situações em que a religião viola e/ou promove os Direitos Humanos. Em seguida, pergunte: "Qual é o papel da liderança religiosa na defesa e garantia dos Direitos Humanos?"

SUGESTÃO

Prepare exemplos para realizar uma projeção audiovisual aos estudantes, partindo, se possível, de sua realidade local.

Encerre o momento solicitando aos estudantes que escrevam no caderno uma liderança religiosa que atua ou atuou na defesa e na garantia dos Direitos Humanos. A proposta é avaliar se os estudantes conseguem indicar uma liderança religiosa sem a necessidade de pesquisa. Ajude-os nesse processo, oferecendo, se necessário, dicas para identificarem uma liderança religiosa sobre a qual já ouviram falar durante as aulas de Ensino Religioso e/ou que é reconhecida na realidade.

39 ORGANIZAÇÃO DAS NAÇÕES UNIDAS. *Declaração Universal dos Direitos Humanos*, 1948. Disponível em: https://www.unicef.org/brazil/declaracao-universal-dos-direitos-humanos. Acesso em: 5 mar. 2023.

IDENTIFICAÇÃO E ANÁLISE

Atividade de vídeo-debate

Por meio dos vídeos propostos na sequência, construa um espaço de diálogo com os estudantes para identificarem e discutirem o papel das lideranças religiosas e seculares na defesa e na promoção dos Direitos Humanos.

Antes de apresentar cada vídeo, peça aos estudantes que busquem identificar neles as principais contribuições das lideranças em favor dos Direitos Humanos. Os vídeos indicados são:

VÍDEOS

LIBERDADE religiosa. 1 vídeo (10 min.), 2016. Publicado pelo canal Adventistas SP.

O vídeo apresenta a colaboração de diversas lideranças religiosas e ativistas pela liberdade religiosa. Com o propósito de demonstrar o respeito à diversidade religiosa, o vídeo afirma que é preciso ousar respeitar o diferente, mais com ações do que com palavras.

ESTADO laico: é a gente que faz. 1 vídeo (7 min.), 2015. Publicado pelo canal Rede Ecumênica da Juventude.

O vídeo apresenta perspectivas das juventudes sobre o Estado laico no Brasil, ampliando o olhar acerca dos seus caminhos de consolidação.

Após a reflexão sobre cada vídeo, peça aos estudantes que registrem no caderno os seus aprendizados. Oriente-os a escreverem três possíveis papéis de uma liderança religiosa e secular na defesa e na promoção dos Direitos Humanos. Promova a socialização tecendo comentários que esclareçam possíveis equívocos na interpretação.

APROPRIAÇÃO E RESSIGNIFICAÇÃO

Atividade em grupo

Divida os estudantes em grupos e oriente-os a refletirem juntos sobre o papel das lideranças religiosas associados aos seguintes conceitos:

- Direitos Humanos;
- liberdade religiosa;
- liberdade de crer e não crer;
- Estado laico.

Auxilie a interpretação dos estudantes durante a atividade. Peça que escrevam um breve texto que sintetize as reflexões do grupo e promova um momento de socialização.

Explore com os estudantes a importância da promoção da paz a partir do respeito à liberdade religiosa, coerente com a proposta de um Estado laico.

ATIVIDADE AVALIATIVA

Proponha a criação de um *post* para o *feed* de uma rede social. Peça aos estudantes para produzirem um conteúdo como se fossem publicá-lo em uma rede social. Esse conteúdo deve apresentar o papel de uma liderança religiosa na defesa e na garantia da defesa e da promoção dos Direitos Humanos, apropriando-se dos aprendizados elaborados.

Explique a importância de articularem texto e imagem. Sugere-se o uso de recursos digitais, como a plataforma Canva, para que o *post* em questão seja elaborado em formato apropriado para compartilhamento. Após as socializações, pode-se divulgar esse trabalho nas redes sociais da escola.

ROTEIRO 02

Título/tema	Eu visto branco pela liberdade de fé
Unidade temática	Crenças religiosas e filosofias de vida
Objeto de conhecimento	Lideranças e Direitos Humanos
Habilidade(s)	(EF07ER08) Reconhecer o direito à liberdade de consciência, crença ou convicção, questionando concepções e práticas sociais que a violam.
Previsão de horas/aula(s)	Quatro horas/aulas
Recursos	· Equipamento para projeção audiovisual com acesso à internet. · Informações sobre a Mãe Gilda de Ogum e a sua relação com o Dia Nacional de Combate à Intolerância Religiosa para apresentar aos estudantes. · Dados atuais sobre a intolerância religiosa no Brasil e os impactos dessa violência na vida das pessoas, para apresentar aos estudantes. · Vídeo oficial da campanha "Eu visto branco pela liberdade de fé", promovida pela Reju, para apresentar aos estudantes (*link* disponível no roteiro). · Estrutura impressa para cada grupo de estudantes organizar uma campanha a favor da liberdade religiosa.

OBSERVAÇÃO

Atividade mobilizadora

Explique aos estudantes a habilidade proposta para desenvolver a partir deste roteiro: "**(EF07ER08)** Reconhecer o direito à liberdade de consciência, crença ou convicção, questionando concepções e práticas sociais que a violam"[40].

Apresente o caso da Mãe Gilda de Ogum, referência no combate à intolerância religiosa no Brasil, principalmente na Bahia, pois, depois de repetidos ataques de outras denominações religiosas, faleceu de um infarto fulminante. Destaque que ela é símbolo de resistência e luta pela diversidade, sendo a inspiração para a criação do Dia Nacional de Combate à Intolerância Religiosa.

Exponha aos estudantes dados atuais sobre a intolerância religiosa no Brasil e converse sobre os impactos dessa violência na vida das pessoas.

IDENTIFICAÇÃO E ANÁLISE

Atividade de pesquisa

Oriente os estudantes a pesquisarem e trazerem para a aula casos de intolerância religiosa que demonstrem a violação do direito à liberdade de consciência, crença ou convicção. O registro deverá ser feito no caderno, apresentando o fato, a data e a tradição religiosa à qual a(s) vítima(s) pertence(m).

Promova um momento de socialização dos resultados. Após a apresentação dos estudantes, sugerem-se perguntas que podem ser sistematizadas em sala:

- Dos casos apresentados, existe a predominância de alguma tradição que sofreu/sofre mais?
- Quais são as possíveis motivações desses atos de intolerância?

40 BRASIL, 2018, p. 455, grifo do autor.

APROPRIAÇÃO E RESSIGNIFICAÇÃO

Atividade em grupo

Divida a sala em grupos, informando aos estudantes que o objetivo do trabalho é organizar uma campanha para conscientizar as pessoas sobre a liberdade de professar a fé. Como inspiração, apresente a campanha "Eu visto branco pela liberdade de fé", que foi realizada durante muitos anos pela Rede Ecumênica da Juventude (Reju), na qual as pessoas eram convidadas a vestir branco e postar, em seus perfis nas redes sociais, imagens e vídeos, no dia 21 de janeiro, divulgando a sua adesão à ação e o seu apoio e respeito à liberdade religiosa.

Explique que o branco na campanha da Reju foi pensado não apenas por representar socialmente a cor da paz, mas principalmente por ser a cor utilizada pelas tradições religiosas de matriz africana nas sextas-feiras. Na perspectiva da campanha, usar o branco é uma forma de esclarecer que essa cor, além de representar Oxalá, orixá da paz, nas tradições afro-brasileiras, também pode visibilizar o candomblé, uma das tradições mais atacadas no Brasil.

Para apresentar a campanha da Reju, sugere-se acessar o vídeo no *QR Code.*

VÍDEO

CAMPANHA visto branco pela liberdade de fé. 1 vídeo (3 min.), 2016. Publicado pelo canal Rede Ecumênica da Juventude.

Na atividade de organização de uma campanha, auxilie os estudantes a explorarem as possibilidades de recursos para atingir o público da comunidade escolar no presencial ou no virtual. Ofereça a cada grupo uma estrutura impressa para ajudar na organização da campanha. Essa estrutura pode contemplar, por exemplo: título, público que se beneficiará da campanha, público que precisa ser sensibilizado para participar da campanha, ações propostas pela campanha, colaboração da campanha para a liberdade religiosa (motivos para realizá-la), dentre outros elementos.

SUGESTÃO

Promova uma mostra cultural das ideias de campanhas dos grupos. Se possível, selecionem juntos uma campanha para desenvolver na realidade local.

Atividade de roda de conversa

A partir das atividades e das reflexões até então desenvolvidas, peça aos estudantes para descreverem, em seus cadernos, quatro atitudes que todos podem realizar no dia a dia para promover um espaço que garanta a liberdade de consciência, crença ou convicção religiosa das pessoas.

Promova a socialização dessas atitudes em uma roda de conversa, instigando os estudantes a identificarem semelhanças e diferenças. Destaque a colaboração de cada atitude indicada para a vida em sociedade.

ATIVIDADE AVALIATIVA

Oriente os estudantes para que, com base no estudo, descrevam a importância da tolerância religiosa para que as pessoas possam conviver com respeito, paz e felicidade. Sugere-se que elaborem, em seus cadernos, um parágrafo-síntese que relacione os conhecimentos adquiridos.

Após as correções que podem ser necessárias, sugere-se que os estudantes façam a transposição de suas produções em forma de arte (pintura, colagem, história em quadrinhos...) para fixá-las em lugares visíveis na escola.

Princípios éticos e valores religiosos

Fábio Lanza[41]
Morgana Camargo Nalli[42]
Luis Gustavo Patrocino[43]
Gustavo Luis Prado Ribeiro[44]

As tradições religiosas propõem princípios e valores que orientam o cotidiano de seus seguidores. Essas orientações colaboram nas respostas a grandes questões e dúvidas, ajudando pessoas e comunidades em suas ações e decisões, assim como contribuindo para a formação da sua identidade. Os princípios e os valores propostos pelas diversas tradições religiosas, portanto, se fazem presentes no pensar, no agir e no falar dos seus adeptos, influenciando a dinâmica dos grupos e a vida em sociedade.

---

41 Doutor em Ciências Sociais pela Pontifícia Universidade Católica (PUC-SP). É professor associado no Departamento de Ciências Sociais do Programa de Pós-Graduação em Sociologia e do Programa de Mestrado Profissional em Rede Nacional de Ensino de Sociologia, vinculados à Universidade Estadual de Londrina (UEL). Atua, também, como coordenador do Laboratório de Estudos sobre as Religiões e Religiosidades (LERR/UEL) e do Projeto de Extensão Práxis Itinerante (UEL).

42 Licenciada em Ciências Sociais pela Universidade Estadual de Londrina (UEL), bacharela em Direito pela Faculdade Arthur Thomas e mestranda do Programa de Pós-Graduação em Sociologia vinculado à UEL. É pesquisadora da equipe do Laboratório de Estudos em Religiões e Religiosidades (LERR/UEL).

43 Doutor em Ciências Sociais pela Universidade Estadual Paulista "Júlio de Mesquita Filho" (Unesp de Marília); mestre em Ciências Sociais, especialista em Estatística com ênfase em Pesquisa Quantitativa e licenciado/bacharel em Ciências Sociais pela Universidade Estadual de Londrina (UEL); bacharel em Teologia pela Faculdade Evangélica do Brasil. Atua como pesquisador no Laboratório de Ensino e Pesquisa Educação e Sociedade (LEePES/Unesp de Marília), no Laboratório de Estudos de Religião e Religiosidade (LERR/UEL) e no Projeto de Extensão Práxis Itinerante (UEL).

44 Bacharel em Teologia pelo Instituto Santo Tomás de Aquino (ISTA), licenciando em Pedagogia pelo Centro Universitário Claretiano e mestrando em Educação pela Pontifícia Universidade Católica de Minas Gerais (PUC Minas), na linha de pesquisa "Conhecimento, Currículo e Tecnologias".

Ao oferecerem ensinamentos e valores, as tradições religiosas definem e defendem princípios e verdades que são preservados ao longo dos tempos com o objetivo de garantir a unidade e parametrizar o cotidiano e o futuro de seus seguidores em sua experiência na comunidade religiosa e na dinâmica sociocultural.

Os princípios e os valores propostos pelas tradições são aprendidos a partir dos seus textos escritos e das orientações de seus líderes, sendo propostos como meio para fortalecer a fé e o respeito àquilo que é considerado sagrado. Esses princípios e valores apresentados pelas religiões configuram a sua ética, que visa alicerçar a construção de projetos de vida que contemplem a individualidade e a coletividade. Com relação ao projeto individual, fortalecem as esperanças e condutas para a pessoa se desenvolver e se sentir realizada em sintonia com a proposta da tradição religiosa. Por sua vez, com relação à coletividade, o projeto de vida deverá estar relacionado a valores como solidariedade, justiça e fraternidade, que não excluem as diferenças, que reconhecem a coexistência, que convidam à prática de atitudes éticas de respeito à dignidade humana e à vida em suas múltiplas dimensões.

No entanto, apesar de as tradições religiosas realizarem, ao longo dos anos, adaptações em seus discursos para acompanharem o desenvolvimento sociocultural, há comunidades e/ou grupos que estão afixados em suas origens, sem considerar essas adaptações à realidade das pessoas e aos sinais dos tempos. Nesse contexto, encontra-se o fundamentalismo religioso, utilizado como justificativa para diversas práticas de intolerância e de fanatismo religioso, em uma tentativa de retroceder os avanços da sociedade moderna. Essas práticas, que, por vezes, chegam a ser extremistas, são constantemente apresentadas pelos meios de comunicação, tornando-se algo cada vez mais evidente no Brasil e no mundo.

Ao estudarmos Todorov[45], podemos recuperar o debate sobre o etnocentrismo que está associado com práticas de intolerância e violência no mundo ocidental. O etnocentrismo

> consiste em, de maneira indevida, erigir em valores universais os valores próprios à sociedade a que pertenço. O etnocêntrico é, por assim dizer, a caricatura natural do universalista: este, em sua aspiração ao universal, parte de um particular, que se empenha em generalizar; e tal particular deve forçosamente lhe ser familiar, quer dizer, na prática, encontra-se em sua cultura. [...] o etnocêntrico segue a linha do menor esforço e procede de maneira não crítica: crê que seus valores são os valores e isso lhe basta; nunca busca verdadeiramente prová-lo [...].

Nesse sentido, a construção histórica do fundamentalismo religioso no Brasil está associada à expansão colonial portuguesa. Sob essa abordagem, podemos indagar: como fica a diversidade dos costumes e as diferenças entre os povos?

> Todos os que não se parecem conosco, chamamos de bárbaros, o que é um grande erro; ora, nada seria mais desejável do que ver as pessoas "abandonarem esse preconceito em favor de seus costumes e suas maneiras, que sem qualquer discussão, não apenas lhes fazem pensar que são melhores de todos, mas quase lhes fazem decidir que tudo o que não lhes é conforme é desprezível" [...].[46]

A pesquisadora da Pontifícia Universidade Católica de São Paulo, professora Aldaíza Sposati[47], indicou que uma das questões que se destaca na sociedade é a intolerância, ou seja, as várias formas da não tolerância com as diferenças. Esse especto, quando associado às tradições religiosas, fere os princípios e os valores que por elas são zelados e orientados aos seus seguidores como parte de sua ética.

---

45 TODOROV, T. *Nós e os outros*: a reflexão francesa sobre a diversidade humana. Rio de Janeiro: Jorge Zahar, 1993, p. 21.

46 TODOROV, 1993, p. 25.

47 SPOSATI, A. Conhecimento da verdade e o exercício do poder. *In*: MARTINELLI, M. L. (org.). *O uno e o múltiplo nas relações entre as áreas do saber*. São Paulo: Cortez, 1995.

A seguir, indicamos recursos que podem favorecer o trabalho pedagógico:

REFERÊNCIAS

BERZIN, A.; LINDÉN, M. O que é ética? *Study Buddhism*, [c2023]. Disponível em: https://studybuddhism.com/pt/fundamentos/o-que-e/o-que-e-etica. Acesso em: 13 fev. 2023.

Como estratégia de estudo sobre as religiões, religiosidades e diferentes formas de fundamentalismo religioso no Brasil, é necessário conhecer o "Mapa da intolerância religiosa", amplamente divulgado pelo Sistema de Biblioteca Virtual – Governo Federal: GUALBERTO, M. A. M. *Mapa da intolerância religiosa*: violação ao direito de culto no Brasil – 2011. Rio de Janeiro: Multiplike, 2011. Disponível em: https://www.lexml.gov.br/urn/urn:lex:br:rede.virtual.bibliotecas: livro:2011;001017091. Acesso em: 3 fev. 2023.

Pode-se, também, acessar o aplicativo "Mapa do racismo e da intolerância religiosa", disponível no *site* do Ministério Público do Estado da Bahia. Disponível em: https://www.mpba.mp.br/campanha/aplicativo-mapa-do-racismo-e-da-intoler%C3%A2ncia-religiosa. Acesso em: 3 fev. 2023)

ÉTICA e religião – Franklin Leopoldo e Silva. 1 vídeo (12 min.), 2017. Publicado pelo canal Vitor Chaves de Souza. Disponível em: https://www.youtube.com/watch?v=fglNft4c4Jg. Acesso em: 17 fev. 2023.

FALAVINA, I.; GURGEL, G. O que é racismo religioso. E qual seu efeito nas crianças. *Nexo Jornal*, 2022. Disponível em: https://www.nexojornal.com.br/expresso/2022/01/21/O-que-%C3%A9-racismo-religioso.-E-qual-seu-efeito-nas-crian%C3%A7as. Acesso em: 17 fev. 2023.

GONZÁLEZ, S. de D. Os cinco preceitos da ética budista. *A mente é maravilhosa*, 2019. Disponível em: https://amenteemaravilhosa.com.br/cinco-preceitos-da-etica-budista/. Acesso em: 13 fev. 2023.

GRÜN, A. *Atitudes que transformam*: como vivemos, como poderíamos viver. Petrópolis: Vozes, 2017.

MARIN, D. L. Pe. A ética de Jesus. *Vida Pastoral*, a. 59, n. 321, mai./jun. 2018. Disponível em: https://www.vidapastoral.com.br/edicao/a-etica-de-jesus/. Acesso em: 13 fev. 2023.

Vídeo da entrevista com Hédio Silva Junior, coordenador-executivo do Instituto de Defesa dos Direitos das Religiões Afro-Brasileiras (Idafro): RACISMO religioso é parte da perseguição ao legado cultural africano, aponta Idafro. 1 vídeo (27 min.), 2021. Publicado pelo canal TV Senado. Disponível em: https://www.youtube.com/watch?v=PDg-erfayoQ&t=1s. Acesso em: 3 abr. 2023.

ROTEIRO 01

Título/tema	Ética e religião: como se relacionam as religiões?
Unidade temática	Crenças religiosas e filosofias de vida
Objeto de conhecimento	Princípios éticos e valores religiosos
Habilidade(s)	(EF07ER06) Identificar princípios éticos em diferentes tradições religiosas e filosofias de vida, discutindo como podem influenciar condutas pessoais e práticas sociais.
Previsão de horas/aula(s)	Uma hora/aula
Recursos	· Equipamento para projeção audiovisual com acesso à internet. · Princípios éticos comuns entre diferentes tradições religiosas, para complementar as informações dos estudantes na pesquisa introdutória. · Acesso dos estudantes à plataforma Padlet - nela, prepare e crie, antecipadamente, as categorias de diferenciação da ética religiosa entre conceitos e exemplos práticos do cotidiano para que os estudantes preencham. · Papel kraft e recursos (canetinhas, por exemplo) para que os estudantes confeccionem, individual ou coletivamente, um mapa conceitual. · Informações para relacionar o conceito de ética ao seu cultivo no contexto das religiões, para complementar as apresentações dos estudantes, se necessário.

OBSERVAÇÃO

Atividade mobilizadora

Em grupos, solicite que os estudantes pesquisem quais são os princípios éticos comuns entre diferentes tradições religiosas.

A pesquisa deve ser realizada em sala, oferecendo-se acesso à internet ou conteúdos impressos para os grupos trabalharem na coleta de dados. É importante esclarecer aos estudantes o que se concebe como princípio ético, apenas para auxiliá-los na atividade.

Atividade de roda de conversa

Peça aos estudantes para responderem às seguintes perguntas: a partir da minha crença, ou da crença de alguém que conheço, os princípios éticos e os valores religiosos são colocados em prática no cotidiano? Como eles influenciam as atitudes?

Acolha as respostas e favoreça a relação entre conceitos.

IDENTIFICAÇÃO E ANÁLISE

Atividade de pesquisa

Oriente que os estudantes pesquisem exemplos de atitudes éticas entre as diferentes tradições religiosas e/ou histórias de pessoas que atribuem à religião um comportamento ético, evidenciando que o aprenderam a partir dos ensinamentos e das orientações de sua tradição religiosa.

A pesquisa pode ser realizada em casa ou com acesso à internet, na escola. Ainda, pode-se optar por distribuir materiais informativos para a coleta de dados individual. Sugere-se, se necessário, dividir os estudantes em grupos para realizarem a pesquisa coletivamente.

Promova a socialização dos resultados auxiliando os estudantes a identificarem como os preceitos éticos de uma comunidade de pertença e de fé podem influenciar o modo como os seus seguidores se relacionam com outras tradições religiosas ou reagem a situações pessoais, do dia a dia.

Para aprofundar a reflexão, incentive-os a pensarem sobre quais comportamentos chamariam de "éticos" segundo as suas tradições religiosas de pertença ou a tradição religiosa de alguém que conhecem. Explique que os comportamentos de uma pessoa podem refletir, portanto, suas crenças.

Ao final, divida os estudantes em grupos e solicite que organizem as suas conclusões no mural digital Padlet, sintetizando o que aprenderam. Para isso, na ferramenta, crie e ofereça as categorias de diferenciação entre conceitos e exemplos práticos do cotidiano, orientando os estudantes a correlacioná-los. Dessa forma, o mural apresentará aspectos teóricos e atitudinais da ética religiosa.

APROPRIAÇÃO E RESSIGNIFICAÇÃO

Atividade de confecção de um mapa conceitual

Oriente os estudantes a construírem um mapa conceitual, coletiva ou individualmente, traçando um paralelo entre o conceito de ética e o seu cultivo no contexto dos ensinamentos, das práticas e das vivências das religiões.

Sugere-se distribuir papel kraft e recursos (canetinhas, por exemplo) para que o mapa conceitual seja confeccionado de um modo artístico e criativo. Recomenda-se, após as apresentações e as correções necessárias, afixá-lo em sala de aula ou em algum lugar de visibilidade para toda a comunidade escolar.

Atividade avaliativa

Distribua folhas de papel A4 e solicite que, individualmente, os estudantes elaborem uma síntese com o título do estudo realizado.

Na síntese, é preciso que os estudantes contemplem os principais elementos do estudo realizado. Promova a socialização da atividade e corrija possíveis equívocos.

ROTEIRO 02

Título/tema	Ética e religião: a arte das relações
Unidade temática	Crenças religiosas e filosofias de vida
Objeto de conhecimento	Princípios éticos e valores religiosos
Habilidade(s)	(EF07ER06) Identificar princípios éticos em diferentes tradições religiosas e filosofias de vida, discutindo como podem influenciar condutas pessoais e práticas sociais.
Previsão de horas/aula(s)	Uma hora/aula
Recursos	· Equipamento para projeção audiovisual com acesso à internet. · Vídeo "Ética e religião | 1ª Temporada", disponível no Canal Futura (*link* indicado no roteiro), para transmitir aos estudantes. · Quadro ou lousa para anotações. · Acesso dos estudantes à plataforma Padlet ou cartolina/papel kraft para cada estudante, com canetinhas coloridas.

OBSERVAÇÃO

Atividade mobilizadora

Organize uma roda de conversa com os estudantes sobre o que é ética e quais atitudes, deles e de seus amigos, eles classificam como sendo éticas.

Para esta atividade, pode-se organizar os estudantes em duplas e pedir que eles registrem as suas percepções. Em um segundo momento, então, pode-se trazer para a turma as ideias refletidas entre as duplas e ampliar a roda de conversa a partir delas.

IMPORTANTE

Oriente os estudantes a anotarem no caderno as opiniões dos colegas, pois utilizarão esse fundamento na atividade seguinte.

Atividade de retomada de estudo

Oriente os estudantes a revisitarem as suas anotações, após ouvirem as opiniões de todos os colegas, para compararem o que se confirma ou não de suas próprias ideias sobre a ética. Assim, poderão inserir novos comentários ou suprimir o que reconhecem como uma compreensão equivocada. Esse movimento pedagógico possibilita aos estudantes o entendimento de que, à medida que vamos desenvolvendo e tendo acesso a novos conhecimentos, a compreensão de situações e fatos é ampliada, sendo sempre possível mudar pontos de vista e evoluir.

IDENTIFICAÇÃO E ANÁLISE

Atividade de produção textual

Peça aos estudantes para, em grupos, com base no conceito de ética sobre o qual conversaram anteriormente, formularem uma frase que incentive um gesto ou uma atitude ética dirigida a uma pessoa e/ou a uma coletividade.

O objetivo dessa atividade é favorecer aos estudantes a reflexão sobre as diferentes aplicações da ética na vida cotidiana. Promova um momento de socialização das frases, instigando-os a considerarem quais consequências o agir ético pode produzir nas relações e na sociedade.

Atividade de aprofundamento

Apresente o vídeo "Ética: ética e religião | 1ª Temporada", dirigido por Carolina Sá e disponível no YouTube, no qual o professor Renato Janine Ribeiro conversa com um candomblecista e um padre católico.

VÍDEO

ÉTICA: ética e religião | 1ª Temporada. 1 vídeo (26 min.), 2014. Publicado pelo canal Canal Futura.

O conteúdo do vídeo pode ser explorado com os estudantes propondo o desenvolvimento da metodologia ativa conhecida como "Rotina de pensamento: Ver-Pensar-Perguntar". Para isso, proceda da seguinte forma:

1. **Ver**: solicite aos estudantes que comentem as suas percepções sobre o que viram e ouviram dos comentários e dos depoimentos presentes no vídeo. Pergunte sobre quais imagens, expressões, relatos, palavras e frases mais lhes chamaram atenção e peça que expliquem o porquê.
2. **Pensar**: peça aos estudantes para refletirem e conversarem sobre as seguintes questões:
    - Há diferentes percepções acerca da ética. Quais vocês conseguem identificar como essenciais nas relações humanas?
    - Qual é a relação entre as regras/normas religiosas e a ética de um modo geral?
    - Pessoas que não são adeptas de tradições religiosas podem ser éticas? Por quê?

- Acreditar em Deus, em uma divindade, ajuda alguém a ser ético e a aplicar princípios éticos em seu comportamento e em seus relacionamentos? Por quê?
- A cooperação entre as tradições religiosas é algo necessário? Por quê?

3. **Perguntar**: solicite aos estudantes que pensem em quais seriam as outras perguntas que poderiam ser realizadas a partir do que viram e ouviram no vídeo. E quais respostas poderiam ser dadas a elas.

Atividade de produção de texto coletiva

Oriente os estudantes a produzirem todos juntos uma explicação sobre o que é "ética" e como ela se relaciona às religiões. Nesse processo, é importante que consigam fazer conexões entre o que pesquisaram e o vídeo que assistiram. A construção coletiva vai permitir que eles troquem opiniões, por isso é importante mediar esse momento acrescentando perguntas que os ajudem a perceberem a ética como algo que compõe e determina as relações. Peça aos estudantes para registrarem, em seus cadernos, o texto produzido.

APROPRIAÇÃO E RESSIGNIFICAÇÃO

Atividade de roda de conversa

A partir do que foi construído com os estudantes, este é o momento de questioná-los: como a ética faz parte do seu dia a dia?

Acolha as respostas e, depois, amplie esse momento de diálogo sobre situações em que a ética é praticada ou não no cotidiano. Em seguida, pergunte: a sua ética é influenciada por algum ensinamento religioso? Ou você conhece alguém que tenta manter o seu comportamento coerente com algum ensinamento religioso?

Promova uma nova socialização. É importante que os estudantes registrem as opiniões dos colegas no caderno, elaborando um inventário de como a ética é exercida cotidianamente, e se a pertença a alguma tradição religiosa pode influenciá-la.

Explore com os estudantes os conflitos éticos acerca do que é certo e errado quando as situações são analisadas por pessoas diferentes e de diversas culturas.

ATIVIDADE AVALIATIVA

Oriente os estudantes a construírem, individualmente, um esquema (mapa conceitual) traçando um paralelo entre o conceito de ética e o seu cultivo no contexto dos ensinamentos, das práticas e das vivências das religiões.

Para a produção desse esquema, pode-se utilizar a plataforma *on-line* Padlet ou oferecer cartolinas/papel kraft e canetinhas coloridas para uma confecção física, para que a atividade possa ser socializada com a turma. Se possível, escolham os esquemas que podem ser compartilhados com a comunidade escolar.

ROTEIRO 03

Título/tema	Fundamentalismo: preconceito e alteridade
Unidade temática	Crenças religiosas e filosofias de vida
Objeto de conhecimento	Princípios éticos e valores religiosos
Habilidade(s)	(EF07ER06) Identificar princípios éticos em diferentes tradições religiosas e filosofias de vida, discutindo como podem influenciar condutas pessoais e práticas sociais.
Previsão de horas/ aula(s)	Três a quatro horas/aulas
Recursos	· Equipamento para projeção audiovisual com acesso à internet. · Seleção das tradições religiosas a serem pesquisadas pelos estudantes e reunião de informações sobre quais são os seus principais princípios éticos e religiosos, para complementar as apresentações, se necessário. · Notícias diversas sobre fundamentalismo religioso para apresentar e ler aos estudantes. · Conceito de fundamentalismo religioso para apresentar aos estudantes. · Papel kraft e canetinhas para a confecção de um quadro coletivo. · Material sobre grupos radicais em diferentes tradições religiosas, com exemplos de preconceito religioso, para a roda de conversa com os estudantes. · Notícias e imagens de preconceito religioso, para grupos de estudantes. · Acesso dos estudantes a uma ferramenta, para a confecção de um mural digital. · Quadro ou lousa para anotações. · Excertos do filme "Paradise Now" (2005), dirigido por Hany Abu-Assad, e organização do modo de projeção para os estudantes. · Dicionários (impressos ou digitais) para os grupos de estudantes. · Vídeos sobre alteridade indicados no roteiro para promover um vídeo-debate. · Seleção e apresentação aos estudantes de algumas redações elaboradas para o Exame Nacional do Ensino Médio de 2016, cujo tema foi: "Caminhos para combater a intolerância religiosa no Brasil". · Acesso dos estudantes à plataforma Kahoot! para a atividade avaliativa.

OBSERVAÇÃO

Atividade de pesquisa

Pergunte aos estudantes sobre o que eles entendem por princípios éticos e valores religiosos. Anote no quadro e/ou na lousa os principais aspectos sinalizados por eles.

Proponha uma pesquisa, em grupo, sobre os princípios éticos e religiosos. Para cada grupo, distribua uma tradição religiosa (cristianismo, hinduísmo, budismo, islamismo, judaísmo, dentre outras, lembrando-se de considerar as que se encontram na realidade dos estudantes) para que reúnam os dados sobre o que orientam aos seus seguidores em sua relação consigo mesmos e com os outros, desde aqueles que fazem parte de sua comunidade, ou seja, as pessoas que são adeptas da mesma tradição, até aquelas com as quais se relacionam fora da comunidade – principalmente com as diferenças culturais e religiosas presentes na sociedade.

> **SUGESTÃO**
>
> Essa pesquisa pode ser realizada em sala, oferecendo acesso à internet aos estudantes ou materiais impressos para que coletem as informações.

Promova um momento de socialização dos resultados das pesquisas realizadas pelos grupos. Após as apresentações, solicite que identifiquem as semelhanças e as diferenças relacionadas aos princípios éticos e religiosos que orientam como conviver com a diversidade. Organize com a turma uma lista dessas semelhanças.

IDENTIFICAÇÃO E ANÁLISE

Comente com os estudantes que há tradições que, ao longo da evolução da humanidade, foram se adaptando para se manterem próximas da realidade das pessoas. Contudo, apesar de se modernizarem e renovarem, a essência de sua crença e da história de sua origem é mantida e respeitada por cada tradição. O que acontece são mudanças que se alinham aos sinais dos tempos. Como exemplo, pode-se mencionar o cristianismo católico e a forma de celebrar a missa: inicialmente, usou-se o latim e o padre ficava de costas para o povo; depois, a missa passou a ser celebrada no idioma dos povos e com o padre voltando-se para a assembleia. Pode-se solicitar aos próprios estudantes que sinalizem, de suas tradições ou de alguma que conheçam, se sabem de alguma dessas mudanças.

Destaque que a forma às vezes muda, mas os valores propostos são perenes e sempre voltados à realidade de seus seguidores. A forma de praticá-los, por vezes, também se modifica, quando há maior clarificação das lideranças e dos próprios seguidores. Nesse caso, pode-se comentar como exemplos algumas normas religiosas que, na sua origem, no contexto em que foram estabelecidas, apresentavam-se importantes, mas se tornaram questionáveis com relação à dignidade da vida, de modo que as tradições religiosas buscaram fazer a sua releitura e adaptação.

Comente com os estudantes que, apesar de parecer natural, nem sempre esse processo é fácil. Assim, há grupos religiosos que se posicionam fiéis ao extremo a palavras e orientações que foram estabelecidas em certos contextos, recusando-se a adequá-las à evolução da humanidade. Essa postura conduz ao fundamentalismo religioso.

Atividade de leitura e reflexão

Questione os estudantes sobre o que eles entendem por fundamentalismo religioso. A partir da questão, apresente e leia notícias que envolvam o fundamentalismo religioso e promova uma roda de conversa para conceituar e problematizar esse fenômeno. Oriente os estudantes, então, a selecionarem uma das notícias apresentadas e formularem, com suas próprias palavras, um resumo explicando como a notícia definiu o fundamentalismo religioso e qual mensagem ela transmitiu ao leitor.

Promova a socialização do resumo das notícias. Incentive os estudantes a compartilharem as suas opiniões a respeito do que é o fundamentalismo religioso e quais são as suas possíveis consequências. Em seguida, com papel kraft e canetinhas, organize com os estudantes um quadro coletivo com duas colunas: na primeira, deve-se escrever frases que definem as compreensões da turma sobre o que é fundamentalismo religioso; na segunda, as consequências causadas por atitudes fundamentalistas. Sugere-se afixar o quadro em um lugar visível da sala de aula.

Atividade de vídeo-debate

Selecione partes do filme "Paradise Now" (2005), dirigido por Hany Abu-Assad, no qual dois amigos de infância, palestinos, Khaled e Sayd, são recrutados para uma missão suicida em Tel Aviv. Trata-se de um roteiro que propicia refletir sobre as motivações que fazem com que pessoas se disponham ao martírio, tornando-se homens-bomba. Na última noite com a família, o personagem Khaled se vê diante das dúvidas sobre a ação, enquanto Sayd se revela convicto, embora tema pelas pessoas inocentes que serão feridas pelos seus atos. Nesse enredo, as coisas não acontecem conforme o planejado: os amigos acabam se separando e, com as bombas no corpo, desencadeiam-se as reflexões sobre as suas convicções e o destino.

Após comentar e realizar a exibição das partes do filme previamente selecionadas, promova um debate com os estudantes para verificar se conseguem identificar, nas cenas, o que seria fundamentalismo religioso. Anote, no quadro, quais são os principais pontos levantados.

A partir das contribuições dos estudantes, aprofunde o conceito de fundamentalismo religioso. Uma das contribuições que se pode utilizar para essa exposição é a do estudioso do catolicismo Leonardo Boff:

> A tese dos fundamentalistas no âmbito religioso é afirmar que a Bíblia constitui o fundamento básico da fé cristã e deve ser tomada ao pé da letra (O fundamental de tudo para a fé [...] é a Bíblia). Cada palavra, cada sílaba, cada vírgula, dizem os fundamentalistas, é inspirada por Deus. Como Deus não pode errar, então tudo na Bíblia é verdadeiro e sem qualquer erro. Como Deus é imutável, sua palavra e suas sentenças também o são. Vale para sempre.

> [...] Não obstante, aqueles que tomam o Alcorão como a revelação enlivrada (feita livro) e tentam aplicá-la em todos os campos da vida – no sagrado e no profano, na sociedade e na organização do Estado – tendem a ser fundamentalistas.
> Criam um Estado teocrático e acabam impondo a todos, mesmo aos não-muçulmanos, as verdades islâmicas e os preceitos rígidos da moral, especialmente com referência à mulher.[48]

Esclareça aos estudantes que, por conta do fundamentalismo religioso, há situações de intolerância e preconceito religiosos. Explore esses conceitos.

Atividade de roda de conversa

Peça que os estudantes registrem, no caderno, quais grupos religiosos eles conhecem que são fundamentalistas. Explore, a partir das respostas, que há grupos radicais em diferentes tradições religiosas, como alguns que não aceitam as mudanças de época e acreditam estar sendo fiéis à origem de suas tradições, sem reconhecerem que algumas de suas atitudes ferem os valores e os princípios da própria tradição a que pertencem.

A partir da compreensão do conceito de fundamentalismo religioso, indague aos estudantes se já sofreram ou presenciaram algum tipo de preconceito religioso. Trabalhe com os estudantes as motivações e as ações que precisam ser realizadas para evitar esse tipo de postura de algumas pessoas e grupos diante da diversidade religiosa. Aproveite o diálogo para esclarecer que tipos de comentários e atitudes se enquadram como fundamentalismo e, ao mesmo tempo, como preconceito religioso.

48 BOFF, L. *Fundamentalismo*: a globalização e o futuro da humanidade. Rio de Janeiro: Sextante, 2002, p. 13 e 30.

Atividade de confecção de mural sobre o preconceito religioso

Divida os estudantes em grupo. Distribua notícias e imagens de preconceito religioso. Oriente para que organizem, com essas notícias e imagens, um mural digital. Converse com os estudantes sobre os tipos de preconceito e como estão associados ao fundamentalismo, incentivando-os a diferenciarem esses comportamentos das propostas de valores anunciados pelas diferentes tradições religiosas.

APROPRIAÇÃO E RESSIGNIFICAÇÃO

Atividade de vídeo-debate

Divida os estudantes em grupos. Distribua entre os grupos um dicionário (o acesso também pode ocorrer *on-line*, se possível). Peça aos estudantes para procurarem o verbete "alteridade" e conversarem sobre o que entenderam. Solicite que anotem um resumo de suas conclusões no caderno.

SUGESTÃO

Caso facilite, pode-se pedir que os estudantes pesquisem o conceito de alteridade em casa e tragam para a escola as suas conclusões.

Apresente aos estudantes os vídeos a seguir:

VÍDEOS

O QUE é alteridade? | Laura Widal. 1 vídeo (2 min.), 2017. Publicado pelo canal Laura Widal.

ALTERIDADE – Brasil Escola. 1 vídeo (8 min.), 2020. Publicado pelo canal Brasil Escola.

Nesse vídeo, o conceito de alteridade é explorado.

Após a exibição, aborde com os estudantes as semelhanças e as diferenças entre os conceitos encontrados nos dicionários, registrados em seus cadernos, e as explanações presentes nos vídeos. Realize, em seguida, uma roda de conversa com os estudantes para que identifiquem a relação entre o conceito de alteridade e o fundamentalismo religioso, assim como a aproximação desse conceito com os princípios e os valores propostos pelas tradições religiosas.

Atividade de leitura crítica

Na busca por ampliar a sua qualidade de estudos e capacitação frente ao mundo contemporâneo, selecione e apresente aos estudantes algumas redações elaboradas para o Exame Nacional do Ensino Médio de 2016, cujo tema foi: "Caminhos para combater a intolerância religiosa no Brasil".

Incentive a criticidade dos estudantes durante a leitura, solicitando que identifiquem as principais ideias apresentadas nas redações sobre o combate à intolerância religiosa. Promova uma discussão sobre como algumas dessas ideias se relacionam com os princípios éticos e os valores religiosos necessários à convivência com a alteridade.

ATIVIDADE AVALIATIVA

Divida os estudantes em dois grupos e oriente-os a acessarem a plataforma Kahoot!. Peça que desenvolvam nela um jogo de cinco a dez perguntas para que o outro grupo responda. Ao final da atividade, os *links* deverão ser trocados, e os estudantes poderão jogar entre si, criando uma brincadeira para verificar se compreenderam os conceitos das duas aulas.

SUGESTÃO

Caso o acesso à plataforma não seja possível, realize adaptações para que cada grupo crie um jogo físico de perguntas e respostas, com base nas aprendizagens deste roteiro.

ROTEIRO 04

Título/tema	Racismo religioso
Unidade temática	Crenças religiosas e filosofias de vida
Objeto de conhecimento	Princípios éticos e valores religiosos
Habilidade(s)	(EF07ER06) Identificar princípios éticos em diferentes tradições religiosas e filosofias de vida, discutindo como podem influenciar condutas pessoais e práticas sociais.
Previsão de horas/aula(s)	Uma hora/aula
Recursos	· Equipamento para projeção audiovisual com acesso à internet. · Acesso dos estudantes às plataformas Canva e Padlet. · Acesso aos artigos jornalísticos indicados no roteiro para a leitura dos estudantes.

OBSERVAÇÃO

Atividade mobilizadora

Converse com os estudantes sobre a percepção deles a respeito da relação entre as religiões. Qual é a percepção em nível global? E quanto ao nacional? E em nível estadual? E nas proximidades da escola, no bairro?

Pergunte se algum estudante conhece algum tipo de violência contra a crença dos membros das tradições afro-brasileiras. Pergunte, também, se eles conhecem algum fato violento que tenha a religião afro-brasileira como elemento motivador.

Mencione que o preconceito religioso é uma expressão de intolerância e violência observável no Brasil e em várias partes do mundo, principalmente contra tradições afro-brasileiras e indígenas, apesar de haver muitas ações para que isso não ocorra. Ressalte que é um ato que prejudica a boa convivência e o direito à liberdade de crença.

IDENTIFICAÇÃO E ANÁLISE

Atividade de leitura e reflexão

Distribua entre os estudantes artigos jornalísticos sobre preconceito e intolerância religiosa contra tradições afro-brasileiras e indígenas, pedindo que leiam com atenção e procurem qual é a relação dos elementos das notícias com o que já estudaram no Ensino Religioso.

A seguir, são indicados alguns artigos – apenas um deles aborda o sentido do diálogo, todos os outros exemplificam situações de violência e intolerância religiosa.

SUGESTÕES DE LEITURA

COELHO, L. Falta de conhecimento sobre outras culturas agrava intolerância religiosa no Brasil. *Jornal da USP*, 2021. Disponível em: https://jornal.usp.br/atualidades/falta-de-conhecimento-sobre-outras-culturas-agrava-intolerancia-religiosa-no-brasil/. Acesso em: 17 fev. 2023.

CORRÊA, M. Intolerância religiosa ou racismo religioso? *Brasil de Fato*, 2020. Disponível em: https://www.brasildefators.com.br/2020/08/24/artigo-intolerancia-religiosa-ou-racismo-religioso. Acesso em: 17 fev. 2023.

HOLANDA, L. Denúncias de intolerância religiosa cresceram 141% no Brasil em 2021. *Metrópoles*, 2022. Disponível em: https://www.metropoles.com/brasil/denuncias-de-intolerancia-religiosa-cresceram-141-no-brasil-em-2021. Acesso em: 17 fev. 2023.

NUNES, A. Quem é padre Lázaro, que abriu as portas da igreja aos candomblecistas. *TAB UOL*, 2021. Disponível em: https://tab.uol.com.br/noticias/redacao/2021/09/15/quem-e-lazaro-o-padre-que-uniu-fieis-catolicos-e-candomblecistas-na-bahia.htm. Acesso em: 17 fev. 2023.

OLIVEIRA, C. No Dia de Combate à Intolerância Religiosa há "pouco a comemorar", diz liderança. Brasil de Fato, 2021. Disponível em: https://www.brasildefato.com.br/2021/01/21/no-dia-de-combate-a-intolerancia-religiosa-ha-pouco-a-comemorar-diz-lideranca. Acesso em: 17 fev. 2023.

TERREIRO de umbanda é incendiado na Região Metropolitana do Rio de Janeiro. *Brasil de Fato*, 2020. Disponível em: https://www.brasildefato.com.br/2020/09/09/terreiro-de-umbanda-e-incendiado-na-regiao-metropolitana-do-rio-de-janeiro. Acesso em: 17 fev. 2023.

TERREIROS são alvo de intolerância religiosa e racismo no Brasil. *Portal Aprendiz*, 2019. Disponível em: https://portal.aprendiz.uol.com.br/2019/07/17/terreiros-sao-alvo-de-intolerancia-religiosa-e-racismo-brasil/. Acesso em: 17 fev. 2023.

Distribua os estudantes em grupos e peça para conversarem sobre os textos, encontrando elementos comuns que motivam as ações de desrespeito e intolerância às diferenças, à liberdade de crença, principalmente voltada à população afro-brasileira.

Após as conversas em grupos, solicite aos estudantes que apresentem as suas conclusões. Ajude-os a realizarem as ligações necessárias entre a ética, como o cultivo de boas relações, e a violência religiosa, como a quebra dessa relação e, principalmente, como o não cumprimento dos princípios éticos e dos valores preconizados pelas tradições religiosas.

APROPRIAÇÃO E RESSIGNIFICAÇÃO

Atividade de roda de conversa

Explore com os estudantes o fato de que há o preconceito religioso e que ações de intolerância religiosa voltadas, principalmente, para as populações afro-brasileiras apresentam relações diretas com o conceito de racismo religioso.

Apresente esse conceito com abordagens que ampliem a percepção sociocultural desse fenômeno, favorecendo a compreensão de que as tradições religiosas afro-brasileiras também sofrem o legado histórico associado ao racismo. Se necessário, retome a compreensão dos estudantes sobre o racismo e o preconceito para associá-la às crenças religiosas.

IMPORTANTE

Ao abordar o conceito de racismo religioso, explore com os estudantes que a população indígena no Brasil também é vítima da incompreensão e, por vezes, do desconhecimento de suas crenças religiosas. Ainda, pode-se abordar o racismo religioso como um fenômeno que acontece em outros lugares do mundo. Mencione como exemplo o racismo religioso contra os judeus devido à ideologia excludente, que desencadeou a Segunda Guerra Mundial e perdura até os dias de hoje nas relações interculturais, como expressões de antissemitismo.

Atividade de criação de arte para divulgação digital

Incentive a turma a elencar cinco ações que poderiam ser realizadas para impedir que a violência religiosa contra as tradições afro-brasileiras ou indígenas aconteça ou para minimizá-la. Destaque que essas ações devem favorecer o direito à liberdade de crença e promover a tolerância às diferenças.

Registre as ações descritas no quadro. Depois, divida os estudantes em grupos e oriente-os a prepararem uma divulgação dessas ações, no formato de *posts* para redes sociais, que conscientize e sensibilize as pessoas para a questão. Pode-se distribuir uma ou mais ações por grupo. Após a socialização, providencie a divulgação do trabalho nas redes sociais da escola, se a realidade permitir.

SUGESTÃO

O ideal é que os estudantes tenham acesso a plataformas digitais, como Canva, para essa produção. Caso não seja possível, oriente-os a criarem cartazes físicos.

ATIVIDADE AVALIATIVA

Oriente os estudantes a produzirem um esquema, um mapa conceitual, mostrando o que está relacionado ao racismo religioso. Para a construção desse mapa, pode-se utilizar a plataforma *on-line* Padlet. É possível, também, confeccionar o mapa em papel kraft, de modo que ele seja afixado em sala de aula ou em algum lugar de visibilidade para toda a comunidade escolar.

ROTEIRO 05

Título/tema	Bem viver: construindo novas relações
Unidade temática	Crenças religiosas e filosofias de vida
Objeto de conhecimento	Princípios éticos e valores religiosos
Habilidade(s)	(EF07ER06) Identificar princípios éticos em diferentes tradições religiosas e filosofias de vida, discutindo como podem influenciar condutas pessoais e práticas sociais.
Previsão de horas/aula(s)	Uma hora/aula
Recursos	· Equipamento para projeção audiovisual. · Acesso à plataforma Padlet. · Papel para cartaz, pincéis atómicos e canetinhas hidrocor. · Vídeo "A arte do bem viver: conversa com Kaká Werá", indicado no roteiro. · Texto de Marcelo Barros, "Bem viver para irmanar o universo", indicado no roteiro, para ser lido pelos estudantes. Pode-se indicar o *link* de acesso ou dispor o texto em *slides*, impresso ou de outra forma.

OBSERVAÇÃO

Atividade mobilizadora

Recorde com a turma quais foram as ideias de ações construídas no estudo anterior, que visavam garantir boas relações entre pessoas e grupos, impedindo ou minimizando a violência/intolerância religiosa.

Apresente uma síntese, incentivando a participação dos estudantes, do que foi visto e registrado com relação ao estudo realizado sobre os princípios éticos religiosos, assim como as condutas e as práticas sociais que estão relacionadas a eles.

É importante analisar com os estudantes as conexões fundamentais entre a ética, as boas práticas e as boas relações nas religiões, verificando se conseguem estabelecer essas conexões. Nesse processo, espera-se que reconheçam que as religiões são ou podem ser importantes no contexto atual como promotoras de posturas éticas.

IDENTIFICAÇÃO E ANÁLISE

Atividade de pesquisa

Oriente os estudantes a pesquisarem sobre o conceito indígena de "bem viver", solicitando que façam anotações em seus cadernos sobre o que encontrarem.

SUGESTÃO

Esta pesquisa pode ser realizada em casa ou na sala de aula, oferecendo aos estudantes acesso à internet.

Atividade de vídeo-debate

Apresente o vídeo "A arte do bem viver: conversa com Kaká Werá", disponível no YouTube.

VÍDEO

A ARTE do bem viver: conversa com Kaká Werá. 1 vídeo (10 min.), 2019. Publicado pelo canal Daniel Munduruku.

O vídeo é uma conversa sobre o bem viver, mostrando os entendimentos relacionados ao lugar que se consideraria bom de se viver. Esse lugar bom de se viver, na experiência dos ancestrais guarani, considera quatro características e/ou fundamentos: ter natureza perto (rio, montanha, árvore, pedra etc.), porque a natureza conecta o ser humano com a fonte da vida; ter respeito aos ancestrais, porque eles são o fio que conecta a comunidade; ter respeito às relações, o que pressupõe respeito à diversidade; e ser inclusivo com as diferenças, considerando que todos são parentes.

Após apresentar o vídeo, explore as seguintes questões:

- Para você, o que é o bem viver?
- O que é um lugar bom de se viver?
- O vídeo apresentou as características e/ou fundamentos para um lugar ser bom de se viver: contato com a natureza, respeito aos ancestrais, respeito às relações e inclusão da diversidade. Essas características são importantes para a nossa sociedade?
- Dessas características, qual você classifica como mais urgente e necessária para a nossa sociedade?
- Essas características do bem viver na perspectiva indígena se associam à qualidade de vida? Como?
- Como as novas gerações compreendem o respeito aos ancestrais? Você sabe algo de sua árvore genealógica?
- O que você tem a dizer sobre a frase: "Qualidade de vida pressupõe incluir respeito à natureza, aos ancestrais e à diversidade, além do reconhecimento de que aquele que não possui o mesmo sangue que você também é seu irmão, seu parente, porque é da mesma origem humana."?

Realize um momento expositivo para conectar tudo o que foi trabalhado até aqui, destacando essa filosofia indígena, que marca os povos originários da América do Sul, como alternativas para os conflitos que já existem no mundo. Incentive os estudantes a compreenderem que as características de um lugar bom para se cultivar o bem viver estão à disposição de todos nós, desde que caminhemos em direção ao diálogo para fazermos da ética, a partir das religiões, uma baliza para o nosso cotidiano.

APROPRIAÇÃO E RESSIGNIFICAÇÃO

Atividade de produção de história em quadrinhos

Proponha a leitura ou faça uma síntese do seguinte texto:

SUGESTÕES DE LEITURA

BARROS, M. Bem viver para irmanar o universo. *Revista Senso*, 2018. Disponível em: https://revistasenso.com.br/bem-viver/bem-viver-para-irmanar-o-universo/. Acesso em: 17 fev. 2023.

A partir desse texto, promova a interconexão entre os elementos anteriormente estudados e proponha aos estudantes a reflexão a seguir: como os povos indígenas podem nos ajudar a viver de maneira mais harmoniosa, cultivando boas relações entre nós e, também, com a natureza, nossa casa comum?

Com base na reflexão coletiva, solicite que os estudantes elaborem uma história em quadrinhos para expressar o bem viver no dia a dia.

Promova a socialização das histórias em quadrinhos e analise junto aos estudantes quais propostas produzidas podem inspirar as pessoas à prática do bem viver. Solicite que, juntos, preparem mensagens, a partir das histórias em quadrinhos, para serem divulgadas na comunidade escolar e nos grupos de amigos.

ATIVIDADE AVALIATIVA

Oriente os estudantes a construírem um parágrafo-síntese sobre a aprendizagem desse estudo.

Crenças, convicções e atitudes

Álisson Alves de Almeida[49]

As crenças e os valores de uma pessoa determinam as suas características e orientam as suas escolhas. No processo de tomada de decisões, faz-se necessário reconhecer essas crenças e esses valores, para compreendermos comportamentos e atitudes. Por mais que, em algumas ocasiões, as ações sejam dadas como automáticas, no fundo estão os valores pessoais e as convicções que vamos moldando ao longo de nossa trajetória. Princípios éticos e filosofias de vida estão presentes na formação desses valores e podem, a partir de uma análise sincera e bem orientada, tornar-se componentes de transformação da sociedade, uma vez que interferem no todo. Portanto reconhecer a influência das crenças e das convicções que orientam as escolhas, tanto pessoais quanto coletivas, e analisar os princípios ético-religiosos e os seus impactos na vida cotidiana são objetos de conhecimento a serem desenvolvidos no Ensino Religioso.

Como parte essencial desse processo de conhecimento, temos o conceito de ética em suas nuances, que o diferenciam do conceito de moral. As noções de valores e princípios, a saber, alteridade, empatia e justiça, são igualmente importantes, pois estão diretamente ligadas à vida e às ações do estudante, bem como ao seu desenvolvimento como pessoa e cidadão.

---

49 Mestre em Filosofia pela Faculdade Jesuíta de Filosofia e Teologia (Faje-MG) e pós-graduado em Filosofia do Direito pela Pontifícia Universidade Católica de Minas Gerais (PUC Minas). É professor dos colégios Santa Doroteia e Santo Agostinho de Belo Horizonte (MG), atuando na área de Ciências da Religião e Pastoralidade. Tem experiência na área de Filosofia, com ênfase em História da Filosofia, e em Educação Artística, com formação técnica pelo Conservatório Estadual de Música Lobo de Mesquita, em Diamantina (MG).

A seguir, indicamos leituras que podem favorecer o trabalho pedagógico:

SUGESTÕES DE LEITURA

CORTINA, A.; MARTÍNEZ, E. *Ética*. 2. ed. São Paulo: Loyola, 2009.

DAVE, R.; GARRAT, C. *Entendendo*: ética. São Paulo: LeYa, 2013.

RODRIGUES, S. Como a juventude se relaciona com a religião. *Observatório Jovem*, 2007. Disponível em: http://www.observatoriojovem.uff.br/?q=materia/como-juventude-brasileira-se-relaciona-com-religi%C3%A3o. Acesso em: 13 fev. 2023.

SILVEIRA, V. F. B. de F. *Ensino Religioso*: passado, presente e fé. V. 3. Curitiba: Piá, 2019, p. 56-83.

ROTEIRO 01

Título/tema	Processo de tomada de decisão
Unidade temática	Crenças religiosas e filosofias de vida
Objeto de conhecimento	Crenças, convicções e atitudes
Habilidade(s)	(EF08ER01) Discutir como crenças e convicções podem influenciar escolhas e atitudes pessoais e coletivas. (EF08ER02) Analisar filosofias de vida, manifestações e tradições religiosas destacando seus princípios éticos.
Previsão de horas/aula(s)	Uma hora/aula
Recursos	· Equipamento para projeção audiovisual com acesso à internet. · Vídeo de uma das provas do MasterChef Junior Brasil (ou outro *reality* culinário) para explorar elementos no processo de realizar escolhas (*link* indicado no roteiro). · Texto indicado no roteiro, impresso ou digital, para projeção. · Projeção das ideias e perguntas indicadas no roteiro para mobilizar os momentos de reflexão propostos. · Orientações para a produção de um vídeo-minuto em grupos com o uso do celular (sugestão indicada no roteiro). · Informações reunidas e organizadas para apresentar a influência da religião na sociedade e na vida de seus adeptos. · Princípios e valores de algumas tradições religiosas reunidos e organizados em *slides* (Power Point). · Folhas de papel A4.

OBSERVAÇÃO

Atividade mobilizadora

Questione os estudantes sobre a quantidade de escolhas realizadas desde o momento em que acordaram. Após ouvir os seus relatos, solicite que elaborem uma nuvem de palavras tendo como palavra central "escolhas". Ao redor dessa palavra, solicite que anotem palavras ou ações que se referem às escolhas mencionadas: alimentação; vestimenta; comunicação com as pessoas; uso do celular para ler mensagens e ver postagens de amigos e/ou conhecidos; religião.

Após concluírem, mencione que a vida segue essa mesma dinâmica: há muitas escolhas para se realizar o que deseja. Assim, uma escolha se compõe de etapas que, combinadas, conduzem ao nosso objetivo. Comente que atingir metas de vida requer perseverar, sabendo que, ao fazer uma escolha, há outras que acontecem ao mesmo tempo para complementar a escolha "principal" – como acontece quando aprendemos a tocar um instrumento. Nesse processo, é comum estar executando ações ou assumindo novas escolhas sem perceber, já tomando decisões quase que sem parar e analisar os detalhes que a compõem. Pode-se dizer que, aos poucos, com a prática, podemos aprender a fazer as escolhas certas para momentos específicos. Mas isso somente é possível se tivermos clareza dos nossos objetivos.

Para falar das escolhas, pode-se apresentar o exemplo dos cozinheiros de programas de *reality* de culinária, que precisam pensar em diversas formas de cozinhar e fazer tudo com um tempo exato e muito bem-feito.

SUGESTÃO

Para explorar o exemplo, comente uma das provas do MasterChef Junior Brasil que pode ser vista no vídeo oficial "Uma prova de eliminação em duplas e com cozinha chinesa | Temp. 01 | MasterChef Junior Brasil", disponível no YouTube.

UMA PROVA de eliminação em duplas e com cozinha chinesa | Temp. 01 | MasterChef Junior Brasil. 1 vídeo (7 min.), 2022. Publicado pelo canal MasterChef Brasil.

No vídeo, percebemos que as escolhas estão sendo feitas diante de uma "escolha principal", e tudo gira em torno de uma meta: cozinhar uma boa comida chinesa para ganhar a prova. Nesse processo, as escolhas são variadas, mas o que chama a atenção são os comentários: "Eu não quero fazer com ele", "Escolher fulano e fulano em dupla para que a fulana saia", "Vamos escolher tal comida? Sim". As falas dos participantes revelam processos de escolha que denotam, respectivamente, uma postura excludente, uma estratégia para benefício próprio em detrimento do outro e um acordo (rápido e prático) para a escolha de um "bem comum".

Enfim, é possível identificar que há diversas perguntas entre os participantes e dúvidas envolvendo o resultado. Neste momento, pode--se explorar os processos de escolhas que os adolescentes fazem e quais elementos os influenciam: amigos, família, comunidade religiosa, *influencers*, ídolos etc.

IDENTIFICAÇÃO E ANÁLISE

Atividade de leitura crítica

Entregue aos estudantes o texto proposto a seguir impresso, ou projete-o usando *slides*.

Oriente o estudo de texto com os estudantes com pausas para comentários sobre as abordagens. À medida que for avançando na leitura, explore: os hábitos; as escolhas realizadas quase que automaticamente; a relação entre escolhas e consequências; as prioridades e as dúvidas acerca das escolhas; a maneira como as escolhas acontecem e as influências nas decisões (família, religião, amizades etc.); as atitudes e os comportamentos com relação a si e ao próximo.

Estamos sempre diante de situações em que é preciso decidir o que fazer; e, às vezes, decidimos até sem perceber: levantar-se da cama, vestir determinada roupa, fazer o trajeto do colégio, comer um determinado alimento em certa hora do dia. São situações que nos habituamos a viver, por isso chamamos de **hábitos** – aquilo que fazemos sem perceber que escolhemos fazer. Esses hábitos fazem parte de nós a partir de nossa convivência na família, no ambiente religioso e na sociedade em geral.

Outras decisões precisam de uma maior atenção e responsabilidade, pois terão consequências para o nosso futuro. Se a atenção e a responsabilidade forem praticadas habitualmente, podem ajudar nos resultados positivos que teremos com as decisões que tomarmos.

Ainda temos determinadas questões que são essenciais na etapa atual em que vivemos: estudo, família, amigos. Para cuidar dessas situações, precisamos de uma responsabilidade tal que a ação escolhida seja considerada a melhor. Porém essas decisões podem causar ansiedade, afinal, como saber qual será a melhor opção? Sobre o estudo, por exemplo, como decidir o que queremos aprender com mais profundidade; o que fazer para melhorar o nosso desempenho escolar; quanto tempo dedicar ao estudo em casa?

A verdade é que identificar os gostos pessoais pode contribuir no processo de tomada de decisão, e a maneira de interagir com as pessoas pode ser um bom caminho para desenvolver o autoconhecimento, contribuindo e muito para isso.

Faça uma exposição sobre a relação das pessoas com as suas crenças e decisões, isto é, as escolhas que realizam. Para isso, apresente as seguintes ideias:

- A religião transmitida de geração em geração, presente na dinâmica familiar e social.
- A influência da religião na sociedade e na estrutura das civilizações.
- A influência dos princípios éticos e dos valores das tradições religiosas no comportamento das pessoas, na organização cultural de povos e nações.
- A religião influenciada pela cultura e influenciadora da cultura.
- Os valores que as pessoas encontram nas tradições religiosas e que podem ajudá-las a realizar as suas escolhas pessoais.
- A participação religiosa e o ingresso em redes de solidariedade com suporte emocional e material.

SUGESTÃO

Para complementar os comentários, indica-se a leitura do artigo a seguir:

VIEGA JUNIOR, L. Espiritualidade e saúde mental: por uma psicologia que acolha a temática de forma técnica, ética e científica. *Revista Senso*, 2022.

Nesse artigo, é possível captar informações sobre o quanto a saúde mental pode ser influenciada pela forma como as pessoas lidam com a religião, além da necessidade de se trabalhar, também no âmbito científico (terapias, análises, consultas), os aspectos da religiosidade e da espiritualidade. Eles estão presentes de modo intenso na maioria das pessoas e precisam ser cuidados para que cada uma possa escolher bem, estar bem e preservar as suas crenças e a sua autonomia.

APROPRIAÇÃO E RESSIGNIFICAÇÃO

Atividade de roda de conversa

Apresente em *slides*, com imagens bem elaboradas, os princípios e os valores de tradições religiosas, tais como: os indígenas e a sua relação com a natureza; a compaixão no budismo; a caridade no islamismo; o amor ao próximo no cristianismo; o equilíbrio no taoísmo.

Proponha aos estudantes que identifiquem quais são as escolhas que eles realizam guiados pelas influências de sua tradição religiosa ou por sua não adesão a uma religião. Oriente para que, individualmente, registrem:

- Qual é a sua característica mais marcante?
- Sobre o que você tem o hábito de pesquisar na internet?
- Quais atividades e assuntos mais combinam com você?
- Você costuma estabelecer metas e objetivos na vida escolar? E na vida pessoal?
- As suas características, os seus hábitos, os assuntos que combinam com você e os seus objetivos têm alguma relação com o seu modo de crer, com a crença que você professa? Por quê?
- Você pensa em se desenvolver no contato com a sua crença?

Promova a partilha de informações e peça que identifiquem o quanto a pertença ou não a uma religião influencia nas escolhas, na conduta, no protagonismo.

Atividade de produção de vídeo-minuto

Solicite aos estudantes que, em grupos, realizem a produção de um vídeo-minuto para apresentarem as orientações religiosas presentes na vida e nas escolhas das pessoas. Para produzirem o vídeo, oriente os passos:

- Entrevistem amigos e familiares com a seguinte pergunta: quais orientações religiosas influenciam a sua vida, o seu comportamento, o seu jeito de falar e agir, as suas escolhas e decisões?
- Anotem as informações e preparem o vídeo. Para isso, é preciso: dar um título, organizar as informações das entrevistas e fazer um roteiro para organizá-las, podendo-se dividir em seções: orientação religiosa, comportamento, expressões, modos de agir, escolhas e decisões.
- Organize com os estudantes as apresentações dos vídeos explorando as informações coletadas, com destaque às semelhanças e às diferenças.

VÍDEO

Para saber mais sobre como orientar esta atividade, assista ao vídeo a seguir:

VÍDEO-minuto: O que é? Como fazer? 1 vídeo (11 min.), 2020. Publicado pelo canal Prof. Adson Luan Seba (Tecnologias e Ensino).

ATIVIDADE AVALIATIVA

Solicite aos estudantes que elaborem um esquema associando os princípios e os valores religiosos a escolhas e comportamentos das pessoas, utilizando frases-chave que expressem a aprendizagem do estudo realizado. Distribua folhas de papel A4 para a atividade.

ROTEIRO 02

Título/tema	Religião, escolhas, mudanças pessoais e mudanças sociais
Unidade Temática	Crenças religiosas e filosofias de vida
Objeto de conhecimento	Crenças, convicções e atitudes
Habilidade(s)	(EF08ER01) Discutir como crenças e convicções podem influenciar escolhas e atitudes pessoais e coletivas. (EF08ER02) Analisar filosofias de vida, manifestações e tradições religiosas destacando seus princípios éticos.
Previsão de horas/aula(s)	Três a quatro horas/aulas
Recursos	· Equipamento para projeção audiovisual com acesso à internet. · Informações sobre manifestações religiosas que acontecem na realidade dos estudantes e como elas influenciam a vida das pessoas e da coletividade, para motivar roda de conversa. · Informações sobre como as tradições religiosas motivam as pessoas a se desenvolverem, por meio de orientações voltadas ao indivíduo e à coletividade. · Informações sobre manifestações das tradições religiosas e de seus adeptos que levam à prática de princípios éticos de cuidado e preservação da vida humana e da natureza, para projetar como exemplos. · Estudo do texto "O encontro de Assis: marco simbólico do diálogo inter-religioso" (disponível na internet e indicado no roteiro), que será trabalhado com os estudantes – preparar glossário dos termos mais complexos. · Dados de movimentos, líderes e seguidores de diferentes tradições religiosas, para orientar a pesquisa dos estudantes. · Preparação do esquema proposto de modo impresso ou digital para que os estudantes realizem a atividade avaliativa.

OBSERVAÇÃO

Atividade mobilizadora

Explore as opções pessoais influenciadas pelas tradições religiosas, destacando os seus impactos na vida das pessoas. Para abordar essas questões, é importante se apropriar de alguns dados do estudo anterior (Roteiro 01 – 8º ano).

Solicite aos estudantes que identifiquem, em suas realidades, quais manifestações religiosas acontecem e como elas influenciam a vida das pessoas e da coletividade.

Após ouvir os comentários, explore o fato de as tradições religiosas motivarem as pessoas a se desenvolverem, a se tornarem protagonistas de suas vidas. Nessa perspectiva, oferecem orientações tanto de modo personalizado quanto coletivo, apresentando propostas de como é possível superar as adversidades e mudar paradigmas. Assim contribuem tanto com os seus adeptos quanto com o desenvolvimento da vida em sociedade.

No âmbito da coletividade, para exemplificar, pode-se citar a mobilização de várias tradições religiosas, realizada em 2019, como ato ecumênico de solidariedade pelas vítimas do rompimento da barragem de Brumadinho (MG), que levou à morte de 272 pessoas e espalhou resíduos de minério pela bacia do Rio Paraopeba. Ao utilizar esse exemplo, pode-se explorar os impactos da tragédia na vida da comunidade, nas práticas religiosas das diferentes tradições.

Sobre isso, sugere-se realizar comentários utilizando como base a reportagem a seguir.

SUGESTÕES DE LEITURA

ALVES, L. Tragédia de Brumadinho ainda gera impacto a tradições locais. *O Tempo*, 2021.

IDENTIFICAÇÃO E ANÁLISE

Atividade em grupo

Explore com os estudantes quais são as atitudes assumidas pelas pessoas a partir dos ensinamentos de suas tradições religiosas, que orientam a relação consigo mesmas, com os semelhantes e a natureza.

A partir dessa abordagem, converse sobre as manifestações das tradições religiosas e de seus adeptos que levam à prática de princípios éticos de cuidado e preservação da vida humana e da natureza.

Apresente como exemplo a proposta de lideranças religiosas sobre o cuidado com a Terra, com o meio ambiente. Para isso, comente sobre o Documento de Assis (1986) assinado por representantes do budismo, do hinduísmo, do islamismo, do cristianismo, do judaísmo e de outras tradições religiosas.

Como recurso para essa conversa, propõe-se trabalhar o texto a seguir.

SUGESTÕES DE LEITURA

SOUZA, J. A. de. O encontro de Assis: marco simbólico do diálogo inter-religioso. *Theologica*, v. 41, n. 2, 2006.

Desse texto, selecione os seguintes tópicos:

- Número 1: Um acontecimento inédito.
- Número 3: O espírito de Assis e seus subtítulos.

Distribua para os estudantes o texto impresso e solicite a leitura. Prepare um glossário de alguns termos mencionados no texto que talvez não sejam conhecidos pelos estudantes, para ajudá-los na compreensão.

Oriente-os a se reunirem em grupos para conversarem a respeito de suas percepções sobre o texto. Depois, convide os estudantes para socializarem com a turma e juntos elaborarem uma síntese coletiva, reunindo os principais dados da leitura realizada.

APROPRIAÇÃO E RESSIGNIFICAÇÃO

Atividade de pesquisa

Solicite aos estudantes que pesquisem, em grupos, o que fazem ou fizeram os líderes ou seguidores de diferentes tradições religiosas para contribuírem com mudanças socioculturais, colocando em prática os princípios éticos religiosos.

Reúna dados de movimentos, líderes e seguidores de diferentes tradições religiosas, para orientar a pesquisa dos estudantes.

Para essa pesquisa, pode-se organizar ações voltadas:

- à proteção do meio-ambiente;
- à doação de alimentos;
- ao auxílio a moradores de rua;
- a abrigos para crianças órfãs e abandonadas;
- ao cuidado com os enfermos;
- a casas de longa permanência (lar de idosos).

Oriente os critérios de apresentação da pesquisa:

- a tradição religiosa;
- a liderança, o movimento ou a pessoa da comunidade;
- o que faz e por que faz;
- a contribuição da ação;
- as imagens da liderança ou da ação realizada;
- a sistematização dos dados e a apresentação em *slides*.

Após as apresentações, identifique, nas ações das lideranças, nos movimentos e nas pessoas de variadas tradições religiosas, as diferenças e as semelhanças nas escolhas que produzem mudanças socioculturais, ao colocarem em prática os princípios éticos religiosos.

Atividade prática de princípios éticos comuns

Oriente os estudantes para que, em grupos, identifiquem quais são os princípios éticos comuns entre eles.

A partir de princípios éticos comuns, escolha uma realidade da comunidade e prepare uma ação que produza, positivamente, uma mudança sociocultural.

SUGESTÃO

Pode-se realizar esta atividade de modo interdisciplinar, com outros componentes curriculares, favorecendo uma percepção abrangente de problemas da comunidade que podem ser amenizados ou solucionados por meio de um projeto de ação coerente com a realidade.

ATIVIDADE AVALIATIVA

Oriente os estudantes a produzirem um infográfico que sintetize o estudo realizado, a trilha de aprendizagem.

ROTEIRO 03

Título/tema	Valores e crenças na tomada de decisão
Unidade temática	Crenças religiosas e filosofias de vida
Objeto de conhecimento	Crenças, convicções e atitudes
Habilidade(s)	(EF08ER01) Discutir como crenças e convicções podem influenciar escolhas e atitudes pessoais e coletivas. (EF08ER02) Analisar filosofias de vida, manifestações e tradições religiosas, destacando seus princípios éticos.
Previsão de horas/aula(s)	Duas horas/aulas
Recursos	· Equipamento para projeção audiovisual com acesso à internet. · Fábula dos três pedreiros atribuída a Charles Péguy (versão indicada no roteiro), para ler ou projetar aos estudantes. · Texto "Valores e crenças na tomada de decisão", impresso com perguntas para a atividade em grupo. · Preparação dos conceitos de empatia, respeito e alteridade, para realizar uma roda de conversa. · Acesso à ferramenta digital Padlet ou papel kraft para produção de um mural. · Questões, impressas ou projetadas, para serem respondidas por meio de um mural de respostas.

OBSERVAÇÃO

Atividade mobilizadora

Solicite aos estudantes que respondam, individualmente, à seguinte questão: "O que você está fazendo no 8º ano?"

Após todos responderem, apresente a fábula dos três pedreiros atribuída a Charles Péguy. Sugere-se a versão a seguir.

SUGESTÕES DE LEITURA

SANTANA, Z. R. de. Construindo uma catedral. *Crônicas da alma*, 2008.

Nessa fábula, um viajante que passa por uma construção pergunta a três diferentes pedreiros o que cada um estava fazendo. O primeiro reclama do trabalho dizendo que estava quebrando pedras; o segundo, que estava trabalhando para sustentar a família; e o terceiro, que fazia alegremente o mesmo trabalho, responde que estava ajudando a construir uma catedral.

Comente as atitudes dos pedreiros:

- O primeiro pedreiro retrata a ideia de que está fazendo o seu trabalho como um peso, descontente.
- O segundo é orientado por seu objetivo de prover o bem-estar da família.
- E o terceiro atribui sentido para o seu trabalho, vislumbra a grandeza do resultado de um processo que o envolve.

Explore o sentido que as pessoas dão ao que fazem, como percebem as suas atividades imediatas, relacionando-as com o resultado que podem gerar a curto e a longo prazo para si mesmas e para os outros.

Solicite aos estudantes que comparem as suas respostas com as dos pedreiros:

- Você identifica a sua resposta com qual pedreiro?
- O que modificaria na sua resposta a partir do comentário das atitudes dos pedreiros?

IDENTIFICAÇÃO E ANÁLISE

Atividade de estudo de texto

Nesta atividade, propõe-se o uso da estratégia de aprendizagem de "Rotina de pensamento: Pensar-Falar-Trocar ideias", para realizar o estudo do texto proposto na sequência. Para isso, organize os estudantes em grupos e proceda da seguinte forma:

Entregue aos estudantes uma folha impressa com o texto, ou apresente-o em *slides*. Oriente-os, então, em cada etapa dessa "Rotina de pensamento":

1. **Pensar**: peça para, individualmente, lerem o texto e responderem às seguintes perguntas:
   - Sócrates ensinava aos seus ouvintes a conquistarem o conhecimento de si mesmos e de suas ações. Você diria que as tradições religiosas, com seus valores e princípios, também fazem isso? Justifique.
   - De que forma valores e crenças religiosos podem ajudar alguém a tomar uma decisão?
   - As tradições religiosas, ao apresentarem aos seus seguidores orientações sobre o bem, o mal e a justiça, contribuem com a pessoa e com a sociedade? Explique.
2. **Falar**: solicite que cada estudante compartilhe as suas respostas com o grupo do qual faz parte, e os demais colegas podem lhe fazer perguntas para esclarecer dúvidas ou apresentar hipóteses a partir das respostas ouvidas.

3. **Trocar ideias**: oriente os grupos para, depois de cada um apresentar as suas respostas às questões, identificarem o que é semelhante e agruparem as ideias identificadas como semelhantes. Peça que cada grupo defina uma frase ou palavra-chave para sintetizar a compreensão de todos.
   - Após a atividade em grupos, promova um momento de socialização, em que cada grupo apresentará para a turma as ideias e a sua frase ou palavra-chave de síntese.
   - Oriente a turma a fazer uma lista coletiva com o que é comum entre as suas respostas.

Valores e crenças na tomada de decisão

A nossa visão de mundo, ou cosmovisão, tem relação direta com aquilo que compreendemos dos valores individuais e coletivos. Podemos, então, definir valores como princípios de uma pessoa ou uma empresa, de uma instituição ou organização, que determinam os relacionamentos entre os indivíduos e o modo como se comportam em sociedade. Os valores dão a direção para o modo humano de se comportar e orientam as decisões.

Os filósofos gregos antigos Sócrates, Platão e Aristóteles já refletiam sobre os valores humanos, tais como coragem, justiça, amizade, amor. Sócrates ensinava no espaço público de Atenas, na **ágora**, dialogando com os seus discípulos e com outros interlocutores que ali podiam estar. Ele perguntava aos cidadãos: como saber se um modo de agir é bom ou mau? Por que o bem é virtuoso e o mal é considerado um erro? O que é bem e mal? É melhor ser justo ou injusto? Fazendo assim, Sócrates conduzia as pessoas ao conhecimento de si mesmas e de suas ações.

A tomada de decisões exige de nós a capacidade de assumir riscos e responsabilidades. Para isso, precisamos estar preparados para lidar com os imprevistos, pois os planos elaborados podem sofrer mudanças. É nesse momento que nossos valores e nossas crenças vão nos ajudar a fazer as escolhas, preparados para assumir as consequências.

Em tempos de mudanças constantes e rápidas, estamos em contato direto com várias informações. Para lidar com isso, é importante ter clareza quanto ao que somos e de quais valores não podemos abrir mão.

APROPRIAÇÃO E RESSIGNIFICAÇÃO

Atividade de roda de conversa

Apresente aos estudantes o sentido das expressões "empatia", "respeito" e "alteridade", destacando-as como essenciais na convivência e, portanto, para facilitar a compreensão do outro em sua diferença.

Destaque que a **alteridade** é um princípio essencial para pensar as diferenças, pois significa ter a capacidade de enxergar o outro como um ser diferente, com características, valores e crenças próprios. Um valor semelhante a este é a **empatia**, cujo significado está ligado à capacidade de se colocar no lugar do outro, sentindo a sua dor ou a sua alegria. A valorização e o reconhecimento dessas diferenças é o que nos permite viver de modo harmonioso com as pessoas, independentemente de sua cultura, crença, religião, filosofia de vida e/ou de seu modo de pensar.

Converse com os estudantes sobre as crenças nascerem de uma cultura. Na prática, as tradições religiosas contribuem orientando os fiéis com valores que os guiam nas ações do dia a dia. Valores como aceitação, responsabilidade, amor e respeito a si mesmo relacionam-se diretamente com a pessoa. Solidariedade, honestidade, prática da justiça e respeito com os outros, por sua vez, estão ligados à ideia de uma boa convivência com o próximo e com a natureza. Para viver esses valores, a alteridade e a empatia são essenciais.

Atividade de pesquisa

Organize os estudantes em grupos e defina uma tradição religiosa para cada um. Solicite que pesquisem o que essa tradição religiosa orienta sobre:

- honestidade;
- solidariedade;
- justiça;
- amor e respeito a si mesmo.

A pesquisa pode ser realizada em sala, oferecendo acesso à internet e a materiais previamente selecionados, ou em casa. Sugere-se que, sendo realizada em casa, incentive-se a apresentação criativa dos resultados.

Peça aos estudantes para socializarem o resultado da pesquisa e depois identificarem como a alteridade e a empatia podem ser identificadas nas orientações oferecidas aos seguidores dessas tradições religiosas.

Atividade de produção de um mural de respostas

Conduza a produção de um mural de respostas, que pode ser organizado no formato digital, utilizando a ferramenta Padlet, ou em uma folha de papel kraft. Oriente os estudantes a postarem ou colarem tarjas de papel com as respostas às questões:

- As orientações das tradições religiosas contribuem efetivamente para que pessoas possam conhecer melhor a si mesmas e respeitar o seu próximo? Justifique.
- Como as tradições religiosas, as filosofias de vida ou as crenças podem influenciar o modo como as pessoas convivem umas com as outras?
- De acordo com a sua religião, filosofia de vida ou crença, escreva como se deve comportar em relação ao outro.

Analise com os estudantes as respostas e converse sobre como o estudo desse roteiro contribui para que saibam como colocar em prática a alteridade e a empatia diante das diferenças.

ATIVIDADE AVALIATIVA

Solicite aos estudantes que organizem um esquema para apresentar a trilha de aprendizagem realizada com o estudo, a partir das palavras: "convivência", "decisão", "mudança", "empatia", "alteridade" e "atitudes".

Esse esquema pode ser produzido de modo impresso ou digital. Sugere-se orientar o método mais adequado à realidade dos estudantes.

ROTEIRO 04

Título/tema	Crenças religiosas e princípios éticos
Unidade temática	Crenças religiosas e filosofias de vida
Objeto de conhecimento	Crenças, convicções e atitudes
Habilidade(s)	(EF08ER01) Discutir como crenças e convicções podem influenciar escolhas e atitudes pessoais e coletivas. (EF08ER02) Analisar filosofias de vida, manifestações e tradições religiosas destacando seus princípios éticos.
Previsão de horas/aula(s)	Três horas/aulas
Recursos	· Equipamento para projeção audiovisual com acesso à internet. · Seleção de exemplos de valores individuais que afetam a sociedade, positiva ou negativamente. · Seleção de mitos relacionados à alimentação e próprios da realidade dos estudantes para elucidar crenças capazes de influenciar decisões (exemplos indicados no roteiro). · *Slides* com imagens que expressem a mudança ocorrida na moda ao longo dos tempos. · Orientações para a realização das entrevistas. · Seleção de referências sobre a ética nas tradições religiosas, para orientar os estudantes na realização da pesquisa. · Acesso dos estudantes às ferramentas digitais Padlet ou Jamboard. · Texto impresso da fábula de Esopo: “O rato e a ratoeira”. · Instruções de atividade impressas ou projetadas, para os estudantes responderem no caderno. · Papel kraft, canetinhas e outros recursos para a confecção de um quadro sobre as regras de ouro das tradições religiosas. · Seleção de textos e/ou referências da regra de ouro das tradições religiosas. · Projeção da imagem da obra de Norman Rockwel intitulada “Regra de ouro”, pintura de 1961 em homenagem à diversidade humana. · Informações sobre como aplicar a regra de ouro das tradições religiosas na convivência com amigos, familiares, comunidade educativa, dentre outros, para orientar a atividade de produção textual. · Questões para projetar e orientar a roda de conversa.

OBSERVAÇÃO

Atividade mobilizadora

Proponha aos estudantes uma análise das regras coletivas do esporte mais comum entre eles, a partir das seguintes perguntas:

- Qual posicionamento deve ser tomado para não prejudicar a jogada do companheiro do mesmo time?
- Como lidar com as diferenças pessoais e os conflitos durante as partidas?
- Por que, diante de um gol – de um ponto ou de uma cesta –, é comum ver os jogadores comemorando juntos?

Após ouvir as respostas, proponha uma conversa contemplando os seguintes aspectos:

- Durante uma partida, os jogadores devem agir como se fossem peças de uma única construção, cada um buscando dar o melhor de si para que a estrutura fique em perfeito estado. Para isso, os valores de cada jogador devem ser confrontados com os do time. Quando o valor pessoal prevalece e o jogador não joga de maneira colaborativa, as consequências podem ser ruins para a equipe. O time pode perder uma oportunidade que seria mais bem aproveitada se as habilidades de diferentes jogadores fossem incluídas, já que não se pode vencer sozinho.
- A sociedade é formada por pessoas com diferentes formas de viver, sentir e perceber. Cada pessoa tem as suas próprias motivações, habilidades, aptidões e competências, podendo contribuir do seu jeito para construir a sociedade. Frente a isso, os valores individuais e coletivos estão em constante interação, podendo entrar em conflito ou se complementar.

Pergunte aos estudantes: "Como os valores e as crenças de uma pessoa afetam a coletividade?"

Após ouvir as respostas dos estudantes, caso não tenha sido mencionado, apresente e comente que, atualmente, valores e crenças associados à **sustentabilidade** afetam a coletividade. Isso porque todos sabemos que o cuidado com o planeta tem impactos positivos ou negativos em diferentes esferas da vida humana. Assim, todos os indivíduos, com seus valores pessoais e religiosos, devem fazer o possível para reduzir a degradação da natureza e se esforçar para construir um futuro sustentável nos âmbitos: econômico, social e ambiental. Nessa perspectiva, é necessário que as pessoas compreendam ser preciso ir além dos interesses individuais para criar uma visão coletiva, em que cada um se sinta responsável pela preservação do planeta e, consequentemente, da vida humana e de todos os seres que o habitam. Portanto renunciar a interesses individuais pelo bem coletivo é uma escolha pessoal.

Converse com os estudantes sobre um fato em que precisaram abrir mão de seus interesses pessoais pensando no grupo da família ou de amigos. Questione como se sentiram ao fazer isso.

IDENTIFICAÇÃO E ANÁLISE

Atividade de entrevista

Convide os estudantes a analisarem a questão da mudança sociocultural que altera a dinâmica da coletividade. Pode-se refletir a partir dos seguintes aspectos:

- Os valores estão associados à cultura familiar, social e religiosa. Nosso contexto influencia a nossa identidade, o nosso modo de agir e pensar e, consequentemente, a tomada de decisões. Mencione o quanto uma simples informação, quando recebida, pode gerar mudança na vida de uma pessoa. Pode-se apresentar alguns mitos relacionados à alimentação (comer manga e tomar leite, não tomar banho após a refeição e outros próprios da realidade dos estudantes) para elucidar o quanto aprendemos a estabelecer relações capazes de influenciar decisões às vezes de um modo que não percebemos.

- A cultura muda de acordo com a época e o lugar, por isso existem transformações sociais nas quais as pessoas se transformam junto. Isso acontece porque não só o indivíduo modifica a cultura, mas a cultura é também modificada pelo indivíduo. Para explorar essa abordagem, apresente, por meio de *slides*, imagens relacionadas a mudanças na moda. Para isso, selecione aquelas que retratam os hábitos de vestimenta próprios do período medieval, indagando se seria possível imaginar pessoas usando um estilo de roupa como aqueles nos dias atuais e porquê.
- Após ouvir as percepções dos estudantes, comente que a moda, assim como outras demonstrações artísticas, expressa a forma como o indivíduo se posiciona no tempo e na história.

Essas e outras tantas mudanças impactam também os comportamentos, os modos de pensar, de agir e de viver valores e princípios, especialmente aqueles relacionados a crenças e ao modo de determinadas culturas compreenderem a vida, o mundo e o ser humano.

Oriente os estudantes para que entrevistem professores da escola sobre as seguintes questões:

- Quais valores éticos são identificados na dinâmica social?
- Que valores e princípios religiosos você diria que são universais e não mudaram ao longo da história?

Oportunize a socialização das respostas. Depois, conduza os estudantes a perceberem em quais respostas aparecem os elementos do discurso religioso. Pode-se solicitar que os estudantes comentem algum ensinamento de valores religiosos que fazem parte de sua cultura familiar, mantidos por gerações.

SUGESTÃO

Para realizar esta atividade no horário da aula, ajude os estudantes a se dividirem em grupos e selecionarem qual professor entrevistarão.

Apresente que os valores éticos e as crenças são referências de uma reflexão milenar a respeito de perguntas como: o que devo fazer? O que posso fazer? O que quero fazer? A resposta a essas perguntas tem a ver com a ética e a moral. Sugere-se ressaltar a diferença entre esses conceito. Para isso acesse o *QR Code*.

SUGESTÕES DE LEITURA

MENEZES. P. Ética e moral. *Diferença*, [c2023].

Nas tradições religiosas, encontramos valores e princípios éticos fundamentais, que são a base para as suas normas, as suas orientações.

Atividade de pesquisa

Oriente os estudantes a pesquisarem os princípios éticos das seguintes tradições:

- budismo;
- cristianismo;
- islamismo;
- judaísmo;
- hinduísmo;
- indígenas;
- afro-brasileiras;
- espiritismo.

Organize os critérios de apresentação da pesquisa e de sua socialização utilizando o Jamboard ou o Padlet.

Após as apresentações, relacione as semelhanças e ajude-os a identificarem as contribuições desses princípios éticos na sociedade, as suas influências e os seus impactos sociais e econômicos. Ainda, auxilie-os a observarem como esses princípios são usados para promover o respeito ou reduzir a intolerância às diferenças na sociedade.

APROPRIAÇÃO E RESSIGNIFICAÇÃO

Atividade de confecção de um quadro

VÍDEO

Apresente aos estudantes a fábula de Esopo intitulada "O rato e a ratoeira".

Depois, proponha aos estudantes que respondam em seus cadernos às seguintes instruções:

- Identifique o valor destacado na história.
- Defina a real intenção do rato ao avisar os outros animais sobre a ratoeira.
- Identifique o tipo de atitude que tiveram o porco, a galinha e a vaca.
- Descreva, a partir de suas respostas anteriores, a moral da história.
- Pensando na relação com os outros, explique qual deve ser a nossa atitude quando alguém nos diz que está diante de um problema.

Reflita com os estudantes sobre as respostas das atividades. Depois, escreva no quadro/lousa a palavra "reciprocidade". Pergunte qual é o sentido dessa palavra para eles e anote as respostas.

Comente que entender a ética da reciprocidade exige a compreensão da alteridade. Para isso, vale a pena lembrar da "Regra de ouro" das tradições religiosas, que orienta a não fazer ao outro o que não deseja para si.

Para apresentar a "Regra de ouro" das tradições, produza com os estudantes um quadro em papel kraft contendo: o nome da tradição e o texto da sua regra de ouro. Aproveite para projetar a pintura de Norman Rockwell intitulada "A regra de ouro". Essa pintura, de 1961, é uma homenagem à diversidade humana. Trata-se de uma obra em que se reconhece a expressão de que a humanidade é composta de diferentes culturas, nacionalidades, religiões, mas que somos todos iguais. Para compor o quadro mencionando as diferentes regras de ouro, pode-se acessar o texto a seguir:

SUGESTÕES DE LEITURA

BOSCO, J. Diversidade religiosa – A regra de ouro das religiões. *Jota Bê – Ciências da Religião*, 2008.

Após apresentar as frases de cada tradição religiosa, proponha que os estudantes reflitam sobre o que elas dizem. O objetivo é ajudá-los a perceber que o texto é diferente, mas a mensagem, em sua essência, é a mesma: respeitar uns aos outros.

Atividade de produção de texto

Oriente os estudantes para que escrevam mensagens (pode ser por meio de redes sociais ou bilhetes impressos) expressando como aplicar a regra de ouro das tradições religiosas na sua convivência com amigos, familiares, comunidade educativa, entre outros grupos em que se faz necessário primar por respeito e empatia para com as diferenças.

Promova um momento de socialização das mensagens, destacando aspectos que se relacionam diretamente com o conteúdo desenvolvido.

Atividade de roda de conversa

Solicite que os estudantes escrevam três valores que cada um considera importante. Depois, realize os questionamentos a seguir:

- Desses valores, qual tem maior impacto na coletividade?
- De que maneira um valor individual influencia a coletividade?
- Escolha um valor pessoal que você gostaria que se tornasse coletivo.

ATIVIDADE AVALIATIVA

Oriente os estudantes a se reunirem em duplas e elaborarem uma nuvem de palavras a partir do estudo realizado. Distribua folhas de papel A4 para este trabalho. As nuvens devem ser compostas por expressões que definam os seguintes termos: "escolha", "coletividade", "princípios éticos" e "valores".

Doutrinas religiosas: concepções de mundo, vida e morte

Sandson Almeida Rotterdan[50]

As religiões, na concepção de Greschat[51] (1927-2022), podem ser analisadas como um sistema de crenças, ou seja, como um sistema de doutrinas que expressam as suas concepções de mundo, de divindade, de ser humano. Aqui, pode-se entender doutrina como o conjunto de crenças e verdades dogmáticas que são sistematizadas como um *corpus* nas tradições religiosas. Essas doutrinas, em grande medida, ao mesmo tempo que expressam, sustentam as crenças dos fiéis das religiões e orientam as suas atitudes pessoais, sociais e ecológicas. Ou seja, muito da ação humana no mundo é fruto das concepções - ou, pelo menos, influenciado por elas - que, em cada cultura, as religiões têm de mundo, de vida e de morte.

Religiões com concepções mais holísticas de mundo, que concebem o mundo como ser vivo e passível de morte, podem tender a um maior cuidado ecológico. Religiões antropocêntricas, ao contrário, em nome de uma suposta superioridade dos seres humanos, podem se relacionar com o mundo como um objeto sem vida e passível de ser, desmedidamente, explorado. Ou seja, as doutrinas religiosas influenciam as filosofias de vida das pessoas.

---

50 Educador, filósofo, teólogo e cientista da religião. Graduado em Filosofia e Teologia, mestre e doutorando em Ciências da Religião pela Pontifícia Universidade Católica de Minas Gerais (PUC Minas). É editor e cofundador da Revista e Editora Senso; diretor de Evangelização, Pastoral e Identidade Católica na Gaudium Educação; e articulador de juventudes, pesquisa, extensão e tecnologias sociais no Instituto Gaudium. Educador há mais de dez anos na rede particular de Belo Horizonte.

51 GRESCHAT, H-J. *O que é Ciência da Religião?* São Paulo: Paulinas, 2005.

Um conceito de mundo considerado bastante comum, segundo Gaarder[52], "é que a Terra foi criada ou formada por um ser primordial ou por uma matéria primordial". Desse modo, as religiões entendem o mundo como tendo uma origem divina - seja essa religião mono ou politeísta. Isso se pode inferir a partir dos diversos mitos de origem celebrados nas tradições religiosas. Esses mitos criados e celebrados exprimem a crença da religião e determinam a maneira como o fiel da tradição vai se relacionar com o mundo.

Na adolescência, é comum que as pessoas comecem a se perguntar sobre as suas crenças e o sentido delas. Em algum momento, essas crenças religiosas, aprendidas no seio familiar ou da comunidade religiosa, começam a se chocar com os conhecimentos das ciências da natureza. Na concepção de Gleiser[53], "há algo de fundamental em comum entre os mitos de criação e modelos cosmológicos científicos: ambos representam nossos esforços para compreender a existência do universo". Nesse sentido, a pergunta sobre as origens e o esforço para compreender a existência do universo, apesar de terem algo em comum, partem de epistemologias distintas. As ciências da natureza se ocupam do como o universo, apesar de terem algo em comum, veio a existir, e as religiões se ocupam de buscar respostas para o porquê. Ao Ensino Religioso, com base nas Ciências da Religião, cabe entender como as religiões construíram os seus mitos e como eles influenciam as filosofias de vida das pessoas.

Da mesma forma que o mundo é um problema para as religiões e para as ciências, a vida e a morte também são, e, como as religiões são fenômenos condicionados pelas culturas, as respostas também serão construídas de maneira distinta. Assim, há uma diversidade de compreensões com relação à morte que Gaarder sistematiza a partir dos conceitos de salvação, entendida como a possibilidade de a vida ser salva pelos deuses, e de transmigração, isto é, quando a alma está transmigrando de corpo até que venha alguma salvação definitiva.

---

52 GAARDER, J. *et al. O livro das religiões*. São Paulo: Companhia das Letras, 2013, p. 24.

53 GLEISER, M. *A dança do Universo*. São Paulo: Companhia das Letras, 2006, p. 15.

O estudo proposto neste roteiro alcançará o seu efeito social se o professor conseguir ajudar o estudante a entender que há uma diversidade de crenças, uma diversidade de modos de vida e de compreensões a respeito da morte; que não há uma concepção objetivamente mais verdadeira ou melhor; que transitamos entre concepções distintas, construindo sentidos para as nossas existências – sentidos estes que não precisam ser, necessariamente, religiosos. Cabe, eticamente, diante das diferenças religiosas, respeitar as diversas formas de crer e, caso haja uma abertura da pessoa, aprender com as diversas tradições e as suas doutrinas melhores formas de convivência em um mundo plural, casa comum.

A seguir, indicamos leituras que podem favorecer o trabalho pedagógico:

REFERÊNCIAS

ABEL, C. Planejamento de campanha publicitária: confira passo a passo e dicas. *MindMiners*, 2022. Disponível em: https://mindminers.com/blog/planejamento-campanha-publicitaria/. Acesso em: 11 maio 2023.

GAARDER, J. *et al*. *O livro das religiões*. São Paulo: Companhia das Letras, 2013.

GLEISER, M. *A dança do Universo*. São Paulo: Companhia das Letras, 2006.

GRESCHAT, H-J. *O que é Ciência da Religião?* São Paulo: Paulinas, 2005.

KARDEC, A. *O livro dos espíritos*. 56. ed. Trad. Redação de Reformador em 1884. Brasília: Federação Espírita Brasileira, 2013. Disponível em: https://www.febnet.org.br/wp-content/uploads/2014/05/Livro-dos-Espiritos.pdf. Acesso em: 7 fev. 2023.

KENSKI, R. Qual é a origem do Universo? *Superinteressante*, 2018. Disponível em: https://super.abril.com.br/mundo-estranho/qual-e-a-origem-do-universo/. Acesso em: 11 maio 2023.

SABINO, R. Vida e morte: de onde viemos e para onde vamos? *Uninabuco*, 2018. Disponível em: https://www.uninabuco.edu.br/noticias/vida-e-morte-de-onde-viemos-e-para-onde-vamos. Acesso em: 7 fev. 2023.

VAIANO, B. Criacionismo ou evolução? Papel da religião é debatido nas escolas. *Galileu*, 2017. Disponível em: https://revistagalileu.globo.com/Revista/noticia/2017/05/criacionismo-ou-evolucao-papel-da-religiao-e-debatida-nas-escolas.html. Acesso em: 7 fev. 2023.

ROTEIRO 01

Título/tema	Doutrinas religiosas influenciam nossa vida e sociedade
Unidade temática	Crenças religiosas e filosofias de vida
Objeto de conhecimento	Doutrinas religiosas
Habilidade(s)	(EF08ER03) Analisar doutrinas das diferentes tradições religiosas e suas concepções de mundo, vida e morte.
Previsão de horas/aula(s)	Três horas/aulas
Recursos	· Equipamento para projeção audiovisual com acesso à internet. · Exemplos da influência das crenças religiosas e doutrinas no modo de cada sujeito agir e na maneira de a sociedade se organizar e construir sua moral. · Acesso aos aplicativos Kahoot! ou Mentimeter. · Reportagem de Bruno Vaiano, intitulada "Criacionismo ou evolução? Papel da religião é debatido nas escolas", impressa ou acessível pelos grupos de estudantes via dispositivos eletrônicos – preparar informações da reportagem para conduzir a atividade. · Formulários impressos das atividades propostas. · Definição e exemplo de doutrina religiosa. · Folhas de papel A4 para cada estudante realizar a atividade avaliativa.

OBSERVAÇÃO

Atividade mobilizadora

Esta atividade mobilizadora pode ser feita de modo interdisciplinar com o componente de Língua Portuguesa, enfatizando a habilidade descrita na BNCC[54]:

> **(EF69LP03)** Identificar, em notícias, o fato central, suas principais circunstâncias e eventuais decorrências; em reportagens e fotorreportagens o fato ou a temática retratada e a perspectiva de abordagem, em entrevistas os principais temas/subtemas abordados, explicações dadas ou teses defendidas em relação a esses subtemas; em tirinhas, memes, charge, a crítica, ironia ou humor presente.

Faça um pequeno levantamento entre os estudantes, por meio de uma votação, apresentando a seguinte questão: as doutrinas religiosas podem influenciar a nossa maneira de viver e a nossa sociedade?

Apurado o resultado, discuta-o com os estudantes. Questione em que medida compreendem a influência das crenças religiosas e das doutrinas no modo de cada sujeito agir e na maneira de a sociedade se organizar e construir a sua moral.

SUGESTÃO

Se os estudantes tiverem acesso à internet, o levantamento pode ser feito por meio de *sites* ou aplicativos, como o Kahoot ou o Mentimeter.

Atividade em grupo

Divida os estudantes em grupos e distribua a impressão da seguinte reportagem ou peça que os estudantes a acessem por meio de dispositivos eletrônicos:

SUGESTÃO DE LEITURA

VAIANO, B. Criacionismo ou evolução? Papel da religião é debatido nas escolas. Galileu, 2017.

54 BRASIL, 2018, p. 141, grifo do autor.

Oriente os estudantes a fazerem uma análise da reportagem. Pode ser um roteiro/formulário a partir dos seguintes dados:

Título da reportagem:	
Fato central	
Circunstâncias	
Temática retratada	
Explicações	
Teses defendidas pelas pessoas e religiões	
Teses defendidas por especialistas	
Opinião do grupo quanto às teses desenvolvidas	
Referência/Fonte	

IDENTIFICAÇÃO E ANÁLISE

Atividade de roda de conversa

Promova uma roda de conversa entre os estudantes. Peça para apresentarem à turma as impressões de seu grupo sobre a reportagem analisada e a opinião dos grupos com relação à tese defendida pelas pessoas e pelas religiões na reportagem.

Peça aos estudantes para observarem, na apresentação oral:

- A quais tradições religiosas pertencem as pessoas que aparecem na reportagem.
- Quais as diferenças entre as ideias presentes no texto e a quais religiões elas pertencem.

Pergunte se todas as pessoas dessas tradições religiosas defendem as mesmas ideias. Peça que apresentem as teses dos especialistas que aparecem no texto. Pergunte qual a especialidade de cada um.

Escreva no quadro e peça aos estudantes que registrem a seguinte definição de doutrina: "Conjunto de princípios que servem como base a um sistema religioso, político, filosófico, científico etc."

Oriente os estudantes a realizarem, individualmente, as atividades a seguir no caderno:

- Construir uma definição escrita de doutrina religiosa.
- Escrever um exemplo de doutrina religiosa.

IMPORTANTE

Contribui para este trabalho o professor preparar a sua definição de doutrina religiosa e um exemplo para compartilhar com os estudantes, na ocasião da socialização.

APROPRIAÇÃO E RESSIGNIFICAÇÃO

Atividade de produção de uma campanha

A atividade proposta é interdisciplinar, devendo ser desenvolvida processualmente e construída com os componentes curriculares de Arte e Língua Portuguesa, a partir das habilidades propostas na BNCC[55]:

- **(EF69AR06)** Desenvolver processos de criação em artes visuais, com base em temas ou interesses artísticos, de modo individual, coletivo e colaborativo, fazendo uso de materiais, instrumentos e recursos convencionais, alternativos e digitais.
- **(EF67LP13)** Produzir, revisar e editar textos publicitários, levando em conta o contexto de produção dado, explorando recursos multissemióticos, relacionando elementos verbais e visuais, utilizando adequadamente estratégias discursivas de persuasão e/ou convencimento e criando título ou slogan que façam o leitor motivar-se a interagir com o texto produzido e se sinta atraído pelo serviço, ideia ou produto em questão.

55 BRASIL, 2018, p. 207 e 165, grifos do autor.

Esclareça aos estudantes que a atividade será desenvolvida processualmente, no decorrer do estudo dos Roteiros 01 e 02 (8º ano) e com seu acompanhamento enquanto professor.

Informe aos estudantes que eles produzirão uma campanha publicitária para esclarecer à comunidade escolar a influência das doutrinas religiosas na sociedade. A campanha também deverá alertar quanto à necessidade de se respeitar as diferentes formas de crer e não crer, bem como a laicidade do Estado.

IMPORTANTE

Esclareça que parte do formulário será completado no desenvolvimento deste roteiro de estudo, e a outra parte, somente após o estudo do próximo roteiro.

Para facilitar o acompanhamento da atividade, providencie impressões do formulário proposto na sequência e distribua-o aos estudantes.

SUGESTÃO

Adapte o formulário, se necessário, à realidade dos estudantes.

Título da campanha:							
***Slogan* da campanha:**							
Diagnóstico							
Objetivo geral							
Objetivos específicos							
Público-alvo							
Conceito							
Resultados do pré-teste							
Plano de ação	O quê?	Por quê?	Quem?	Quanto?	Como?	Quando?	Onde?

Proceda com o preenchimento do formulário coletivamente, ao longo da realização da atividade. Neste primeiro momento, com os conhecimentos construídos, conduza os estudantes a:

- Fazerem um diagnóstico da situação, respondendo à questão: como as doutrinas religiosas intervêm na vida do sujeito, na educação e na sociedade? Em qual medida é positiva e negativa essa interferência?
- Definirem o objetivo geral da campanha. Qual é a motivação? Que assuntos serão tratados?
- Definirem os objetivos específicos, cuidando para que sejam mensuráveis, alcançáveis, relevantes e com prazo definido.
- Definirem o público-alvo da campanha. Com quem o grupo quer se comunicar? Oriente que o público-alvo deve ser acessível aos estudantes, pois realizarão um teste diretamente com três representantes desse público no roteiro de atividades seguinte.

A atividade implica produzir uma única proposta da turma, avaliando as possibilidades de desenvolvê-la na comunidade escolar.

ATIVIDADE AVALIATIVA

Solicite aos estudantes para organizarem um esquema/mapa conceitual apresentando uma síntese do estudo, para demonstrarem o conhecimento adquirido no decorrer das aulas deste roteiro. Distribua folhas de papel A4 para esta atividade.

ROTEIRO 02

Título/tema	As doutrinas religiosas e as concepções de mundo
Unidade temática	Crenças religiosas e filosofias de vida
Objeto de conhecimento	Doutrinas religiosas
Habilidade(s)	(EF08ER03) Analisar doutrinas das diferentes tradições religiosas e suas concepções de mundo, vida e morte.
Previsão de horas/aula(s)	Três horas/aulas
Recursos	· Reportagem de Bruno Vaiano, "Criacionismo ou evolução? Papel da religião é debatido nas escolas", trabalhada no roteiro anterior, para retomar conhecimentos. · Acesso dos estudantes ao Google Forms ou Microsoft Forms para votarem em suas respostas à pergunta proposta na "atividade mobilizadora" (preparar a pesquisa). · Textos impressos com as concepções científica, espírita e cristã de mundo para cada grupo de estudantes. · Cartolina e/ou papel kraft, canetinhas e outros recursos artísticos possíveis para os grupos produzirem um cartaz. · Formulários para o desenvolvimento de uma campanha utilizados nas aulas do roteiro anterior (parcialmente preenchidos pelos estudantes), para que possam completar os dados. · Recursos artísticos e digitais para os grupos de estudantes produzirem a sua peça publicitária proposta na campanha que criaram. · Folhas de papel A4 para a atividade avaliativa.

OBSERVAÇÃO

Atividade mobilizadora

Retome a problemática da reportagem dos estudos anteriores propostos no Roteiro 01 (8º ano) a partir da seguinte pergunta: o que mais convence as pessoas com relação à origem do mundo: as religiões ou as ciências? Por quê?

Oriente os estudantes a retomarem os dados presentes na reportagem de Bruno Vaiano, *"Criacionismo ou evolução? Papel da religião é debatido nas escolas"* (2017), trabalhada anteriormente.

Promova uma votação com a mesma questão entre os estudantes. Pode-se usar recursos gratuitos para criar pesquisas e formulários, como o Google Forms ou o Microsoft Forms, de modo que os estudantes respondam *on-line*.

Após a análise dos resultados, discuta-os com os estudantes.

IDENTIFICAÇÃO E ANÁLISE

Atividade de produção de cartazes

A atividade pode ser desenvolvida de maneira interdisciplinar com o componente de Arte, com ênfase na habilidade proposta na BNCC[56]:

- **(EF69AR06)** Desenvolver processos de criação em artes visuais, com base em temas ou interesses artísticos, de modo individual, coletivo e colaborativo, fazendo uso de materiais, instrumentos e recursos convencionais, alternativos e digitais.

56 BRASIL, 2018, p. 207, grifo do autor.

Organize os estudantes em grupos. Distribua entre eles textos que sintetizem a concepção científica, espírita e cristã de mundo.

SUGESTÕES

O texto da concepção de mundo cristã pode ser encontrado na Bíblia (Gênesis 1-2, 4a).

Sobre a concepção de mundo espírita, pode-se acessar a obra a seguir, no trecho que trata a respeito da pluralidade dos mundos:

- KARDEC, A. *O que é o espiritismo*. Trad. Redação de Reformador em 1884. Brasília: Federação Espírita Brasileira, 2013, p. 157.

Sobre a concepção científica de mundo, pode-se usar como referência o seguinte artigo:

- KENSKI, R. Qual é a origem do Universo? *Superinteressante*, 2018.

Entregue a cada grupo uma cartolina e/ou papel kraft, canetinhas e outros recursos artísticos possíveis. Peça aos grupos que produzam uma ilustração em um cartaz retratando uma das concepções de mundo. Depois, solicite a cada grupo que apresente o cartaz para a turma e explique as ideias retratadas.

Com base nas apresentações, explore semelhanças e diferenças entre os conceitos. Por fim, oriente para que, no caderno, os estudantes:

- Diferenciem as concepções científica, cristã e espírita sobre as origens do mundo.
- Avaliem quais são as influências de cada uma dessas concepções na reportagem abordada nas aulas anteriores.

Atividade de desenvolvimento da campanha

Considerando a campanha planejada no Roteiro 01 (8º ano), proponha uma continuação. Dialogue com os estudantes sobre a contribuição que os estudos acerca das origens do mundo nas tradições religiosas podem trazer para complementar a campanha.

Explique aos estudantes que completarão no formulário proposto no roteiro anterior os campos: conceitos, resultados do pré-teste e plano de ação.

DICA

A campanha publicitária tem como objetivo esclarecer à comunidade escolar a influência das doutrinas religiosas na sociedade. A campanha também deverá alertar quanto à necessidade de se respeitar as diferentes formas de crer e não crer, bem como a laicidade do Estado.

Para isso, siga o passo a passo:

1. A criação do conceito. Neste momento, é preciso criar a primeira peça publicitária da campanha. Pode ser um *post* para rede social, um *storyboard*, um cartaz. Pode-se usar a plataforma de *design* gráfico Canva, disponível na internet, para realizar esta parte da atividade. A criação do conceito deve partir dos objetivos geral e específicos, do diagnóstico e do público-alvo.

IMPORTANTE

A criatividade dos estudantes será, também, orientada pelas possibilidades disponíveis. Para que a peça publicitária seja um cartaz, por exemplo, é necessário que os estudantes tenham acesso a recursos artísticos. Conduza a criação da peça publicitária segundo a realidade dos estudantes.

2. O desenvolvimento do pré-teste. Solicite que apresentem a peça publicitária produzida para duas ou três pessoas do público-alvo da campanha e perguntem o que acharam, se conseguiram entender a mensagem, quais outras compreensões tiveram, quais emoções experimentaram ao ver/ler a peça publicitária produzida. A partir dessas respostas, a turma deve avaliar: a

mensagem está sendo transmitida corretamente? A campanha transmite credibilidade? Diante da avaliação da amostra do público-alvo, oriente que façam ajustes na campanha.

3. Elaboração de um plano de ação. Peça que definam responsabilidades, prazos, orientados pelas perguntas do formulário.

OBSERVAÇÃO

Pode-se dividir a turma em grupos para que cada um fique responsável por realizar o pré-teste com uma das pessoas selecionadas.

Valorize as ideias de campanha que surgiram. Destaque que a complexidade da atividade se deve também ao fato de que planejar e executar uma campanha de conscientização apresenta demandas exigentes de reflexão. Lidar com essas exigências, mesmo sem conseguir propor ações realmente factíveis, faz parte do processo de ensino-aprendizagem.

Agora, é o momento de fazer a campanha acontecer na escola a partir do planejamento, sobretudo do plano de ação.

Feita a campanha, avalie os aspectos positivos e negativos a partir dos objetivos geral e específicos, do cronograma e da divisão de responsabilidades.

ATIVIDADE AVALIATIVA

Solicite aos estudantes para organizarem um esquema/mapa conceitual apresentando uma síntese do estudo realizado que demonstre o conhecimento adquirido no decorrer das aulas deste roteiro.

ROTEIRO 03

Título/tema	As concepções de vida e morte nas religiões
Unidade temática	Crenças religiosas e filosofias de vida
Objeto de conhecimento	Doutrinas religiosas
Habilidade(s)	(EF08ER03) Analisar doutrinas das diferentes tradições religiosas e suas concepções de mundo, vida e morte.
Previsão de horas/aula(s)	Três horas/aulas
Recursos	· Frases para fixar no quadro ou apresentar em folhas de papel A4 no centro da sala, para a atividade mobilizadora. · Texto "Vida e morte: de onde viemos e para onde vamos?", de Rafaella Sabino, impresso para cada estudante. · Folhas de papel A4 para cada estudante (produção de mapa conceitual e atividade avaliativa). · Acesso dos estudantes ao aplicativo Padlet ou ao GoogleDocs para a produção de uma enciclopédia colaborativa.

OBSERVAÇÃO

Atividade mobilizadora

Fixe no quadro (ou no centro da sala, caso a aula seja dada em círculos) as seguintes frases:

- "A morte é uma doença da imaginação" (Alain, pseudônimo de Émile-Auguste Chartier).
- "Aprofundando a noção de morte, é reconhecido que ela concerne diretamente apenas à existência corporal" (Augusto Comte).
- "Um homem livre pensa menos do que tudo na morte; sua sabedoria é uma meditação não sobre a morte, mas sobre a vida" (Spinoza).
- "A morte dos outros nos ensina a viver" (Renard).
- "A vida é o conjunto das funções que resistem à morte" (Bichat).
- "O que é que, produzindo-se em um corpo, irá torná-lo vivo? O que o tornará vivo é a alma" (Platão).

Dialogue com os estudantes sobre as frases a partir das questões:

- Qual delas chamou mais a sua atenção?
- Quais são as concepções de vida e de morte a que essas frases remetem?

Continue o diálogo, só que, agora, em tom mais pessoal, pedindo que os estudantes exponham o que pensam e o que creem sobre:

- O que é a vida?
- O que é a morte?
- Você acredita em vida após a morte?

Encaminhe para a próxima atividade, comentando com os estudantes que a morte é um dos questionamentos mais importantes da vida e que as tradições religiosas têm uma grande influência sobre a nossa maneira de compreender esse fenômeno.

IDENTIFICAÇÃO E ANÁLISE

Atividade de produção de um mapa conceitual

Entregue para os estudantes o texto apresentado no *Qr Code*.

SUGESTÃO DE LEITURA

SABINO, R. Vida e morte: de onde viemos e para onde vamos? *Uninabuco*, 2018.

Peça que construam um mapa conceitual a partir do texto e distribua folhas de papel A4 para a atividade. Recorde-os de que as palavras centrais do mapa são "morte" e "vida".

Promova um momento de diálogo com os estudantes sobre as diferentes concepções de morte e vida nas tradições religiosas. Peça que explicitem o que cada tradição pensa sobre a morte.

Ajude-os a observarem que toda reflexão sobre a morte é, necessariamente, uma reflexão sobre a vida.

APROPRIAÇÃO E RESSIGNIFICAÇÃO

Atividade de produção de uma enciclopédia colaborativa

A atividade é interdisciplinar com o componente curricular de Língua Portuguesa, tendo como base a habilidade proposta na BNCC[57]:

> • **(EF89LP25)** Divulgar o resultado de pesquisas por meio de apresentações orais, verbetes de enciclopédias colaborativas, reportagens de divulgação científica, ***vlogs*** científicos, vídeos de diferentes tipos etc.

Oriente os estudantes a construírem uma enciclopédia colaborativa. Para isso, pode-se usar como recurso o aplicativo Padlet ou mesmo o GoogleDocs. O verbete a ser construído pode ter como tópicos estruturantes:

- A influência das doutrinas religiosas na concepção de mundo, vida e morte na sociedade.
- As concepções de vida nas tradições religiosas.
- As concepções de mundo nas tradições religiosas.
- As concepções de morte nas tradições religiosas.

Selecione quais tradições religiosas serão contempladas em cada um dos tópicos descritos, para orientar o trabalho dos estudantes.

Divida os estudantes em grupos e atribua a cada um deles um tópico do verbete ou uma tradição religiosa. Ao final, ajude-os a editarem o texto.

ATIVIDADE AVALIATIVA

Solicite aos estudantes para produzirem um texto com o título "A experiência da morte nas tradições religiosas", aplicando os conhecimentos adquiridos no decorrer do estudo.

57 BRASIL, 2018, p. 185, grifo do autor.

Crenças, filosofias de vida e esfera pública

Ana Carolina Kerr Neppel Mariano[58]

Jonathan Félix de Souza[59]

Inserido no debate contemporâneo das relações entre público e privado, cidadania, valores éticos, laicidade, religião e espaço público, não podemos deixar de situar o Brasil como um país caracterizado pela sua diversidade de crenças e religiosidades. Suas diferentes culturas e costumes refletirão também nas variadas formas de crer e confessar uma religião. Num contexto de Estado laico tal como é o Brasil, é importante problematizar se, de fato, a laicidade é contemplada em todas as esferas, principalmente no que diz respeito ao direito de crença e de não crença, por exemplo. Quando falamos sobre intolerância religiosa, fenômeno presente em nossa sociedade, precisamos situá-lo, sobretudo nas religiões de matriz africana e dos povos originários, tradições que são estigmatizadas não somente pelas suas crenças religiosas, mas também

58 Doutoranda e mestra em Ciências da Religião (PUC Minas), bacharela e licenciada em Filosofia (PUC Minas). Atualmente, é professora de Ensino Religioso no Colégio Santo Agostinho, membro do corpo editorial das revistas de Ciências da Religião "Horizonte" e "Interações", colunista membro do conselho editorial da Revista Senso, membro do grupo de pesquisa Religião, Pluralismo e Diálogo (Repludi). É pesquisadora nas áreas de mente, cérebro e religião; consciência na mística de tradições orientais como islã e hinduísmo; e de práticas religiosas como yoga e meditação.

59 Doutorando e mestre em Ciências da Religião, bacharel em Administração e licenciado em Pedagogia pela Pontifícia Universidade Católica de Minas Gerais (PUC Minas). Atualmente, é coordenador institucional de Pastoralidade dos Colégios Santo Agostinho, sendo o responsável pelas áreas de Ensino Religioso e Projetos de Vida. É fundador e editor-chefe da Revista Senso e diretor de Espiritualidade, Inovação e Bem-viver na Gaudium Educação. Foi membro do Comitê Estadual de Respeito à Diversidade Religiosa (CDR/MG) e presidente do Conselho Estadual das Juventudes (Cejuve/MG). Atua como pesquisador, consultor e palestrante.

por toda uma rejeição e uma marginalização de seus aspectos culturais fundantes.

Como disse o historiador Leandro Karnal em uma entrevista juntamente ao Padre Fábio de Melo[60], o Estado laico é necessário em nossa sociedade contemporânea, justamente porque passa a considerar as crenças religiosas como algo de foro íntimo, situado no campo privado. A construção do Estado laico significa que o que une as pessoas em uma sociedade é justamente a sua cidadania, sendo a fé sempre variada. Sempre que Estado e religião se atrelam, vemos surgir teocracias autoritárias que são prejudiciais não somente à população como um todo, mas também à própria religião, que sofre danos. Padre Fábio de Melo, na mesma entrevista, completa dizendo que o dever do Estado é sugerir que sejamos cidadãos e cidadãs. Exigir de alguém pertencer a alguma religião contraria os princípios básicos da própria proposta de praticar/viver uma fé.

Sendo assim, dentro da temática de crenças religiosas, das filosofias de vida e da esfera pública, é necessário pensar sobre a separação entre público e privado, no que diz respeito à distinção entre convicções pessoais e o campo coletivo, sobretudo por parte de líderes e agentes políticos, tendo em vista que não cabe ao Estado impor à população que acredite nas mesmas coisas. Ao mesmo tempo, é importante enfatizar que crenças religiosas e filosofias de vida preconizam valores éticos para uma convivência mais harmoniosa e cidadã em nossa sociedade, e que podem ser utilizados para a promoção da cultura de paz.

60 A RELIGIOSIDADE não é espiritualidade, diz Padre Fábio de Mello | Tema da Semana | Saia Justa. 1 vídeo (9 min.), 2017. Publicada pelo Canal GNT. Disponível em: https://www.youtube.com/watch?v=Uam6pjX-NkEn. Acesso em: 16 fev. 2023.

A seguir, indicamos recursos que podem favorecer o trabalho pedagógico:

REFERÊNCIAS

A RELIGIOSIDADE não é espiritualidade, diz Padre Fábio de Mello | Tema da Semana | Saia Justa. 1 vídeo (9 min.), 2017. Publicada pelo Canal GNT. Disponível em: https://www.youtube.com/watch?v=Uam6pjX-NkEn. Acesso em: 16 fev. 2023.

EU tenho um sonho: assista ao discurso de Martin Luther King legendado. 1 vídeo (6 min.), 2019. Publicado pelo canal O Tempo. Disponível em: https://www.youtube.com/watch?v=aWlhPFHOl-Y. Acesso em: 16 fev. 2023.

FRIER, R. *Malala*: pelo direito das meninas à educação. Rio de Janeiro: Pequena Zahar, 2019.

RELATÓRIO de Liberdade Religiosa no Mundo | 2021. 1 vídeo (7 min.), 2021. Publicado pelo canal ACN Brasil. Disponível em: https://www.youtube.com/watch?v=8mDN_kb1rPA. Acesso em: 16 fev. 2023.

SCHERER, E. Estado laico e a diversidade: intolerância religiosa como disputa do espaço público. *Revista Senso*, 2017. Disponível em: https://revistasenso.com.br/estado-laico/estado-laico-e-diversidade-intolerancia-religiosa-como-disputa-espaco-publico/. Acesso em: 16 fev. 2023.

ROTEIRO 01

Título/tema	Religiões, filosofias de vida e espaço público
Unidade temática	Crenças religiosas e filosofias de vida
Objeto de conhecimento	Crenças, filosofias de vida e esfera pública
Habilidade(s)	(EF08ER04) Discutir como filosofias de vida, tradições e instituições religiosas podem influenciar diferentes campos da esfera pública (política, saúde, educação, economia). (EF08ER05) Debater sobre as possibilidades e os limites da interferência das tradições religiosas na esfera pública.
Previsão de horas/aula(s)	Quatro horas/aulas
Recursos	· Equipamento para projeção audiovisual com acesso à internet. · Texto impresso ou vídeo do discurso "Eu tenho um sonho", de Martin Luther King. · Dados da biografia de Malala Yousafzai. · Livro *Malala: pelo direito das meninas à educação*, de Raphaëlla Frier – ler antecipadamente e apresentar para os estudantes. · Vídeo do "Relatório de Liberdade Religiosa no Mundo", publicado pela ACN em 2021, para projetar aos estudantes. · Exemplos de acontecimentos em que a religião se relaciona ou mesmo interfere nos espaços públicos. · Relação de dados sobre as questões de combate ao preconceito religioso e defesa da liberdade de expressão. · Dicionários ou textos para os estudantes acessarem sobre os conceitos de: esferas pública e privada; Estado laico; diversidade religiosa; liberdade de crença.

OBSERVAÇÃO

Atividade mobilizadora

Explique para os estudantes que desenvolveremos a seguinte habilidade, proposta na BNCC[61]: "**(EF08ER04)** Discutir como filosofias de vida, tradições e instituições religiosas podem influenciar diferentes campos da esfera pública (política, saúde, educação, economia)".

Em seguida, introduza o conteúdo presente na fundamentação, dialogando com os estudantes sobre quais relações eles percebem entre crenças nas esferas públicas. Para isso, solicite que destaquem o que observam sobre as manifestações das tradições religiosas a respeito de: saúde, educação, economia e política.

IDENTIFICAÇÃO E ANÁLISE

Atividade de análise de discurso

Apresente o discurso de Martin Luther King para a turma. Esse discurso pode ser apresentado impresso (textos estão disponíveis na internet) ou em vídeo:

VÍDEOS

EU tenho um sonho: assista ao discurso de Martin Luther King legendado. 1 vídeo (6 min.), 2019. Publicado pelo canal O Tempo.

Há, na internet, versões em vídeo com reconstituição em cores, como se pode ver em:

I Have a Dream – Martin Luther King | Legendado PT-Br, Colorido, HD. 1 vídeo (7 min.), 2019. Publicado pelo canal Fernando Holiday.

61 BRASIL, 2018, p. 457, grifo do autor.

Após apresentar o discurso (impresso ou em vídeo), discuta com os estudantes sobre o papel histórico de Martin Luther King enquanto pastor protestante e ativista no combate ao racismo nos Estados Unidos. Pode-se usar como perguntas norteadoras:

- O que você mais gostou no discurso dele?
- Qual é a ideia de liberdade que você identifica no discurso?
- Qual é a estratégia para combater a discriminação que você identifica no discurso?
- Que elementos de crença se evidenciam no discurso de Martin Luther King?
- Que projeções futuras são apontadas no discurso?
- Como as crenças religiosas podem ser úteis para o combate ao racismo em nossa sociedade?

Após ouvir as manifestações dos estudantes, comente o fato de esse discurso propor, para o futuro, possibilidades de uma realidade diferente e melhor. Comente elementos inclusivos, especialmente quando ele se referiu à frase de Thomas Jefferson, extraída da Declaração de Independência, para evidenciar "[...] que todos somos iguais". Essa declaração alertou sobre algo que não estava acontecendo, pois as pessoas não eram tratadas igualmente e a discriminação era (e ainda é) causa de sofrimento. Comente que a discriminação resulta de atitudes de pessoas que não reconhecem o outro como um ser de direitos.

Destaque as virtudes cristãs de fé e esperança, identificadas no discurso. Ressalte, também, o fato de Martin Luther King propor uma estratégia de luta não violenta, reforçando o que provavelmente os estudantes mencionaram.

Apresente aos estudantes Malala e, em seguida, proponha trabalhar em sala o livro *Malala: pelo direito das meninas à educação*, de Raphaëlla Frier (2019). Essa obra literária conta a história de Malala em sua luta pelo direito à educação e contra a opressão de grupos políticos radicais no Paquistão.

Ao propor trabalhar com o livro, oriente os estudantes para que:

- Após realizarem a leitura, preparem uma lista, em forma de resumo, organizando os fatos antes e depois de Malala ser baleada. Peça que destaquem aspectos da cultura e da tradição religiosa de Malala.
- Promova um momento de compartilhamento dos resumos com a possibilidade de complementação de dados, a partir das observações contempladas pelos colegas.

Nessa proposta de trabalhar com o livro, pode-se agregar questões como: a defesa à educação; o combate ao ódio e ao extremismo; a religião e o preconceito; a islamofobia; dentre outras. Para tanto, explore o islamismo enquanto tradição religiosa de Malala.

APROPRIAÇÃO E RESSIGNIFICAÇÃO

Atividade de organização do saber

Dialogue com os estudantes sobre as definições destes conceitos:

- esferas pública e privada;
- Estado laico;
- diversidade religiosa;
- liberdade de crença.

Apresente aos estudantes o "Relatório de Liberdade Religiosa no Mundo", disponível em YouTube.

VÍDEO

RELATÓRIO de Liberdade Religiosa no Mundo | 2021. 1 vídeo (7 min.), 2021. Publicado pelo canal ACN Brasil.

Nesse vídeo, são mencionados: os países com significativas violações e ataques à liberdade religiosa; os preconceitos sociais a comunidades religiosas minoritárias (discriminadas a ponto de não terem acesso a recursos básicos como alimentação e medicamentos); as manifestações violentas com destruição de igrejas católicas na América Latina; e os crimes de ódio a pessoas e lideranças das tradições religiosas.

Ainda, são apresentados comentários sobre: o pensamento do Papa Francisco a respeito da discriminação, do preconceito e da violência relacionados à liberdade religiosa; o papel das lideranças religiosas na resolução de conflitos, ocupando a mediação para estabelecer o diálogo entre lados opostos; a visita do Papa Francisco aos Emirados Árabes e o "Documento sobre a fraternidade humana em prol da paz mundial e da convivência comum":

SUGESTÃO DE LEITURA

FRANCISCO. *Documento sobre a fraternidade humana em prol da paz mundial e da convivência comum.* Cidade do Vaticano: Libreria Editrice Vaticana, 2019.

Mencione a importância de pessoas de diferentes tradições religiosas assumirem a postura de lutar pela paz, com ênfase na tolerância e no respeito às diferenças de crenças.

Atividade de pesquisa

Peça aos estudantes que façam uma pesquisa de acontecimentos em que a religião se relaciona ou mesmo interfere nos espaços públicos. Os estudantes devem registrar o que encontraram no caderno e apresentar para a turma.

SUGESTÃO

A pesquisa pode ser realizada em sala, com acesso dos estudantes à internet ou distribuindo-se materiais impressos para que reúnam os dados.

Apresente exemplos como a proibição do uso do véu islâmico em países da Europa, ou as implicações de grupos fundamentalistas e radicais ocupando cargos políticos.

Atividade de trabalho em grupo

Divida os estudantes em grupos e peça que elaborem propostas de ações coletivas para promover a conscientização da importância do Estado laico para proteger a liberdade de crença. Solicite que elaborem essas ações refletindo, também, sobre os impactos negativos que a imposição de uma religião ou a intolerância religiosa podem ter no campo do coletivo, bem como sobre os impactos positivos que as lideranças religiosas e seculares podem ter nos campos comunitários da saúde, segurança, educação etc.

Oriente a forma de apresentação dessas ações, incentivando a criatividade e o uso de recursos possíveis pelos estudantes.

ATIVIDADE AVALIATIVA

Solicite aos estudantes a elaboração de um resumo sobre o papel das tradições religiosas na esfera pública, retratando o processo de aprendizagem com o estudo realizado.

ROTEIRO 02

Título/tema	Liberdade de pensamento, crenças e convicções
Unidade temática	Crenças religiosas e filosofias de vida
Objeto de conhecimento	Crenças, filosofias de vida e esfera pública
Habilidade(s)	(EF08ER06) Analisar práticas, projetos e políticas públicas que contribuem para a promoção da liberdade de pensamento, crenças e convicções.
Previsão de horas/aula(s)	Quatro horas/aulas
Recursos	· Equipamento para projeção audiovisual com acesso à internet. · Projeção, aos estudantes, do Projeto de Lei n. 1.635, de 27 de dezembro de 2007, que instituiu o Dia Nacional de Combate à Intolerância Religiosa. · Pesquisa sobre práticas, projetos e políticas públicas que existem na cidade/no estado dos estudantes, voltadas ao combate à intolerância religiosa e à defesa da liberdade de crença/convicção, para complementar a pesquisa dos estudantes. · Informações sobre as datas comemorativas propostas aos estudantes para pesquisa: Dia da Liberdade de Cultos, Dia Mundial da Religião, Dia da Liberdade de Pensamento, Dia do Ecumenismo e Dia Internacional da Tolerância. · Papel kraft, canetinhas e outros recursos possíveis para os estudantes confeccionarem cartazes.

OBSERVAÇÃO

Atividade mobilizadora

Explique aos estudantes que desenvolveremos a habilidade a seguir, proposta na BNCC[62]: "(**EF08ER06**) Analisar práticas, projetos e políticas públicas que contribuem para a promoção da liberdade de pensamento, crenças e convicções".

Apresente aos estudantes, com *slides*, o Projeto de Lei n. 1.635, de 27 de dezembro de 2007, que instituiu o Dia Nacional de Combate à Intolerância Religiosa, comemorado anualmente, em todo o território nacional, no dia 21 de janeiro.

Converse sobre a importância desse dia no processo de consciência cidadã e para as tradições religiosas.

IDENTIFICAÇÃO E ANÁLISE

Atividade de pesquisa

Peça aos estudantes para pesquisarem em sua cidade/estado quais práticas, projetos e políticas públicas existem de combate à intolerância religiosa e de defesa à liberdade de crença/convicção. O estudante deverá registrar no caderno o que encontrou nas pesquisas.

SUGESTÃO

A pesquisa pode ser realizada em sala, com acesso dos estudantes à internet ou distribuição de materiais impressos para a coleta de dados.

Organize as apresentações propondo as seguintes perguntas:

- Existem muitos projetos e políticas públicas em prol dessas causas? Por que esses projetos são importantes?
- Que diferença esses projetos podem trazer para a nossa sociedade?

Após as apresentações, as respostas podem ser sistematizadas em forma de texto coletivo.

62 BRASIL, 2018, p. 457, grifo do autor.

APROPRIAÇÃO E RESSIGNIFICAÇÃO

Atividade em grupos

Divida os estudantes em cinco grupos. Cada grupo ficará responsável pela pesquisa e pela apresentação das seguintes datas comemorativas:

- Dia da Liberdade de Cultos.
- Dia Mundial da Religião.
- Dia da Liberdade de Pensamento.
- Dia do Ecumenismo.
- Dia Internacional da Tolerância.

O objetivo do trabalho é identificar a mobilização de nossa sociedade (seja ela no campo nacional ou internacional) para divulgar o direito à liberdade religiosa, de crenças e convicções.

Oriente a apresentação solicitando que destaquem a história da data e seus impactos na esfera pública. Distribua cartolina ou papel kraft, canetinhas e outros recursos possíveis para os estudantes confeccionarem cartazes sobre essas datas comemorativas, sinalizando a importância delas para a sociedade em que vivemos.

Atividade de roda de conversa

A partir do estudo realizado, peça aos estudantes que descrevam em seu caderno quatro atitudes que podemos realizar no dia a dia para promover um espaço que garanta a liberdade de consciência, crença ou convicção.

Promova a socialização destacando as atitudes mais evidentes, conduzindo uma roda de conversa sobre a importância delas para a convivência pacífica com as diferenças.

ATIVIDADE AVALIATIVA

A avaliação deverá ser processual, garantindo o desenvolvimento das habilidades por meio das conversas e das reflexões em sala, das pesquisas realizadas e do trabalho em grupo, que servirão de instrumentos para avaliação do processo de ensino-aprendizagem. Para sistematizar os aprendizados, solicite aos estudantes que produzam um esquema-síntese sobre o estudo do tema: liberdade de pensamento, crenças e convicções.

Tradições religiosas, mídias e tecnologias

Maria Gisele Canário de Sousa[63]

Se fizermos uma pesquisa rápida no dicionário, veremos que o termo "tecnologia" está ligado ao universo de técnicas ou mesmo métodos, caminhos que são utilizados em diferentes áreas do conhecimento e da ciência de modo geral. Mas, no fundo, a pergunta sobre o que é tecnologia dependerá para quem você a faz. Se você fizer essa indagação a um entendedor de computadores, ele dirá a você que a tecnologia tem a ver com o desenvolvimento de aparelhos que compartilham informações de maneira rápida e que envolve um número grande de pessoas por meio de cálculos cada vez mais complexos e avançados. Porém se a sua pergunta for a um biólogo, ele dirá que a tecnologia fornece técnicas que o ajudam nos estudos das células, no surgimento do universo e suas evoluções. E se a pergunta for para um arqueólogo, ele dirá a você que a tecnologia da chamada escavação digital ou ciberarqueologia é importante para desvendar mistérios do passado.

Já as culturas religiosas entendem a tecnologia como ferramenta ou técnica para se construir algo. As religiões estão cada vez mais inseridas nesse universo. Estão nas chamadas redes e tecnologias digitais por meio de *sites*, ritos *on-line*, aplicativos e até mesmo no metaverso (replicar a realidade no mundo virtual por meio do seu avatar pessoal). A pandemia da covid-19 levou até os mais conservadores a se utilizarem dos recursos virtuais por conta da obrigatoriedade do isolamento sanitário.

---

63 Mestra em Teologia com especialização em Exegese Bíblica pela Pontifícia Universidade Católica de São Paulo (PUC-SP), graduada em Geografia e Teologia, e graduanda em Filosofia pela Universidade Católica de Brasília (UCB). Autora de livros pela Editora Vozes e de materiais didáticos para a Uniasselvi e para a Estácio de Sá na área de Teologia. É assessora do Centro Bíblico Verbo, no qual colabora com a produção de materiais para estudos bíblicos; integrante de grupos de reflexão bíblica para *site* e redes sociais: Ministério da Palavra na voz das mulheres (Instituto Humanitas Unisinos) e grupo São Jerônimo; e professora de Ensino Religioso, Projeto de Vida e Geografia na Educação Básica.

Ainda, é possível observar o significativo aumento de lideranças de diferentes tradições religiosas tornando-se divulgadoras dos valores e dos princípios de sua crença, anunciando mensagens, realizando cursos *on-line* para membros da tradição com o objetivo de explicar e/ou formar pessoas para melhor viverem de acordo com o que professam, como também para serem multiplicadoras do conteúdo religioso em suas comunidades de fé.

No tocante às mídias, é de vital importância observar que agrupam um conjunto de meios de comunicação para difundir informações e conteúdos diversificados. No universo religioso, o seu uso é perceptível em revistas físicas e digitais, livros, televisão, rádio e rádio *web*, *podcasts*, internet, aplicativos para celular e outras ferramentas que contribuem para que lideranças e adeptos das tradições religiosas exerçam o papel de divulgar o conteúdo religioso.

A seguir, indicamos recursos que podem favorecer o trabalho pedagógico:

REFERÊNCIAS

FREITAS, R. O. de. Candomblé e mídias digitais: sobre a publicação do sagrado e do privado na internet. *In*: CONGRESSO BRASILEIRO DE CIENCIAS DA COMUNICAÇÃO, 42., 2019, Belém. *Anais eletrônicos* [...]. São Paulo: Intercom – Sociedade Brasileira de Estudos Interdisciplinares da Comunicação. Disponível em: https://www.portalintercom.org.br/anais/nacional2019/resumos/R14-0371-1.pdf. Acesso em: 17 fev. 2023.

LAGOINHA estreia no metaverso. *Igreja Batista da Lagoinha*, [c2023]. Disponível em: https://lagoinha.com/lagoinha-news/68840/lagoinha-estreia-no-metaverso. Acesso em: 16 fev. 2023.

LAGOVERSO. *LagoVerso*, [c2022]. Disponível em: https://lagoverso.com/. Acesso em: 16 fev. 2023.
A Igreja Evangélica Batista da Lagoinha é pioneira no uso do metaverso no Brasil. Realiza cultos por meio da realidade virtual, na qual o fiel é representado por meio de um avatar.

RELIGIÃO e tecnologia, companheiras improváveis? *Instituto Humanitas Unisinos*, 2021. Trad. Moisés Sbardelotto. Disponível em: https://www.ihu.unisinos.br/categorias/614042-religiao-e-tecnologia-companheiras-improvaveis. Acesso em: 3 fev. 2023.

ROTEIRO 01

Título/tema	A religião e as mídias
Unidade temática	Crenças religiosas e filosofias de vida
Objeto de conhecimento	Tradições religiosas, mídias e tecnologias
Habilidade(s)	(EF08ER07) Analisar as formas de uso das mídias e das tecnologias pelas diferentes denominações religiosas.
Previsão de horas/aula(s)	Quatro horas/aulas
Recursos	· Equipamento para projeção audiovisual com acesso à internet. · Quadro impresso para cada estudante, para servir como modelo na atividade de pesquisa. · Exemplos da interação da religião com a tecnologia em diferentes contextos, para favorecer a reflexão e a pesquisa dos grupos. · Acesso dos estudantes ao laboratório de informática, celular ou *tablet* com acesso à internet, se possível, para a atividade de pesquisa. · Vídeos sobre o grupo religioso Amish, indicados no roteiro, para assistir previamente. · Projeção audiovisual de vídeos disponíveis na internet (*links* indicados no roteiro). · Acesso dos estudantes ao Instagram para levantar dados para a pesquisa indicada no roteiro. · Informações sobre o uso tecnológico nas tradições: judaísmo, islamismo, budismo, cristianismo, indígenas e candomblé, para o desenvolvimento da pesquisa indicada no roteiro.

OBSERVAÇÃO

Atividade mobilizadora

Promova uma roda de conversa introdutória sobre o tema. Aborde com os estudantes que, quando falamos em religião, quase sempre nos vem à mente algo muito antigo, coisa do passado que aprendemos dos nossos antepassados e que quase nunca se atualiza. Quando falamos das regras e das doutrinas das tradições religiosas, a maioria das pessoas não renuncia às suas verdades. Mas como as religiões estão inseridas na sociedade e fazem parte da cultura humana, elas se adaptam de acordo com o tempo e o lugar em que estão inseridas. Por isso as religiões, no contexto atual, buscam inovar, utilizando as novas ferramentas tecnológicas para divulgarem e vivenciarem as suas crenças. É comum vermos lideranças de diferentes culturas e tradições religiosas na televisão, na internet, nas rádios fazendo os seus cultos, apresentando momentos meditativos e de orações, em vista de transmitir posicionamentos religiosos.

Mencione que as tradições religiosas não são diferentes de outras instituições que o tempo todo tentam se adaptar ao público atual. Assim, à medida que as mudanças socioculturais vão acontecendo, as tradições religiosas procuram se adequar. Diante do desenvolvimento da comunicação e das novas tecnologias, portanto, as tradições religiosas também elegem ferramentas tecnológicas para atender às suas necessidades e às necessidades de seus seguidores. Por sua vez, também há uma adaptação constante de ferramentas tecnológicas para atender à demanda religiosa.

Atividade de pesquisa

Organize os estudantes em grupos e oriente-os a refletirem sobre as seguintes questões:

- A tecnologia pode se adaptar às necessidades e às crenças das religiões?
- Você conhece exemplos do uso das tecnologias pelas religiões na sociedade atual?

Após a reflexão, cada grupo deverá criar um quadro que apresente como as tecnologias podem envolver, direta ou indiretamente, as religiões em diferentes setores. O exemplo na sequência pode ser adaptado e ampliado conforme a realidade local, o conhecimento do grupo e/ou as possibilidades de realização da pesquisa.

Distribua o modelo do quadro a seguir impresso aos estudantes para que compreendam como devem criar a sua própria versão. A pesquisa pode ser realizada na escola, oferecendo aos estudantes acesso à internet ou compartilhando materiais impressos para que coletem os dados. Sugere-se oferecer aos estudantes acesso a plataformas *on-line,* para que o quadro seja produzido de modo digital.

IMPORTANTE

Reúna mais exemplos da interação da religião com a tecnologia em diferentes contextos, para favorecer a reflexão e a pesquisa dos grupos.

Política	Economia	Educação
Uso das redes sociais envolvendo religião com ideias ideológicas e partidárias.	Telefones celulares e seu uso nas religiões de acordo com suas crenças.	Tradições religiosas vêm se dedicando a criar *games* para ensinar e cativar os seus fiéis. Exemplo: grupo carismático da Igreja Católica criou uma versão de "Pokémon Go" intitulada "Follow JC Go!", no qual o jogador deve encontrar personagens bíblicos e santos.

Para saber mais sobre o jogo "Follow JC Go!", acesse a matéria a seguir, no *G1*.

SUGESTÃO DE LEITURA

"FOLLOW JC Go!": "Pokémon Go" católico tem personagens bíblicos, santos e "time de evangelização". *G1*, 2018.

Promova a socialização dos grupos, que poderá será feita por meio de dinâmicas livres de acordo com a criatividade dos estudantes. Realize uma roda de conversa com os estudantes sobre os resultados dispostos no quadro.

IDENTIFICAÇÃO E ANÁLISE

Atividade de vídeo-debate

Comente com os estudantes que não há dúvidas de que as tradições religiosas estão inseridas profundamente no universo das tecnologias ao eleger aquelas que contribuem na realização dos seus ritos e na disseminação de suas crenças. Nesse processo, podemos identificar que a religião influencia e é influenciada pela tecnologia, de modo que a experiência religiosa sofre alterações.

Explique que alguns grupos religiosos não se abrem totalmente ao uso das tecnologias, inclusive há aqueles que as abdicam totalmente. Esse é o caso dos Amish, grupo cristão anabatista que surgiu na Europa com as Reformas Protestantes do século XVI – presentes, hoje em dia, nos Estados Unidos e no Canadá, principalmente. Os Amish não possuem templos/igrejas, realizando os seus cultos nas casas das famílias ou em prédios escolares mantidos por eles, na própria comunidade. Esse grupo religioso mantém costumes ultraconservadores, incluindo a total independência de seus membros do uso de equipamentos eletrônicos. Não utilizam televisão, rádio, carros e telefones. Os celulares são permitidos somente para uso fora das casas, como recursos para fins comerciais ou alguma emergência.

Proponha aos estudantes uma roda de conversa a partir da reportagem sobre o grupo religioso Amish. Para isso, apresente os vídeos.

VÍDEOS

AMISH – Parte 1 – NT Repórter. 1 vídeo (12 min.), 2011. Publicado pelo canal Fabi Bertotti.

AMISH – Parte 2 – NT Repórter. 1 vídeo (11 min.), 2011. Publicado pelo canal Fabi Bertotti.

Para complementar o estudo, propõe-se o vídeo "Mundo Amish – Rompendo as regras (episódio 1)", produzido pelo canal TLC, também disponível no YouTube.

VÍDEO

MUNDO Amish – Rompendo as Regras (episódio 1 – parte Rebeca). 1 vídeo (7 min.), 2013. Publicado pelo canal Michelle Giudice.

Após os estudantes assistirem aos vídeos, proponha as seguintes questões para debate:

- O que mais chamou a sua atenção em relação ao modo de viver do grupo religioso Amish?
- A fotografia é um recurso que contribui para fazer memória de momentos. Como você entende o fato de esse grupo ser contrário a ter fotografias de seus entes queridos?

- Você tem acontecimentos ou momentos importantes de sua vida que não foram fotografados? Como você faz memória deles?
- Como viver os mesmos costumes em um mundo que se transforma diariamente?

SUGESTÃO

A depender do interesse do grupo, pode-se recomendar filmes que envolvem a cultura do grupo religioso Amish aos estudantes. Sugere-se, então, assistir aos filmes a seguir antes de recomendá-los:

"Amish Grace" (direção de Gregg Champion, 2010): o filme conta a história real de um assassinato de crianças Amish em uma escola da comunidade. Nessa história, o destaque está na atitude da comunidade de ir até a casa dos familiares do assassino para lhes dizer que o perdoavam.

"A testemunha" (direção de Peter Weir, 1985): a obra apresenta uma criança Amish que viu um assassinato. O detetive do caso, devido a diversos desdobramentos do enredo, precisa permanecer na comunidade convivendo com o grupo religioso. Nesse filme, o estudante poderá identificar várias características próprias desse grupo.

APROPRIAÇÃO E RESSIGNIFICAÇÃO

Atividade de roda de conversa

Apresente aos estudantes, como curiosidade, o vídeo "Cathedral service using PlayStation 3 game Flower (FGTV 2.4)", disponível no YouTube.

VÍDEO

CATHEDRAL service using PlayStation 3 game Flower (FGTV 2.4). 1 vídeo (7 min.), 2012. Publicado pelo canal FamilyGamerTV.

Nesse vídeo, conhecemos o jornalista Andy Robertson, com formação em Teologia, que organizou, em sua igreja, um rito utilizando o Playstation. É possível entender a dinâmica e o objetivo do jogo, aplicado ao rito, ao simular o caminho de uma pétala de flor levada pelo vento sobre as colinas. Essa experiência se realizou em um templo evangélico anglicano. A reverenda Anna Normam Walker, em conversa com o jornalista no vídeo, diz que a tradição tem estado na vanguarda, incluindo em suas celebrações os órgãos, os corais com túnicas. Ela menciona a importância da criatividade e de coisas novas. O jornalista, por sua vez, ressalta que os *videogames* são um recurso potencialmente positivo quando não associados à violência. Anna, ao ver a proposta, posiciona-se aberta à ideia de realizar a experiência.

Comente que alguns grupos religiosos também têm utilizado a realidade virtual (metaverso) para acessarem o espaço sagrado. Esse modelo foi introduzido por muitas tradições religiosas no decorrer da pandemia da covid-19. O governo da Arábia Saudita, por exemplo, apresentou uma proposta de peregrinação virtual, que pode ser realizada pelos muçulmanos no metaverso. Essa proposta foi lançada pelo Imã da Grande Mesquita de Meca, e essa visita foi chamada de *Virtual Hacerulesved*. Grupos islâmicos propõem a visita virtual a Caaba como uma forma de ajudar o fiel a conhecer o espaço, mas ela não pode ser considerada uma peregrinação de adoração verdadeira ou real, segundo a presidência de Assuntos Religiosos da Turquia Diyanet. Isso porque, para ser considerada verdadeira, o muçulmano precisa tocar o chão de Meca diretamente. Com essa proposta, os adeptos da tradição podem visitar a Caaba no metaverso, ver virtualmente a Pedra Negra, antes de fazerem a peregrinação presencial. Para entender como isso foi proposto, pode-se ilustrar o discurso com o vídeo a seguir, disponível no YouTube.

VÍDEO

LABBAIK VR – Virtual Reality Hajj & Umrah Training. 1 vídeo (1 min.), 2020. Publicado pelo canal LABBAIK VR.

Atividade de pesquisa

Comente que as plataformas digitais se tornaram um ambiente propício para quem quer apresentar a mensagem das religiões, mesmo sob o ponto de vista leigo. Essa realidade faz parte da prática de pessoas religiosas, que desejam transmitir as suas práticas, crenças e interpretações sobre os seus livros sagrados.

Oriente os estudantes a pesquisarem no Instagram postagens e comentários religiosos, anotando o que encontrarem. Essa pesquisa pode ser realizada em casa, com a participação de familiares, ou, caso os estudantes tenham conta e acesso ao celular, pode ser realizada em sala de aula.

A partir dos resultados, converse a respeito das postagens e de quais grupos religiosos são preponderantes nessa rede social. Pergunte aos estudantes: quais são os impactos dessas informações na vida das pessoas?

Para aprofundar a reflexão, solicite aos estudantes uma nova pesquisa. Divida-os em grupos para pesquisarem a relação das tradições religiosas com o desenvolvimento tecnológico, buscando identificar como elas se apropriam das tecnologias para realizarem celebrações e divulgarem seus textos, suas orientações e suas mensagens. Oriente-os sobre os critérios a serem atendidos na pesquisa, tais como: identificar quais recursos digitais e tecnológicos são utilizados pelas tradições religiosas; levantar o tipo de mensagens religiosas divulgadas; analisar quais dessas mensagens podem ser entendidas como contribuição à coletividade; reconhecer lideranças da comunidade no uso das tecnologias; levantar os meios de transmissão da mensagem religiosa (televisão, rádio, rádio *web*, *podcasts*, *blogs*, *sites*, redes sociais, vídeos etc.); dentre outros aspectos relevantes à realidade.

Pode-se dividir entre os grupos as seguintes tradições religiosas:

- judaísmo;
- indígenas;
- candomblé;
- cristianismo;
- budismo.

Após a socialização dos resultados, promova com os estudantes uma conversa acerca das semelhanças e das diferenças entre os achados dos grupos. Destaque que as tecnologias promovem a facilidade de acesso dos fiéis às orientações religiosas de sua tradição, além de ampliarem a influência dos ensinamentos das lideranças religiosas. Pode-se apresentar como exemplos de lideranças ativas nas mídias a Monja Coen, o Dalai-Lama, o Papa Francisco e outras que façam parte do universo dos estudantes.

Atividade de roda de conversa

Explore o fato de que as religiões não foram modificadas totalmente pelo uso das tecnologias. No fundo, o ser humano constrói cultura o tempo todo, e, nesse sentido, a religião - que também é cultura - encontrou nas tecnologias e no espaço virtual um modo de dialogar com as novas gerações e construir a sua identidade. Uma coisa é certa: a tecnologia não anula o lugar da religião; e, considerando a quantidade de pessoas que seguem ideias religiosas no universo virtual, isso só comprova que as duas andam adaptando-se mutuamente, com interesses quase que compartilhados.

Explique que a tecnologia favorece as tradições religiosas no processo de disseminação de suas crenças e na melhoria da comunicação com os seus adeptos. Torna-se um elemento essencial para que as lideranças possam se comunicar e interagir de maneira mais fácil e rápida, usando diversas formas e canais para atingir os membros da tradição, assim como para expandir o alcance de suas mensagens.

ATIVIDADE AVALIATIVA

Oriente os estudantes a produzirem um *post* para as redes sociais apresentando um infográfico que contemple o estudo sobre o uso de mídias e das tecnologias nas tradições religiosas. Nesse infográfico, devem aparecer as tradições religiosas e as modalidades de mídias e tecnologias por elas utilizadas, com base no estudo realizado. No final do infográfico, os estudantes devem escrever uma frase-síntese da leitura apresentada nesse esquema.

Imanência e transcendência

Sandson Almeida Rotterdan[64]

Nossa cultura, fundamentalmente influenciada pela filosofia platônica, costuma, na abordagem da imanência e da transcendência, olhar de maneira binária para essas ideias. A imanência seria tudo aquilo que está aqui e agora, os aspectos materiais e temporais da vida; e a transcendência seria tudo o que está para além, que é incorruptível, bom, verdadeiro e belo. Essa abordagem a partir de uma perspectiva binária é um risco diante das ameaças que tanto a vida humana quanto a não humana recebem na contemporaneidade. Segundo Leonardo Boff[65], "não vivemos apenas sobre a Terra. Somos filhas e filhos da Terra, mas também membros do imenso cosmos". Nesse sentido, a abordagem que se propõe é a de superação da concepção antropocêntrica e a assunção de uma concepção cosmocêntrica para a compreensão da relação entre transcendência e imanência.

A concepção binária de imanência e transcendência nos lega uma herança antropocêntrica na qual o ser humano se sente como o ápice de tudo o que existe, e não se percebe como parte de um organismo vivo do qual depende para existir. As crenças religiosas podem contribuir muito significativamente para a construção de uma filosofia de vida capaz de romper com essa perspectiva dicotômica que coloca a vida em risco a partir da percepção de uma transcendência envolvida com a imanência e de uma imanência aberta à transcendência.

64 Educador, filósofo, teólogo e cientista da religião. Graduado em Filosofia e Teologia, mestre e doutorando em Ciências da Religião pela Pontifícia Universidade Católica de Minas Gerais (PUC Minas). É editor e cofundador da Revista e Editora Senso; diretor de Evangelização, Pastoral e Identidade Católica na Gaudium Educação; e articulador de juventudes, pesquisa, extensão e tecnologias sociais no Instituto Gaudium. Educador há mais de dez anos na rede particular de Belo Horizonte.

65 BOFF, L. *Ética da vida*: a nova centralidade. São Paulo: Record, 2009, p. 72.

Esse outro olhar sobre a realidade poderá ajudar no cumprimento dos objetivos da Educação Básica que também se revelam no princípio do Ensino Religioso de formar as pessoas para uma vida cidadã. Essa cidadania, contudo, não mais pensada somente no âmbito do cumprimento de deveres e acesso a direitos de ordem civil, mas holística, aberta e comprometida com o todo e com todas as formas de vida.

A seguir, indicamos leituras que podem favorecer o trabalho pedagógico.

REFERÊNCIAS

BAUMAN, Z. *Vidas para consumo*: a transformação das pessoas em mercadoria. Rio de Janeiro: Zahar, 2008.

GAARDER, J. *et al*. *O livro das religiões*. São Paulo: Companhia das Letras, 2013.

SETEMBRO amarelo: redes sociais contribuem para o desenvolvimento de depressão e ansiedade. *Jornal do Brasil*, 2021. Disponível em: https://www.jb.com.br/bem-viver/2021/09/1032604-setembro-amarelo-redes-sociais-contribuem-para-o-desenvolvimento-de-depressao-e-ansiedade.html. Acesso em: 15 fev. 2023.

ROTEIRO 01

Título/tema	**As crenças religiosas orientam a nossa maneira de viver**
Unidade temática	Crenças religiosas e filosofias de vida
Objeto de conhecimento	Imanência e transcendência
Habilidade(s)	(EF09ER01) Analisar princípios e orientações para o cuidado da vida e nas diversas tradições religiosas e filosofias de vida.
Previsão de horas/aula(s)	Três horas/aulas
Recursos	· Equipamento para projeção audiovisual com acesso à internet. · Acesso ao aplicativo Mentimeter (ou similar) para a produção de nuvem de palavras – há a necessidade de os estudantes usarem, individualmente, celular ou *tablet* para a atividade. · Formulários de pesquisa impressos para os grupos. · Fontes de pesquisa (incluindo o *site* do IBGE) sobre os quatro maiores grupos de pertença religiosa no Brasil. · Indicações de livros ou *sites* especializados para a pesquisa sobre os significados de "filosofia", "vida" e "filosofia de vida"; "valor", "valor ético" e "valor moral". · Recursos impressos (cartolina ou papel kraft) ou digitais (acesso dos estudantes a uma plataforma *on-line*) para os grupos realizarem a apresentação de suas pesquisas em seminário.

OBSERVAÇÃO

Atividade mobilizadora

Esta atividade tem como objetivo promover a reflexão sobre o quanto as crenças religiosas influenciam e orientam as nossas filosofias de vida.

Oriente os estudantes a responderem, individualmente, às perguntas propostas na sequência usando o aplicativo Mentimeter (ou similar) para formar uma nuvem de palavras. Há a necessidade do uso de telefone celular ou *tablet* para a atividade. Outra opção possível é realizar a atividade com recursos físicos, como papel kraft. Apresente as perguntas e peça aos estudantes para responderem cada uma com apenas três palavras, para melhor formar a nuvem:

- Para que estudar sobre Deus ou a(s) divindade(s), o ser humano e o mundo?
- O que isso pode acrescentar em nossas vidas?

Estabeleça o tempo que os estudantes terão para responder e forme a nuvem de palavras com todas as respostas. Converse com os estudantes sobre as palavras que se destacam na nuvem. Peça para analisarem a origem de suas ideias, ou seja, determinarem possíveis influências sobre as suas respostas. Ajude-os a perceberem que as suas crenças religiosas podem influenciar as suas maneiras de interpretar a divindade, o ser humano e o mundo.

Explore com os estudantes que, ao responderem a essas perguntas, é possível alcançar um melhor conhecimento sobre si mesmos como sociedade, sobre os valores ético-morais que lhes indicam como devem agir em determinadas situações. Pode ajudá-los a compreenderem a diversidade de crenças existentes no mundo, bem como a reconhecerem o direito à liberdade de crença e consciência de cada pessoa.

IDENTIFICAÇÃO E ANÁLISE

Atividade de pesquisa

Divida os estudantes em grupos e oriente uma pesquisa sobre os seguintes objetos: pertenças religiosas no Brasil, filosofias de vida e valores. O resultado da pesquisa poderá ser apresentado em folha de papel kraft ou usando plataforma *on-line* interativa, que seja acessível aos estudantes.

SUGESTÃO

Distribua entre os grupos as tradições religiosas para a pesquisa, de modo a evitar possíveis repetições.

Objeto 1 – Pertenças religiosas no Brasil

Com relação a este objeto de pesquisa, os estudantes devem identificar os quatro maiores grupos de pertença religiosa no Brasil e como eles se compõem. As informações recolhidas devem ser dispostas em um formulário conforme o que se propõe na sequência.

Oriente o grupo a criar um pequeno texto com as conclusões a que puderam chegar com os dados coletados. O *site* do IBGE pode ser uma boa fonte para essa pesquisa.

Esclareça aos estudantes que esta é uma parte da pesquisa que será retomada em outro momento desta unidade de estudos.

Religião	Percentual de pertença	Percentual de mulheres	Percentual de homens	Principais valores e orientações desta religião
Conclusões do grupo				

Objeto 2 – Filosofia de vida

Oriente os estudantes a buscarem em *sites* especializados ou em livros os significados de "filosofia", "vida" e "filosofia de vida". Solicite que as definições sejam apresentadas em um formulário como o exemplo proposto na sequência.

Peça ao grupo para criar um pequeno texto com as conclusões a que puderam chegar com os dados coletados.

Termo	Definição
Vida	
Filosofia	
Filosofia de vida	
Conclusões do grupo	

Objeto 3 – Valores

Oriente os estudantes a buscarem em *sites* especializados ou em livros os significados de "valor", "valor ético" e "valor moral", apresentando as definições em um formulário como o que se segue.

Solicite aos grupos para criarem um pequeno texto com as conclusões a que puderam chegar com os dados coletados.

Termo	Definição
Vida	
Valor ético	
Valor moral	
Conclusões do grupo	

Cada objeto poderá ter mais de um grupo de pesquisa, o que comportaria uma gama maior de conclusões sobre os objetos pesquisados, a partir de diferentes pontos de vista.

Atividade de seminário

Organize um seminário para a socialização das pesquisas. Há a possibilidade de esse seminário ser interdisciplinar com o componente curricular de Língua Portuguesa a partir da habilidade proposta na BNCC[66]:

- **(EF69LP14)** Formular perguntas e decompor, com a ajuda dos colegas e dos professores, tema/questão polêmica, explicações e ou argumentos relativos ao objeto de discussão para análise mais minuciosa e buscar em fontes diversas informações ou dados que permitam analisar partes da questão e compartilhá-los com a turma.

Esclareça aos estudantes que o seminário tem como objetivo socializar os conhecimentos construídos nas atividades de pesquisa. Solicite que apresentem em um formato maior os dados coletados, podendo-se utilizar um cartaz (cartolina e/ou papel kraft), uma plataforma interativa *on-line* ou um recurso digital como Power Point para realizar a apresentação.

Peça que cada grupo apresente os dados e as conclusões a que chegaram, justificando-as. Oriente para que cada grupo elabore uma pergunta a partir da apresentação do outro grupo. Esclareça que essa pergunta deve ter como objetivo enriquecer o diálogo, e não colocar o outro grupo em situação difícil.

APROPRIAÇÃO E RESSIGNIFICAÇÃO

Atividade de produção de texto-síntese

Após as apresentações, retome as discussões em grupo. A atividade pode ser interdisciplinar com o componente de Língua Portuguesa, a partir da habilidade proposta na BNCC[67]:

- **(EF69LP35)** Planejar textos de divulgação científica, a partir da elaboração de esquema que considere as pesquisas feitas

66 BRASIL, 2018, p. 145, grifo do autor.

67 BRASIL, 2018, p. 153, grifo do autor.

anteriormente, de notas e sínteses de leituras ou de registros de experimentos ou de estudo de campo, produzir, revisar e editar textos voltados para a divulgação do conhecimento e de dados e resultados de pesquisas, tais como artigo de divulgação científica, artigo de opinião, reportagem científica, verbete de enciclopédia, verbete de enciclopédia digital colaborativa, infográfico, relatório, relato de experimento científico, relato (multimidiático) de campo, tendo em vista seus contextos de produção, que podem envolver a disponibilização de informações e conhecimentos em circulação em um formato mais acessível para um público específico ou a divulgação de conhecimentos advindos de pesquisas bibliográficas, experimentos científicos e estudos de campo realizados.

Solicite a elaboração de um texto-síntese, realizado no caderno ou usando recurso digital, no qual devem relacionar as ideias de filosofias de vida com as ideias sobre valores a partir das crenças e dos dados de um dos grupos religiosos abordados.

Para isso, os dados das pesquisas de todos os grupos devem ser disponibilizados para cada grupo.

IMPORTANTE

Peça aos estudantes para reservarem o texto-síntese, pois ele será retomado posteriormente.

ATIVIDADE AVALIATIVA

A partir do estudo realizado, oriente para que cada estudante organize um esquema com a frase: "As crenças religiosas orientam a maneira de viver". No esquema, é preciso que escrevam as principais informações obtidas com o estudo.

Oriente os estudantes a socializarem os resultados e, se necessário, indique para que complementem as informações faltantes após as apresentações.

ROTEIRO 02

Título/tema	As doutrinas religiosas têm concepções de mundo
Unidade temática	O cuidado com a vida nas tradições religiosas
Objeto de conhecimento	Imanência e transcendência
Habilidade(s)	(EF09ER01) Analisar princípios e orientações para o cuidado da vida e nas diversas tradições religiosas e filosofias de vida.
Previsão de horas/aula(s)	Três horas/aulas
Recursos	· Equipamento para projeção audiovisual com acesso à internet. · Textos-síntese do estudo anterior (registrados no caderno ou em plataforma digital) para serem completados. · Acesso dos estudantes a plataformas digitais ou distribuição de papel kraft para a produção de infográficos em grupos. · Textos impressos sobre princípios e orientações de cuidado com a vida no cristianismo (católico e evangélico), no espiritismo e nas filosofias de vida não religiosas, para que os grupos realizem coleta de dados. · Folha de papel A4 para cada estudante realizar a atividade avaliativa.

OBSERVAÇÃO

Atividade mobilizadora

Retome os resultados das pesquisas propostas no estudo do roteiro anterior a partir da pergunta: quais os principais valores e princípios de cuidado com a vida que encontramos nas tradições religiosas mais expressivas do Brasil?

Oriente os estudantes a retomarem as discussões e os resultados das pesquisas dos estudos anteriores.

IDENTIFICAÇÃO E ANÁLISE

Atividade de produção de infográfico

A atividade pode ser desenvolvida de maneira interdisciplinar com o componente de Arte, com ênfase na habilidade proposta na BNCC[68]:

> • **(EF69AR06)** Desenvolver processos de criação em artes visuais, com base em temas ou interesses artísticos, de modo individual, coletivo e colaborativo, fazendo uso de materiais, instrumentos e recursos convencionais, alternativos e digitais.

Oriente os estudantes a formarem grupos e distribua entre eles textos sobre princípios e orientações de cuidado com a vida no cristianismo (católico e evangélico), no espiritismo e em filosofias de vida não religiosas.

Ofereça aos estudantes textos impressos para que possam coletar neles os dados solicitados.

Oriente os grupos a produzirem um infográfico em plataforma digital ou em papel kraft, no qual deverão incluir os princípios e as orienta-

68 BRASIL, 2018, p. 207, grifo do autor.

ções de cuidado com a vida pesquisados nas tradições religiosas e nas filosofias de vida não religiosas. Esclareça que o infográfico deverá ser socializado com a turma, explicando-se cada uma das ideias retratadas.

APROPRIAÇÃO E RESSIGNIFICAÇÃO

Atividade de complementação do texto-síntese

Após a apresentação dos grupos, oriente os estudantes a responderem no caderno:

- O que há de comum entre os princípios e as orientações de cuidado com a vida presentes nas tradições religiosas e nas filosofias de vida?
- Quais as contribuições que esses princípios e valores podem dar para a vida nas sociedades contemporâneas?

Oriente os estudantes a retomarem os textos-síntese do estudo anterior (registrados no caderno ou em plataforma digital). Solicite que os complementem com informações a partir dos conhecimentos construídos sobre os princípios e as orientações de cuidado com a vida no cristianismo, no espiritismo e nas filosofias de vida não religiosas.

ATIVIDADE AVALIATIVA

Entregue aos estudantes uma folha de papel A4 e peça para que produzam esquema com as principais aprendizagens construídas com o estudo realizado.

ROTEIRO 03

Título/tema	As diferentes expressões de cuidado com a vida
Unidade temática	Crenças religiosas e filosofias de vida
Objeto de conhecimento	Doutrinas religiosas
Habilidade(s)	(**EF09ER02**) Discutir as diferentes expressões de valorização e de desrespeito à vida, por meio da análise de matérias nas diferentes mídias.
Previsão de horas/aula(s)	Três horas/aulas
Recursos	· Equipamento para projeção audiovisual com acesso à internet. · Ícones e imagens a seguir fixados no quadro (ou no centro da sala, caso a aula seja dada em círculo): Instagram, Telegram, Facebook, TikTok, WhatsApp, Twitter, cruz, Bíblia, exemplar de *O Livro dos Espíritos*, planeta Terra, floresta preservada, pessoas felizes, floresta devastada, pessoas em situação de rua etc. · Texto impresso para cada estudante: "Setembro amarelo: redes sociais contribuem para o desenvolvimento de depressão e ansiedade" (*link* indicado no roteiro). · Computadores ou outros dispositivos eletrônicos para os estudantes acessarem, em redes sociais, o perfil de uma instituição ou de uma liderança religiosa, ou outro que expresse uma filosofia de vida. · Orientação para a produção de roteiro de vídeo de opinião como se os estudantes fossem publicá-lo em uma rede social específica: Reels, TikTok ou outra possibilidade. · Acesso dos estudantes a um equipamento para produção de vídeo (celular ou câmera fotográfica).

OBSERVAÇÃO

Atividade mobilizadora

Fixe no quadro (ou no centro da sala, caso a aula seja dada em círculo) os ícones e as imagens a seguir:

- Instagram, Telegram, Facebook, TikTok, WhatsApp, Twitter, cruz, Bíblia, exemplar de *O Livro dos Espíritos*, planeta Terra, floresta preservada, pessoas felizes, floresta devastada, pessoas em situação de rua etc.

Peça aos estudantes que observem atentamente as imagens. Oriente-os para, em grupos, discutirem o significado de cada imagem e responderem, por escrito, à questão a seguir: qual é o papel das mídias e das redes sociais na influência de comportamentos de valorização e desrespeito à vida?

Organize um momento de conversa a respeito da questão proposta para os estudantes. Provoque-os, durante a conversa, com as seguintes frases:

- "As redes sociais deram voz aos idiotas" (frase dita pelo filósofo Umberto Eco, em 2015, durante a cerimônia na qual recebeu o prêmio de *doutor honoris causa* na Universidade de Torino, na Itália).
- "Os usuários [de redes sociais] ficam felizes por revelarem detalhes íntimos de suas vidas pessoais, fornecerem informações precisas e compartilharem fotografias" (frase do sociólogo Zygmunt Bauman[69]).

69 BAUMAN, Z. *Vidas para consumo*: a transformação das pessoas em mercadorias. Rio de Janeiro: Zahar, 2008, p. 8.

Atividade de roda de conversa

Distribua e peça aos estudantes para que leiam o texto impresso "Setembro amarelo: redes sociais contribuem para o desenvolvimento de depressão e ansiedade", publicado no *Jornal do Brasil*.

VÍDEO

SETEMBRO amarelo: redes sociais contribuem para o desenvolvimento de depressão e ansiedade. *Jornal do Brasil*, 2021.

Solicite que, após a leitura, conversem nos mesmos grupos sobre o texto, refletindo sobre o que é destacado e os impactos das redes sociais na vida das pessoas.

Conclua a atividade com uma socialização das reflexões em grupos. Peça aos estudantes que analisem, coletivamente, o papel das redes sociais na transmissão de valores, enfatizando o quanto elas influenciam quem as acessa e de que forma.

IDENTIFICAÇÃO E ANÁLISE

Atividade de reflexão sobre as redes sociais

Oriente os estudantes para que, em grupos, acessem uma rede social e selecionem um perfil de instituição ou liderança religiosa, ou algum que transmita uma filosofia de vida. Solicite que escolham um *post* (pode ser imagem ou vídeo) desse perfil e analisem os seguintes aspectos:

- A qual religião ou filosofia de vida se faz menção no *post* ou no vídeo?
- Qual valor ético predomina no *post* ou no vídeo?
- Esse valor, a mensagem, é de valorização ou desrespeito à vida?
- Há algum tipo de preconceito ou intolerância presente no texto?

Proponha uma discussão com os estudantes e conclua avaliando o papel das religiões, e de seus membros, no uso das mídias (sobretudo nas redes sociais).

APROPRIAÇÃO E RESSIGNIFICAÇÃO

Atividade de produção de texto-síntese

Oriente os estudantes a construírem, individualmente, no caderno, um texto-síntese a partir das atividades realizadas anteriormente. Nessa síntese, devem analisar: 1) o uso que as tradições religiosas fazem das mídias sociais; e 2) os aspectos positivos e negativos das redes sociais na vida das pessoas.

Promova a socialização das sínteses e uma reflexão sobre os aspectos semelhantes e diferentes apontados pelos estudantes.

ATIVIDADE AVALIATIVA

Solicite aos estudantes que, individualmente, selecionem uma rede social na qual se pode publicar um vídeo. Peça que escrevam, considerando essa rede social, um roteiro de vídeo (Reels, TikTok, dentre outras possibilidades) de opinião no qual apresentem o processo de construção feito na unidade.

SUGESTÃO

Pode-se não deixar aberta a escolha de qual rede social utilizar como base, estabelecendo um padrão único – vídeo simples em formato de publicação de *story* no Instagram, por exemplo, de aproximadamente quinze segundos.

Para essa atividade, pode-se propor interdisciplinaridade com a habilidade do componente de Língua Portuguesa proposta na BNCC[70]:

- **(EF69LP06)** Produzir e publicar notícias, fotodenúncias, fotorreportagens, reportagens, reportagens multimidiáticas, infográficos, *podcasts* noticiosos, entrevistas, cartas de leitor, comentários, artigos de opinião de interesse local ou global, textos de apresentação e apreciação de pro-

70 BRASIL, 2018, p. 143, grifo do autor.

dução cultural – resenhas e outros próprios das formas de expressão das culturas juvenis, tais como *vlogs* e *podcasts* culturais, *gameplay*, detonado etc. – e cartazes, anúncios, propagandas, *spots*, *jingles* de campanhas sociais, dentre outros em várias mídias, vivenciando de forma significativa o papel de repórter, de comentador, de analista, de crítico, de editor ou articulista, de *booktuber*, de *vlogger* (vlogueiro) etc., como forma de compreender as condições de produção que envolvem a circulação desses textos e poder participar e vislumbrar possibilidades de participação nas práticas de linguagem do campo jornalístico e do campo midiático de forma ética e responsável, levando-se em consideração o contexto da Web 2.0, que amplia a possibilidade de circulação desses textos e "funde" os papéis de leitor e autor, de consumidor e produtor.

Nesse roteiro de vídeo de opinião, o estudante deve abordar os seguintes aspectos:

- A influência das crenças religiosas nas filosofias de vida.
- Os valores de cuidado com a vida nas tradições religiosas.
- A contribuição dos valores de cuidado com a vida para a sociedade.
- A avaliação do uso que as religiões fazem das mídias sociais para a transmissão de seus valores.

IMPORTANTE

Estabeleça o tempo para cada vídeo, de acordo com a rede social escolhida.

Solicite que produzam um vídeo como se fossem publicá-lo na rede social escolhida e peça que apresentem o vídeo para os colegas. Após a exibição, converse sobre os aspectos do estudo contemplados nos trabalhos realizados, observando o uso da linguagem e o respeito às diferenças religiosas.

Princípios e valores éticos

Gustavo Luis Prado Ribeiro[71]

A ética é o conjunto das ações humanas que surgem diante do desafio das relações de convivência entre as pessoas ou com o planeta, o meio ambiente. Esse processo contempla a diversidade que reúne culturas e tradições religiosas. Para nortear o desafio da convivência com essa diversidade, encontram-se os princípios definidos pelas culturas e tradições religiosas que ajudam a garantir uma vida harmoniosa, justa e feliz.

A palavra central da ética é "relação". Por isso, quando se tem notícia de algum tipo de violência praticado, logo se pode aferir algum tipo de quebra de relação que distancia pessoas e/ou sociedades e comunidades. Tais quebras ferem as possibilidades de respeito ao outro, às culturas próprias de cada pessoa e/ou nação.

A ética no conjunto das relações estabelece os elementos que devem pautar a vida desde o seu projeto, ou seja, que devem oferecer os referenciais que contribuem para traçar os planos e as metas que conduzirão a vida de um sujeito. Assim, a partir dos princípios éticos, são definidos os critérios para que haja uma coexistência pacífica e justa entre as pessoas e os seus mais variados sonhos e desejos.

Ao se mencionar a coexistência, é necessário entender que ela está relacionada ao fato de que a existência de um sujeito ou de algo acontece simultaneamente, ao mesmo tempo que a existência do outro. Ao se

71 Bacharel em Teologia pelo Instituto Santo Tomás de Aquino (Ista), licenciando em Pedagogia pelo Centro Universitário Claretiano e mestrando em Educação pela Pontifícia Universidade Católica de Minas Gerais (PUC Minas), na linha de pesquisa "Conhecimento, Currículo e Tecnologias".

falar de coexistência pacífica, entende-se a necessidade e a importância de se estabelecer a rejeição à violência entre as diferenças culturais ou religiosas de grupos ou povos. Está associada à promoção de esforços para construir o diálogo e a tolerância entre as pessoas, as culturas e as tradições religiosas, minimizando os conflitos.

Nessa perspetiva, entende-se a coexistência como atitude ética que exige aceitar a existência do outro e de sua manifestação cultural e/ou religiosa. Assim, coexistir pressupõe a obrigação e a responsabilidade de respeitar e cumprir certas normas compartilhadas que possibilitam uma convivência pautada em princípios e valores éticos que orientam o relacionamento social, as formas de respeito à vida e à dignidade da vida.

A seguir, indicamos leituras que podem favorecer o trabalho pedagógico:

REFERÊNCIAS

BERZIN, A.; LINDÉN, M. O que é ética? *Study Buddhism*, [c2023]. Disponível em: https://studybuddhism.com/pt/fundamentos/oque-e/o-que-e-etica. Acesso em: 13 fev. 2023.

GRÜN, A. *Atitudes que transformam*: como vivemos, como poderíamos viver. Petrópolis: Vozes, 2017.

GONZÁLEZ, S. de D. Os cinco preceitos da ética budista. *A mente é maravilhosa*, 2019. Disponível em: https://amenteemaravilhosa.com.br/cinco-preceitos-da-etica-budista/. Acesso em: 13 fev. 2023.

MARIN, D. L. Pe. A ética de Jesus. *Vida Pastoral*, ano 59, n. 321, maio/jun. 2018. Disponível em: https://www.vidapastoral.com.br/edicao/a-etica-de-jesus/. Acesso em: 13 fev. 2023.

ROTEIRO 01

Título/tema	Coexistência: como será o amanhã?
Unidade temática	Crenças religiosas e filosofias de vida
Objeto de conhecimento	Princípios e valores éticos
Habilidade(s)	(EF09ER06) Reconhecer a coexistência como uma atitude ética de respeito à vida e à dignidade humana. (EF09ER07) Identificar princípios éticos (familiares, religiosos e culturais) que possam alicerçar a construção de projetos de vida. (EF09ER08) Construir projetos de vida assentados em princípios e valores éticos.
Previsão de horas/aula(s)	Duas horas/aulas
Recursos	· Equipamento para projeção audiovisual com acesso à internet. · Impressão da letra da música "Amanhã... Será?", de O Teatro Mágico (uma cópia para cada estudante) – vídeo da música para projetar (*link* indicado no roteiro) ou áudio para transmitir. · Escrito no quadro (lousa) ou projetado em *slide* o significado de "coexistência" segundo um dicionário (se possível, disponibilizar dicionário impresso ou *online* para os estudantes pesquisarem). · Papel kraft ou plataforma *on-line* interativa para que os grupos de estudantes possam apresentar os seus textos. · Folhas de papel A4 para cada estudante, para utilizar nas atividades de produção de lista de ações éticas e avaliação. · Acesso dos grupos à plataforma Canva ou a outro recurso digital para a apresentação de sua lista de ações éticas, com imagens e frases motivadoras.

OBSERVAÇÃO

Atividade mobilizadora

Apresente aos estudantes a música "Amanhã... Será?", da banda O Teatro Mágico. A música pode ser apresentada com clipe, disponível no YouTube.

VÍDEO

O TEATRO Mágico – Amanhã... Será? 1 vídeo (4 min.), 2011. Publicado pelo canal O Teatro Mágico.

Entregue aos estudantes uma cópia da letra para acompanharem a canção. Após ouvirem a música, oriente os estudantes para que grifem na letra: 1) versos, palavras e imagens que sugerem a ideia de convivência pacífica; 2) valores e/ou princípios éticos que possibilitem a coexistência ou que deem a noção de que pessoas, culturas e povos são interdependentes.

Promova um momento de socialização, já conduzindo para a apresentação do conceito de coexistência aos estudantes. Construa com eles o que essa palavra significa e quais são as suas implicações. Para isso, inicialmente, pode-se utilizar o dicionário.

É importante que os estudantes visualizem o conceito apresentado no dicionário, por isso escreva o significado da palavra no quadro/lousa ou projete-o em *slide*. Esse processo pode ajudá-los a identificarem as palavras-chave relacionadas a esse conceito.

SUGESTÃO DE LEITURA

Se possível, disponibilize dicionários impressos para que os estudantes pesquisem o verbete ou oriente-os a realizarem a pesquisa acessando um dicionário *on-line*, como o *Dicio – Dicionário Online de Português*:

COEXISTÊNCIA. *In*: *DICIO – Dicionário Online de Português*. Porto: 7Graus, 2023.

Atividade em grupos

Divida os estudantes em grupos e oriente-os a compartilharem a letra da música que ouviram com seus devidos grifos. Peça que realizem um compilado dos versos que mais apareceram. Com base nas informações compartilhadas, solicite que produzam um texto breve sobre o significado da música e por que, por meio dela, é possível identificar elementos que definem a coexistência.

Para realizarem a atividade, auxilie-os a escolherem um recurso que permita a apresentação aos colegas, podendo ser uma folha de papel kraft ou uma plataforma interativa, como o Canva.

Oriente o processo de socialização das produções e peça que identifiquem as semelhanças e as diferenças nas percepções captadas pela turma.

IDENTIFICAÇÃO E ANÁLISE

Atividade de produção de lista de ações éticas na convivência

A partir da socialização dos textos que foram produzidos nos grupos, explore o sentido de coexistir e o que isso requer na convivência entre as diferenças. Na sequência, faça uma exposição sobre o que é ética e por que ela é um elemento importante para que as pessoas coexistam e, assim, passem a ter atitudes de respeito à vida e à dignidade humana. É importante apresentar a diferença entre ética e moral, como também entre pluralidade (existência de manifestações de pessoas e grupos na sociedade) e pluralismo (existência de diversos grupos culturais e religiosos convivendo e compartilhando uma mesma realidade).

Nessa exposição, mencione o posicionamento das tradições religiosas sobre o respeito e a dignidade da vida, na perspectiva da coexistência de atitudes éticas necessárias à boa convivência.

Distribua folhas de papel A4 e oriente os estudantes para, individualmente, elaborarem uma lista elencando ao menos cinco ações que expressam a ética como atitude de respeito à vida e à dignidade. Esclareça que as ações listadas precisam ter presente a convivência entre as pessoas e as suas diferenças.

APROPRIAÇÃO E RESSIGNIFICAÇÃO

Atividade de comparação de estudo

Divida os estudantes em grupos e peça que compartilhem as suas listas de ações éticas. Solicite que comparem as ações listadas com os versos que destacaram na música ouvida no início do estudo.

O exercício consiste em fazer com que os estudantes identifiquem a correlação entre o conteúdo da letra da música, a exposição docente sobre a ética e as listas de ações éticas que foram produzidas por eles.

Oriente os grupos para construírem uma lista comum, com base nas listas comparadas. Essa lista comum deverá expressar as atitudes que o grupo compreende ser necessário adotar como inspiração ao seu modo de vida diante da diversidade de culturas e religiões, daquilo que é próprio do outro, possibilitando uma coexistência pacífica.

Peça para os grupos produzirem *slides* com imagens que ilustrem a lista produzida. Para cada item, deverão escrever uma frase motivadora que remeta à experiência sobre a prática do respeito e da coexistência a partir do estudo realizado. Para isso, poderão utilizar qualquer *software* de produção de apresentações.

ATIVIDADE AVALIATIVA

Oriente que cada estudante sintetize, em um breve texto, as ideias mais importantes do estudo, destacando a contribuição das tradições religiosas para a experiência de coexistência como uma atitude ética de respeito à vida e à dignidade. Para a atividade, distribua folhas de papel A4 a cada estudante. Analise o processo de relação estabelecida entre os conceitos desenvolvidos no estudo e, se necessário, ofereça esclarecimentos.

ROTEIRO 02

Título/tema	Princípios éticos e projeto de vida
Unidade temática	Crenças religiosas e filosofias de vida
Objeto de conhecimento	Princípios e valores éticos
Habilidade(s)	(EF09ER07) Identificar princípios éticos (familiares, religiosos e culturais) que possam alicerçar a construção de projetos de vida.
Previsão de horas/aula(s)	Duas horas/aulas
Recursos	· Equipamento para projeção audiovisual com acesso à internet. · Quadro ou lousa para anotações. · Impressão da letra da música "Principia", do *rapper* Emicida em parceria com o Pastor Henrique Vieira (uma cópia para cada estudante), e videoclipe para projetar durante a aula. · Folha de papel A4 para cada estudante, para a atividade mobilizadora e a produção do roteiro de um minidocumentário. · Folha de papel kraft para cada grupo de estudantes produzir um mapa mental. · Acesso dos estudantes ao YouTube ou a outra plataforma *on-line* interativa para que possam socializar seus minidocumentários.

OBSERVAÇÃO

Atividade mobilizadora

Converse com os estudantes sobre o fato de as pessoas carregarem consigo princípios e valores que foram aprendidos com a família e nas comunidades religiosas de que participam. Solicite que mencionem quais seriam os valores aprendidos nesses espaços que eles mais têm presentes em seu modo de pensar e agir. Ouça os estudantes e anote no quadro, preservando as informações para explorar no decorrer do estudo.

Apresente o clipe da música "Principia", do *rapper* Emicida em parceria com o Pastor Henrique Vieira, disponível no YouTube.

VÍDEO

EMICIDA – Principia – Ao Vivo part. Pastor Henrique Vieira #AmarEloAoVivo. 1 vídeo (10 min.), 2021. Publicado pelo canal Emicida.

Entregue aos estudantes uma cópia da letra para acompanharem a canção. Após ouvirem a música, oriente-os a observarem o que está escrito no quadro, sobre os valores que asseguram em suas vidas, aprendidos na família ou na comunidade religiosa, e reforce o fato de que todas as pessoas carregam consigo princípios e valores que foram aprendidos nesses espaços de convivência a que pertencem.

A partir da frase dita no clipe: "Naquele dia, entendi qual era a minha missão", solicite aos estudantes que pensem sobre as seguintes questões:

- Por que as pessoas mencionam ter uma missão de vida?
- O que é uma missão de vida?
- Qual é a diferença entre missão de vida e projeto de vida?
- O que faz com que as pessoas decidam ajudar outras pessoas?

- Você tem uma missão? Por quê?
- Se fosse escolher hoje uma missão para a sua vida, qual seria?

Mencione que a missão que as pessoas assumem para as suas vidas está, geralmente, associada a valores e princípios que aplicam em situações que as sensibilizam com relação a eventos familiares, sociais e/ou religiosos. Esses eventos podem ser ajudar alguém que necessite de cuidados por ter saúde frágil, oferecer ajuda solidária, auxiliar em atividades da comunidade religiosa, dentre outros.

Entregue aos estudantes folhas de papel A4 e peça para que escrevam, individualmente, quais são os valores e os princípios que consideram essenciais em suas atitudes e escolhas.

IDENTIFICAÇÃO E ANÁLISE

Atividade de entrevista

Oriente os estudantes a elaborarem coletivamente um roteiro de perguntas para entrevistarem os colaboradores da escola e outros agentes da comunidade escolar – se possível, oriente-os a entrevistarem os familiares também. Explique que, para essa entrevista, é importante propor perguntas que levem os entrevistados a explicitarem como os princípios e os valores éticos familiares, culturais e religiosos alicerçam as suas escolhas de vida; como eles ajudaram a dar forma aos seus projetos de vida.

SUGESTÃO

Quando as perguntas forem definidas, pode-se produzi-las (ou solicitar aos estudantes para que as produzam) em modelo de fichas utilizando folhas de papel A4.

Com as perguntas elaboradas, os estudantes farão ao menos três entrevistas. Para registrar as respostas, poderão fazê-lo de duas maneiras:

- Anotar as respostas dos entrevistados.
- Fazer captações de áudio e vídeo, se os estudantes tiverem acesso a celulares ou câmeras.

Com o resultado das entrevistas em mãos, solicite aos estudantes para que, reunidos em grupos, compartilhem o que encontraram.

APROPRIAÇÃO E RESSIGNIFICAÇÃO

Atividade de produção de um minidocumentário

Divida os estudantes em grupos e solicite para que elaborem, em papel kraft ou outro recurso, um esquema (mapa mental) identificando algumas das escolhas de vida citadas pelos entrevistados e sua relação com os princípios éticos familiares, culturais e religiosos mencionados durante as entrevistas.

Com base no esquema (mapa mental), os estudantes deverão construir um roteiro para produzir um minidocumentário. Esse roteiro deve explicitar os princípios éticos familiares, culturais e religiosos que os entrevistados apresentaram no projeto de vida que assumem para si.

Distribua folhas de papel A4 para a elaboração do roteiro e explique aos estudantes que o minidocumentário precisa contemplar o impacto dos princípios e valores éticos na construção do projeto de vida dos entrevistados.

Ao final, promova um festival virtual de curtas, a ser socializado com toda a comunidade educativa. Esses vídeos podem ser anexados ao YouTube para serem compartilhados de modo privado ou como a realidade possibilitar.

A partir dos vídeos, explore a expressão dos princípios e dos valores éticos na dinâmica social. Ajude os estudantes a reconhecerem que alguns desses princípios e valores éticos favorecem a experiência familiar, social e religiosa definindo o modo de ser e agir das pessoas.

ATIVIDADE AVALIATIVA

Solicite aos estudantes que selecionem uma música ou um filme a partir do qual possam apresentar aos colegas a relação entre o estudo realizado, envolvendo um princípio e um valor ético religioso, e o projeto de vida do próprio estudante ou de alguém que ele conheça.

Sugere-se que a música ou o filme seja apresentado por meio de um texto descritivo. Se a realidade permitir, pode-se promover uma socialização parcial das músicas e dos filmes, por meio de uma seleção prévia dos estudantes de um verso ou de uma cena para transmitir aos colegas durante a explicação. É importante que os estudantes justifiquem a sua seleção.

ROTEIRO 03

Título/tema	A árvore da vida
Unidade temática	Crenças religiosas e filosofias de vida
Objeto de conhecimento	Princípios e valores éticos
Habilidade(s)	(EF09ER08) Construir projetos de vida assentados em princípios e valores éticos.
Previsão de horas/aula(s)	Uma hora/aula
Recursos	· Equipamento para projeção audiovisual com acesso à internet. · Impressão da letra da música "Transição", da banda O Teatro Mágico (uma cópia para cada estudante), e videoclipe para projetar durante a aula. · Folha de papel A3, para cada estudante. · Papel kraft ou acesso dos estudantes a uma plataforma *on-line* interativa, como o Canva, para a atividade de produção de um quadro. · Acesso dos estudantes a uma relação de princípios e valores éticos preconizados pelas tradições religiosas (virtual ou fisicamente).

OBSERVAÇÃO

Atividade mobilizadora

Apresente aos estudantes a música "Transição", da banda O Teatro Mágico. Garanta que todos os estudantes tenham uma cópia da letra para acompanharem a canção. O áudio da música está disponível no YouTube.

VÍDEO

O TEATRO Mágico - Transição [áudio oficial]. 1 vídeo (4 min.), 2018. Publicado pelo canal O Teatro Mágico.

A depender do contexto social, a música pode ser substituída por "Levanta e anda", do *rapper* Emicida, cujo clipe está disponível no YouTube.

VÍDEO

EMICIDA - Levanta e anda (feat. Rael). 1 vídeo (3 min.), 2013. Publicado pelo canal Emicida.

Realize uma roda de conversa sobre a música (ou as músicas, porque ambas podem ser utilizadas). Incentive que os estudantes falem:

- as suas impressões e os seus sentimentos ao ouvirem a(s) música(s);
- o tipo de sentimentos e imagens que ela(s) desperta(m);
- as frases ou palavras da(s) música(s) que os incentivaram a pensar sobre o que desejam ou precisam fazer em suas vidas.

IDENTIFICAÇÃO E ANÁLISE

Atividade de desenho

Peça que os estudantes comentem em voz alta o que eles compreendem sobre o que é projeto de vida e qual a importância dele para as pessoas, para realizarem os seus sonhos.

Distribua uma folha A3 para cada estudante e solicite para desenharem uma árvore contendo raízes, troncos e copa. Oriente para que:

- nas raízes, anotem quais são os valores que foram aprendidos com a família ou na comunidade religiosa e que alicerçam as suas vidas.
- no tronco, escrevam atitudes cotidianas baseadas nos princípios e nos valores éticos aprendidos com a família ou na comunidade religiosa.
- na copa da árvore, anotem os sonhos, o que querem alcançar na vida, as suas metas...

Peça para afixarem a árvore no caderno. Oriente-os a responderem: quais são as influências dos princípios éticos nos sonhos e nas metas para o futuro? Como eles contribuem, ou não, para que alguém alcance o que deseja?

APROPRIAÇÃO E RESSIGNIFICAÇÃO

Atividade de roda de conversa

Em grupos, os estudantes farão uma comparação entre os princípios e os valores que guiam as suas vidas e o que está escrito em suas árvores a respeito dos sonhos e das metas que almejam para si.

Depois, explore com todos os estudantes, a partir da comparação em grupos, os desafios para quem deseja assentar o seu projeto de vida em valores e princípios éticos.

Atividade de produção de um quadro

Solicite aos estudantes que, em duplas, façam um quadro em papel kraft ou em plataforma *on-line* interativa, como o Canva, no qual devem constar:

- Um princípio ou valor ético de quatro diferentes tradições religiosas. A escolha das tradições pode ser direcionada ou livre, a depender da realidade. Ainda, os princípios podem ser pesquisados oferecendo-se aos estudantes acesso à internet ou a materiais impressos para coletarem os dados de que precisam.
- Como cada princípio ou valor ético pode influenciar a realização de projetos de vida das pessoas que pertencem a cada uma dessas tradições religiosas.
- A informação sobre se esses princípios podem ser utilizados somente pelas pessoas pertencentes a essas tradições religiosas ou podem ser aplicados por pessoas de outras tradições (incluindo aquelas que não pertencem a uma tradição). Neste item, os estudantes também devem responder por quem podem ser utilizados.

Princípio e valor ético	Tradição religiosa	Influência no projeto de vida do adepto	Pode ser utilizado por quem?

Oriente os estudantes sobre a produção do quadro e defina os critérios de apresentação/socialização dos resultados.

Explore com os estudantes a correlação dos princípios e dos valores éticos com os projetos de vida, apresentados pelas duplas. Destaque o quanto o projeto de vida pode ser orientado pelas normas e pelos valores aprendidos na vida familiar e religiosa, além das influências socioculturais. É importante ter presente que as influências socioculturais também se compõem das expressões religiosas presentes na cultura.

SUGESTÃO

Construa com os estudantes um mural dos sonhos, espaço em que eles poderão colocar notas adesivas com os seus sonhos ao longo do ano. Esse mural pode ser afixado em um lugar da sala que seja visível e que poderá permanecer ao longo do ano. Ao final do ano, faz-se a memória dos sonhos que foram depositados no mural e também um rito de passagem, a fim de dar importância aos sonhos que apareceram e perduram até o momento.

ATIVIDADE AVALIATIVA

Oriente os estudantes a produzirem um esquema explicando a relação entre os princípios éticos familiares e religiosos na projeção de sonhos e metas. Peça que expliquem no esquema de que forma esses princípios estão presentes nos projetos de vida das pessoas. Esse esquema pode ser feito no caderno ou em folhas de papel A4.

EDITORA VOZES LTDA.
Rua Frei Luís, 100 – Centro – Cep 25689-900 – Petrópolis, RJ
Tel.: (24) 2233-9000 – E-mail: vendas@vozes.com.br